Otto Glagau

Littauen und die Littauer

Gesammelte Skizzen

Otto Glagau

Littauen und die Littauer
Gesammelte Skizzen

ISBN/EAN: 9783744605571

Hergestellt in Europa, USA, Kanada, Australien, Japan

Cover: Foto ©ninafisch / pixelio.de

Weitere Bücher finden Sie auf **www.hansebooks.com**

Littauen und die Littauer.

Gesammelte Skizzen

von

Otto Glagau.

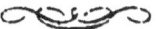

Tilsit.
Verlag von J. Reyländer.
1869.

Seinen Landsleuten,

den braven Oſtpreußen,

in landsmannſchaftlicher Geſinnung
und als ein Zeichen treuer Liebe
für die Heimath

der Verfaſſer.

Vorwort.

Nachfolgende Skizzen, im Laufe dieses Jahres in der Berliner „National-Zeitung" und in der Wochenschrift „Daheim" abgedruckt, und auf Wunsch des Verlegers jetzt zusammengestellt, sind eben — Skizzen, das heißt: Umrisse, entworfen in Folge einer längern Rundreise, die ich im Sommer 1867 durch meine Heimathsprovinz unternahm; in jenem berüchtigten Sommer, der über Ostpreußen einen so außerordentlichen Nothstand verhangen. Dennoch — weil ich nämlich nicht nur die Früchte jener Reise, sondern auch das Resultat vieljähriger Beobachtungen und Erfahrungen hier niedergelegt, dazu die Forschungen und Mittheilungen anderer Männer, die nach Verdienst erwähnt worden sind, hereingezogen und verarbeitet habe — hoffe ich), daß diese Skizzen ein möglichst treues und anschauliches Bild liefern sollen von einer Provinz, die im übrigen Deutschland ebenso unbekannt ist, wie sie wegen der Originalität und Mannigfaltigkeit ihrer Natur und Bevölkerung bekannt zu werden verdient. Möge mein Büchlein also fremde Leser von manchem Vorurtheil befreien, bei meinen Landsleuten aber, denen ich es ausdrücklich widme, Zustimmung und Wohlgefallen finden.

Berlin, im December 1868.

Otto Glagau.

Inhalts-Angabe.

I. Littauen und Masuren . . . . 1—14
II. An der polnischen Grenze . . . . . 15—31
III. Tilsit . . . . 32—44
IV. An der russischen Grenze . . . . . . 45—65
V. Die littauische Niederung . . . . . 66—100
VI. Littauisches Leben und Wesen . . . . . 101—129
VII. Littauische Sprache und Dichtung . . . . 130—160

Anhang.
Durch die Ostpreußische Sahara.

1) Der Eintritt in die Wüste . . . . . 163—173
2) Eine Waldparadies-Trümmer . . . . 174—183
3) Kalifornien . . . . 184—194
4) Mitten in der Wüste . . . . 195—206
5) Die Oase . . . . 207—219

I.

Littauen und Masuren.

Von der großen Sündfluth, so im Sommer 1867 unser Ostpreußen fast ersäufet hat; und wie der Verfasser sich auf die Reise begiebt. — Daß Littauen noch nicht in Rußland liegt, und in der Stadt Gumbinnen keine Wölfe und Bären umherlaufen. — Von dem Herrn Regierungspräsidenten und seinen hübschen Unterthaninnen. — Was König Friedrich Wilhelm der Erste Alles für Littauen gethan hat. — Von den eingewanderten Salzburgern, und wie brav sie wirthschaften und wie rechtschaffen sie leben. — Was Masuren denn eigentlich für ein Land ist, und was für Menschen dort wohnen.

Seit länger als vier Wochen regnete es; es regnete in und um Königsberg, über ganz Ostpreußen; es regnete fast jeden Tag und an vielen Tagen drei bis viermal. Alle Welt war in Verzweiflung. Die Landleute verzweifelten an der Ernte, die Königsbergerinnen an den Concerten im Börsengarten, die während des Sommers jeden Donnerstag stattfinden und eine Art von Ausstellung junger und alter, verheiratheter und lediger Damen bilden, nun aber regelmäßig verregneten. Auch ich war in Verzweiflung, meine Heimat unter so trübseligen Verhältnissen wiederzusehen, und die beabsichtigte Rundreise durch die Provinz noch immer nicht antreten zu können.

Endlich verlor ich die Geduld und beschloß, wie ich das schon öfters gethan, dem Wetter zu trotzen, mich um den Regen nicht weiter zu kümmern. Und als der Himmel merkte, daß mein Entschluß unwiderruflich war, dachte er: der Klügste giebt nach! — und fing an zu blauen und zu lächeln. Dennoch traute ich dem alten launischen wetterwendischen Heuchler nicht ganz, sondern kaufte mir ein paar roßlederne Doppelsohlige und mit diesen bewaffnet, bestieg ich die Eisenbahn.

Wir haben nämlich in Ostpreußen auch schon Eisenbahnen. Um 1853 erreichte die Ostbahn glücklich Königsberg, und seit

1860 ist sie sogar bis zur russischen Grenze fortgeführt. Es wird Manchen baß verwundern, aber es ist buchstäblich wahr: — Ostpreußen mit einem Flächeninhalt von 706 Quadratmeilen, also etwas größer als das ehemalige Königreich Hannover, hat jetzt schon gegen 65 Meilen Eisenbahn!

Es war mitten im August und eine helle Sommernacht, so hell, wie man sie im übrigen Deutschland gar nicht kennt. Nur schade, daß sie nicht auch so milde war; und mein Reisegefährte hatte deswegen nicht gerade Unrecht, wenn er sich vom Kopf bis zu den Füßen in Pelz über Pelz gehüllt, und dazu alle fünf Minuten aus einer Reiseflasche einen tiefen Schluck nahm. Auch mir bot er zu trinken, und als ich beim dritten Mal mich weigerte, sah er mich bedenklich an und murmelte, ich müsse wohl ein Fremder sein.

Geneigter Leser, wir fahren nach — Littauen. Bei dem bloßen Namen sehe ich dich fröstesteln, denn du denkst sofort an 20 Grad unter Null und drei Fuß hohen Schnee; und zur Zeit, wo ich dies schreibe, sieht es dort faktisch so und nicht anders aus. Du denkst sofort an Rußland und Polen, und damit hast du wieder nicht ganz fehlgeschossen, denn Littauen grenzt wirklich an jene berüchtigten Länder. Nur mußt du nicht meinen, daß es noch selber in Rußland und Polen liege; nein! es liegt noch in Preußen und neuerdings sogar in Deutschland. Darfst dich aber deiner Unwissenheit nicht schämen, denn manche Gelehrte nicht nur in Frankreich, sondern selbst im deutschen Vaterlande wissen es nicht besser, indem sie den preußischen Regierungsbezirk Gumbinnen getrost nach Rußland verweisen.*) Vielleicht stellst du dir aber auch unter Littauen nur eine Oede und Wildniß vor; doch dann bist du entschieden im Irrthum. Sieh mit mir umher! Welch wohlangebaute und wie hundert Anzeichen bekunden, fruchtbare

---

*) In dem 20. Jahrgang 1864 der in Tübingen erscheinenden Zeitschrift für die gesammte Staatswissenschaft, finden wir S. 841 unter Rußland folgendes Werk verzeichnet: „Kühnast, Statistische Mittheilungen über Littauen und Masuren". Und im nächsten Jahrgang (4. Heft, S. 663) repräsentirt noch immer Kühnast mit der Fortsetzung seiner statistischen Mittheilungen über Littauen und Masuren die russische Statistik.

Landschaft! Lauter Aecker, Gärten und Wiesen; und weite Triften, bedeckt mit edlen Rossen und schwerwandelndem Rindvieh!!

Wie die Sonne höher und höher steigt und in das Coupé bringt, wird es uns darin wärmer und wohliger, und bald zu warm. Schon um 6 Uhr Morgens beginnt mein Reisekamerad sich aus den Pelzen zu schälen, und um 8 Uhr sitzen wir — Damen sind nicht vorhanden — alle in Hembsärmeln da und wischen den Schweiß von den glühenden Gesichtern. Ja, es kann in Littauen auch recht warm, sogar heiß sein; heute giebts mindestens einige zwanzig Grad über Null, und die Sonne scheint nunmehr nachholen zu wollen, was sie so ungebührlich lange versäumt hat. Puh, wie heiß! —

Da ist Gumbinnen, die Hauptstadt des Regierungsbezirks, dessen nördliche Hälfte Littauen, dessen südliche Hälfte Masuren heißt. Es ist dies zwar nicht genau, insofern beide Landschaften noch in den Regierungsbezirk Königsberg hineinragen; indeß mag vorläufig genügen, daß unter Littauen der nordöstliche Winkel der Provinz, zwischen dem Kurischen Haff, Rußland und den Masurischen Seen, verstanden wird.

Also Gumbinnen? — Haben wir nicht Alle gehört von dieser Stadt, in der Wölfe und Bären umherlaufen, wo vor dem Regierungsgebäude Wachtposten mit scharf geladenen Gewehren stehen, um die ein- und ausgehenden Beamten gegen die reißenden Thiere zu schützen? Haben wir nicht Alle jene unglückseligen Regierungsräthe betrauert, die „im Interesse das Dienstes" nach dieser entlegenen Barbarenstadt versetzt wurden, wo sie es wegen des sibirischen Klimas nimmermehr aushalten konnten?

O, Gumbinnen, wie sehr hat man dich verlästert! Bist du nicht ein so freundliches anmuthiges Städtchen, wie man es in Norddeutschland nur finden mag? Mit deinen breiten schnurgeraden Gassen, mit deinen kleinen schmucken Häusern gleichst du einer muntern Kokette, die beim ersten Anblick den Fremdling erobert und fesselt. Du nennst dich mit Stolz „Klein Berlin", und nicht ohne Grund; denn du bist eine junge moderne Stadt und du hast deine Linden so gut wie die preußische Residenz.

Und auf der breiten Lindenpromenade, im hellen funkelnden Sonnenschein spazieren jetzt die Töchter der Stadt. Es rauschen die bunten Gewänder, es nicken die zierlichen Hütchen, es winken die regenbogenfarbenen Fächer. Und ihre Trägerinnen sind schlanke hochbusige Gestalten mit klassisch gebogenen Nacken und wohlgerundeten sanftschwellenden Formen; meistens Blondinen mit himmelblauen feuchtschimmernden Augen und rosigen halbgeöffneten Lippen, aber auch gluthäugige, muthwillig herausfordernd blickende Brünetten. Alle blühen in Frische und Gesundheit, und fast Alle erfreuen durch ein munteres unbefangenes Wesen. O, Minna und Adele, Käthchen und Johanna, ich denke Eurer noch immer mit stillem Entzücken und grüße Euch viel tausendmal!

Das vornehmste Haus in der Stadt ist das Regierungsgebäude und hier wohnt der vornehmste Mann von ganz Littauen und Masuren, hier residirt der Herr Regierungspräsident. Zu seinen Bällen und Gesellschaften drängt sich aus der Stadt und dem ganzen Regierungsbezirk Alles, was auf diese Ehre nur Anspruch machen darf; und selbst die Damen derjenigen Gatten, Brüder und Väter, welche dem äußersten Fortschritt huldigen, setzen alle Hebel in Bewegung, um eine Einladung zu erhalten, oder um die starren Männer zu vermögen, einer solchen Einladung nachzukommen. Besonders besucht und glänzend waren die von Herrn von Byern gegebenen Assembléen, welcher bekanntlich während der schlimmsten Reaktionszeit hier fungirte. Der jetzige Präsident, Herr Maurach, dagegen, eine so große imposante, geradezu majestätische Erscheinung er auch sonst ist, macht nur ein bescheidenes Haus.

Abgesehen von den Frauen und dem Regierungspräsidenten, ist Gumbinnen ein etwas langweiliger Ort, vorwiegend eine Beamtenstadt, in welcher der deutscheste Kastengeist herrscht. Die Beamten sondern sich scharf nach den Rangstufen von einander ab. Der Regierungssekretär geht nicht mehr mit dem Post- oder Kreisgerichtssekretär um, der Kanzleirath verkehrt nur mit dem Kanzlei- oder Rechnungsrath, und der etatsmäßige Büreau-Assistent dünkt

sich gegen den Civil=Supernumerar als ein Wesen höherer Art.
— Wie von Tettau und Temme in ihren Volkssagen aus Ost=
preußen ꝛc. erzählen, kommt der Name Gumbinnen von dem lit=
tauischen Worte Gumba, b. i. Krümmung, her.

Vor wenig über 100 Jahren bestand der ganze Ort nur
aus zwei Krügen und einigen Bauerhöfen; und in den Krügen
wurde ein so saures Bier geschänkt, daß diejenigen, welche es ge=
nossen, davon Leibschmerzen bekamen und sich wie Würmer krümm=
ten. Die Stadt wurde um 1724 nach einem eigenhändigen Risse
Friedrich Wilhelm des Ersten erbaut. Der König ließ die Stra=
ßen abstecken und in den abgesteckten Linien 56 Wohngebäude
errichten, welche er den herbeigerufenen Colonisten verkaufte. Ein
Haus am Markte kostete 400 Thlr., in den Nebengassen nur
250 Thaler.

Ueberhaupt sind die Städte in Littauen neuern Datums, und
darum nur dünn gesäet. Außer Gumbinnen gründete Friedrich
Wilhelm der Erste hier noch 9 andere Städte und daneben 332
Dörfer. Die Pest, welche 1708 Ostpreußen erreichte und hier
bis 1711 grassirte, hatte nämlich an 250,000 Menschen oder
mehr als ein volles Drittel der gesammten Bevölkerung gefressen.
Am furchtbarsten hatte sie in Littauen gewüthet, wo ihr gegen
155,000 Menschen zum Opfer gefallen waren. Littauen war in
der That entvölkert, kaum ein Viertel der früheren Bewohner
noch vorhanden.

Für diesen Landestheil trat nun Friedrich Wilhelm der Erste
als Retter ein; und was er dafür gethan, bildet das glorreichste
Kapitel in der Geschichte seiner Regierung, sichert allein ihm Un=
sterblichkeit und die Bewunderung und Dankbarkeit noch der späte=
sten Geschlechter.

Auf seine nachdrücklichen Bemühungen kamen zuerst Colonisten
aus der Schweiz und dem Fürstenthum Neuschatel, nächstdem aus
dem südlichen und westlichen Deutschland, aus Böhmen, Anhalt=
Dessau, Magdeburg, Nassau und den Niederlanden. Doch wurden
nach einem amtlichen Bericht im Jahre 1721 noch 60,000 wüste
Hufen gefunden. Der König kam im Sommer dieses Jahres selbst

nach Preußen, prüfte mit seinem strengen Eifer die Verhältnisse und ernannte unter seiner unmittelbaren Leitung eine eigne Kommission, welche für die Förderung des Ackerbaues und der Bodenkultur sorgen sollte. Demzufolge wurden in einem Zeitraum von 6 Jahren (1721—27) auf Littauen mehr als 6 Millionen Thaler von dem sonst so sparsamen König verwandt, und da die Einnahmen der Provinz dafür nicht ausreichten, wurden monatlich 25,000 Thlr. aus der Staatskasse von Berlin gesandt. Damals schossen die Städte und Dörfer in Littauen wie Blumen aus der Erde auf; Moorgegenden, oft selbst für das Wild unwirthbar, verschwanden und verwandelten sich in ergiebige Wiesen und fruchtbare Aecker. Unter solchen Schöpfungen entstand auch der Gestüthof Trakehnen, dessen Produkte sich bekanntlich eines europäischen Rufes erfreuen.

Das war noch nicht Alles. Als der zelotische Erzbischof von Salzburg im Jahre 1732 gegen 20,000 betriebsame und fleißige evangelische Einwohner aus seinen Landen vertrieb, nahm der König sie mit offnen Armen auf. 9000 derselben erhielten in Littauen unentgeltlich die noch wüste liegenden, oder eben erst urbar gemachten Bauerhöfe, und noch mehr Land dazu, nebst den nothwendigsten Gebäuden und dem ersten Besatz an Ackergeräth und lebendem Inventar, das erste Saat- und Brotkorn, außerdem völlige Abgabenfreiheit auf drei Jahre. Der König gründete endlich 885 neue Landschulen in Ostpreußen und Littauen und gewährte dazu das Bauholz aus seinen Forsten, über 5400 Morgen Ackerland aus seinen Domänen, sowie einen Fonds von 150,000 Thlr., der als Mons pietatis zu Königsberg für die Verbesserung der Schullehrer-Gehalte verwendet werden sollte.*)

So Großes und Herrliches, so wahrhaft Landesväterliches, that Friedrich Wilhelm der Erste für Littauen. Bei seinem Regierungsantritt war es wirklich eine Oede und Wildniß, er aber machte es zu einer der fruchtbarsten Provinzen der Monarchie.

---

*) F. W. Schubert, kulturhistorische Entwickelung der Provinz Preußen; in der Festgabe für die Mitglieder der 25. Versammlung deutscher Land- und Forstwirthe zu Königsberg i. Pr., 1863.

Für Littauen ist Friedrich Wilhelm der Erste ein wahrer Kulturheros geworden, und darum steht er auch in Bronzeguß vor dem Regierungsgebäude zu Gumbinnen.

Die Umgegend von Gumbinnen ist wie ganz Littauen flach und eben und durchaus nicht romantisch, dafür aber fruchtbar und sorgfältig angebaut. Ein Terrain, durchschnitten von einer großen Anzahl kleiner Flüsse und Bäche, abwechselnd mit üppigen Saatgefilden, Futterfeldern und Weidefluren, breitet sich weithin vor unsern Augen aus und gewährt mit den wohlhabenden Ortschaften und Höfen, die darüber ausgestreut und meist von dichten Obstgärten eingeschlossen sind, einen recht angenehmen und erheiternden Eindruck. In den wohlhabendsten Dörfern, auf den stattlichsten Höfen aber sitzen die Nachkommen der eingewanderten — Salzburger.

Unter allen nach Preußen gekommenen Ansiedlern verdienen die Salzburger sowohl wegen ihrer Moralität als Betriebsamkeit und Wirthschaftlichkeit den ersten Platz. Wie die Saat, die Friedrich Wilhelm I., der ein ebenso sparsamer Haushalter wie kluger Wucherer war, hier ausgestreut, überhaupt herrlich aufgegangen ist und noch zu seinen Lebzeiten hundertfältige Frucht brachte, so haben namentlich die Salzburger des Königs Wohlthaten reichlich vergolten. Ihre Ansiedlung war für das Land der größte Gewinn, sie weckten die damals in Preußen und Littauen noch im tiefen Schlummer liegende Industrie; sie wirkten durch ihr Beispiel in der Wirthschafts=Einrichtung, durch Fleiß, Sparsamkeit, Ernst und Frömmigkeit äußerst vortheilhaft auf die übrigen Bewohner dieser Gegenden; und sie wurden dem neuen Vaterlande die loyalsten uud tüchtigsten Bürger; Dank der für die damalige Zeit sehr großen Freiheiten und Privilegien, mit welchen der König sie beschenkte.

Nach dem mit ihnen im Jahre 1736 abgeschlossenen Kontrakte wurden sie nämlich von den gewöhnlichen Schaarwerksdiensten entbunden. Sie hatten das Recht, die Wirthschaftsführung eines Jeden in ihrer Societät zu kontroliren, und mit Vorwissen des Amts und der Kammer schlechte Wirthe ab- und tüchtige einzusetzen. Sie erhielten endlich 26 Schulzen und Aelteste, die sie selber aus ihrer Mitte wählten, und von denen jeder als Entgelt für seine Amtsverwaltung eine Hufe Dienstland empfing.*)

Eine Salzburger Wirthschaft ist noch heutigen Tags der Lobspruch einer guten Haushaltung, auch erkennt man beim ersten Blick den Acker eines Salzburgers an einer bessern Kultur. In Bezug auf Ackerbau und Landwirthschaft ist er, wie gesagt, der Lehrer der Eingeborenen und namentlich der etwas nachlässigen und schmutzigen National-Littauer geworden. Man trete nur auf den Hof oder in das Haus eines Salzburgers. Ueberall blickt einem musterhafte Ordnung, gründliche Reinlichkeit und ein behäbiger Wohlstand entgegen. In dieser wie in andrer Hinsicht hat der Salzburger manche Aehnlichkeit mit dem Holländer. Er denkt nur an Erwerb und persönlichen Vortheil, zu Opfern für das Gemeinwohl ist er gar nicht aufgelegt, und weder besonders gastfreundlich noch umgänglich. An Gutmüthigkeit und Dienstfertigkeit übertrifft ihn bei weitem der National-Littauer. Wenn dieser die nöthige Hülfe schon geleistet hat, ist jener, vermöge seiner Peinlichkeit und Schwerfälligkeit, noch lange nicht mit seinem Entschluß fertig. Die Sparsamkeit des Salzburgers streift hart an Geiz. Die älteren Kolonisten sollen, um das Hemde zu schonen, stets splitternackt zu Bette gegangen sein; auch ihre Nachkommen beschränken sich in ihren Bedürfnissen, so viel sie nur können, und ihre einzige Leidenschaft besteht im Sparen. Sie sind frei von jeder Ehrsucht; Titel, Orden und Würden sind ihnen nur kostspielige und ganz überflüssige Luxusgegenstände; in der Regel läßt der Vater den Sohn ein praktisches einträgliches Gewerbe ergreifen, und gewöhnlich folgt der Sohn dem Beruf des Vaters.

Sind das mehr oder weniger Schattenseiten an dem Character und Wesen des Salzburgers, so schmücken ihn doch wieder mancherlei zweifellose Tugenden. Mit dem Littauer theilt er die Liebe und Ehrfurcht für den König, den Gehorsam gegen die Obrigkeit. Er

---

*) Gervais, Notizen von Preußen, mit besonderer Rücksicht auf die Provinz Littauen. Erste und zweite Sammlung. Kgb. 1795 und 96.

ist etwas eigensinnig und hängt zäh an althergebrachten Gewohnheiten, aber die öffentlichen Anordnungen befolgt er willig und ohne sich mit der Untersuchung über ihre Zweckmäßigkeit viel aufzuhalten. Mit dem Littauer theilt er ferner die Anhänglichkeit an die Kirche und ihre Diener, doch ist seine Frömmigkeit weit tiefer und viel weniger äußerlich. In den Familien, zwischen Herrschaft und Gesinde waltet tiefer Frieden und erbauliche Verträglichkeit. Ihre obersten Grundsätze im Verkehr sind Redlichkeit und Treue. Betrug, Diebstahl und andere grobe Verbrechen kommen unter ihnen fast gar nicht vor. Das Vertrauen der Salzburger gegen einander ist uneingeschränkt; die bedeutendsten Summen werden ohne Schuldschein, auf bloßen Handschlag ausgeliehen; nur wenn der eine Theil unverheirathet ist, pflegt man, damit auf dessen Todesfall von den Erben kein Streit erhoben werden könne, aus der Kolonie einen Zeugen zuzuziehen. Unter einander sind die Salzburger äußerst wohlthätig und hülfsbereit; einen ohne seine Schuld heruntergekommenen Landsmann lassen sie nicht leicht sinken; wer aber nicht zu ihrer Nation gehört, hat auf viel Mitleid und Theilnahme nicht zu rechnen.

Zwischen dem Salzburger und dem National-Littauer besteht eine natürliche Feindschaft, eine angeborene Disharmonie. Er traut diesem nicht weiter als er ihn sieht, und meistens nicht ohne guten Grund, denn der gemeine Littauer ist äußerst listig und verschlagen und neigt zu Betrug und Diebstahl. Auch liebt er Trunk und mancherlei Ausschweifungen, wogegen der Salzburger ebenso mäßig und ehrbar lebt. Obgleich beide Theile sich zu Einer Kirche bekennen, so hält der Salzburger doch den Littauer wegen des diesem noch immer in starkem Grade anhaftenden Aberglaubens für einen halben Heiden. Heirathen zwischen Salzburgern und Littauern kamen früher gar nicht vor, und auch jetzt noch geschehen sie sehr selten. Ueberhaupt vermischt keine Kolonie in Preußen sich bei ihren Verheirathungen so ungern mit Fremden als die Salzburger. Wenngleich über ganz Littauen verstreut, gewissermaßen in das National-Littauerthum eingesprengt, und überall von andern deutschen Stämmen umgeben, halten sie sich doch stets eng bei einander und noch immer ziemlich rein und unvermischt.

Ackerbau und Landwirthschaft ist die liebste Beschäftigung des Salzburgers: er treibt aber auch städtische Gewerbe, besonders gern die Bierbrauerei und Branntweinbrennerei. Man findet nicht nur fast in allen Städten, sondern auch auf dem platten Lande die für den Littauer so sehr gefährliche Spiritusfabrikation und Branntweindestillation vorwiegend in den Händen der Salzburger; und es ist ein sehr einträgliches Geschäft, da nicht minder in Littauen wie in Masuren ungeheure Quantitäten von Schnaps vertilgt werden, der in beiden Landschaften für den Arbeiter wie für den Bauer das wesentlichste Bedürfniß, das Haupt= wo nicht einzige Getränk, sein köstliches Labsal bildet und bei jeder Mahlzeit, bei allen gewöhnlichen und außerordentlichen Gelegenheiten reichlich genossen wird.

Ungern widmet sich dagegen der Salzburger einem eigentlichen Handwerk, noch ungleich seltener einer Kunst oder Wissenschaft. Jenes ist ihm nicht rentabel genug, und für diese hat er bei seiner durchaus praktischen Veranlagung wenig Sinn.

Schon die äußere Erscheinung, das erste Auftreten kennzeichnet den Salzburger. Er ist in der Regel von massiver etwas schwerfälliger Gestalt und von phlegmatischem derbem Wesen, die Geschlechtsnamen sind meistentheils dreisilbig und endigen auf er, z. B. Rohrmoser, Kapeller, Käswurmer, Zenthöfer, Bleihöfer ꝛc. Endlich verräth den Salzburger auch seine Aussprache. Wenn schon der Dialekt des eigentlichen Ostpreußen seiner Härte, Breite und Gedehntheit wegen im ganzen deutschen Vaterlande berühmt ist, dermaßen, daß man ihn wie den ihm sonst diametral entgegengesetzten Sachsen daran erkennt, sobald er nur den Mund aufmacht, und ob er seine Heimath seit zwanzig Jahren nicht mehr gesehen hat; wenn schon der eigentliche Ostpreuße die Umlaute ä, ö und ü, die Diphtonge au, äu, eu und ai nicht mehr kennt und das e regelmäßig in a verwandelt — so ist das Alles bei dem deutschen Littauer noch weit stärker der Fall, in dem Grade, daß jener gegen diesen gehalten, ein klassisches Deutsch spricht. Aber selbst das rauhe polternde Deutsch des Littauers ist wieder klassisch zu nennen gegen dasjenige, welches der Salzburger handhabt. Seine Aussprache ist eine breimäulige, er laut die Wörter und verschluckt sie halb; er ist sicherlich ein ehrenwerther vortrefflicher Mensch, aber er spricht den schauderhaftesten Jargon, den man in ganz Deutschland finden mag.

Von dem Nothstande, der in Ostpreußen herrschte, waren die Salzburgischen Landwirthe, Dank ihrer Wirthschaftlichkeit, Sparsamkeit und ihres durchgängigen Wohlstandes, am wenigsten betroffen. Und das Gleiche galt von dem südlichen höher gelegenen Littauen überhaupt, indem dieses durch Regen und Ueberschwemmung bei weitem nicht so sehr gelitten hatte wie die Niederungen. Der Boden ist hier durchgehends ein lehmhaltiger, dessen milder Charakter allerdings an einigen Stellen der Kreise Insterburg, Ragnit und Tilsit von ganz strengem Lehmacker unterbrochen wird, sich bei Gumbinnen und Stallupönen aber zu dem vorzüglichsten der Provinz erhebt. Das südliche Littauen hatte im Gegensatz zu den Niederungen noch immer eine Art von Ernte gerettet.

Von dem benachbarten Masuren — um auch gleich von diesem hier im Allgemeinen zu reden — vernahm ich sogar günstige Erntenachrichten.

Masuren bildet zu Littauen sowohl in Betreff der Bodenerhebung als der Bodenmischung den schärfsten Gegensatz. Es ist kein ebnes flaches, sondern ein äußerst romantisches Land. Gleich hinter der littauischen Grenze, im Goldapper Kreise, beginnt eine allmälige Hebung des Bodens, ein fast stufenförmiges Steigen, abwechselnd mit kalk- und sandhaltigen Hügeln. Die ganze Umgegend besitzt einen solchen Ueberfluß an Kalksteinen, daß die Felder damit gepflastert scheinen. Die Hügel sind noch kahl und bieten weite Fernsichten bis nach Polen hinein. Etwas südlicher beginnt dann die Masurische Hochebene, die Wasserscheide zwischen den Flußgebieten des Pregel und der Weichsel. Sie ist überall mit Granitblöcken bedeckt und führt über allmälige Senkungen in see- und sumpfreiche Tiefthäler hinab. Von diesen streichen in lieblicher Abwechselung unterbrochene Hügelketten nach Süden hin

und erfüllen mit zahlreichen Seen und kleinen Inseln eine hoch=
romantische Landschaft, die Masurische Schweiz, als deren Mittel=
punkt das reizend gelegene Städtchen Lyck gilt. Die meisten
Hügelgruppen sind mit einem Gemisch von Laub= und Nadelholz
geschmückt und von schattigen Schluchten durchbrochen; lichte Laub=
und düstre Tannenwälder umzirken die Ufer der tiefblauen malerisch
schönen Seen, aus denen grüne Eilande und buschreiche Werder
auftauchen, über welche netzstellende Fischerkähne und kleine Dampfer
hinfliegen. Den Beschluß macht die Johannisburger Haide,
eine 13 Meilen lange sandige und sumpfige Kiefernwaldung, welche
sich längs der polnischen Grenze hinzieht.

Ein so hoch romantisches Land kann nicht besonders fruchtbar
sein. In der That ist Masuren, wie ein einheimisches Sprichwort
sagt, nur „reich an Sand und Steinen". Der Landmann ist hier
noch theilweise zu denselben Arbeiten genöthigt, wie sie dem ame=
rikanischen Hinterwäldler obliegen, wenn er an die Urbarmachung
des jungfräulichen Bodens geht. Er hat Schritt für Schritt mit
Steinen, Baumwurzeln und Sümpfen zu kämpfen. Die Beseiti=
gung der Steine und Findlingsblöcke, welche in vielen Gegenden,
namentlich im Neidenburger Kreise, in außerordentlicher Menge
zu Tage treten, war früher zu kostspielig, weshalb Pflug und Egge
sie einfach umgingen. Man könnte mit diesen Steinen alle Stra=
ßen der Provinz chaussiren, aber da bisher Chausseen in Masuren
nicht viel gebaut wurden, pflegt man die gesammelten Steine zu
hohen Wällen aufzuschichten oder auch in Gruben zu versenken.
Man baut hier, außer Kartoffeln und Hafer, Roggen und Haide=
korn; und das in geringer Menge und Güte. Nur oasenartig
finden sich in dem durchgängig leichten Sandboden einige höher
kultivirte Stellen. Wie in Ostpreußen überhaupt, liegen besonders
in Masuren noch weite Strecken völlig unbenutzt; es ist hier ein
erstaunlicher Ueberfluß von Land vorhanden, die Bauern besitzen
weit mehr an Land als sie zu bearbeiten und zu bestellen
vermögen.

Die gemeine Bevölkerung ist ebenso arm wie bedürfnißlos.
Sie heißen Masuren und sind ein Zweig der Polen, die Nach=

kommen der alten Masovier. Ihre Sprache steht zur hochpolnischen in einem viel näheren Verhältnisse, als die plattdeutsche zur hochdeutschen; denn sie unterscheidet sich von jener weniger durch abweichende Wortbildung als vielmehr durch fehlerhafte Aussprache, während die Schriftsprache ganz dieselbe ist. In einigen Gegenden wird ein Jargon gesprochen, der aus einem widerlichen Gemisch polnischer und deutscher in polnische Endungen ausgehender Wörter besteht. Die Kleidung hat wenig Eigenthümliches mehr, doch herrscht bei den Männern die Liebe zur blauen Farbe vor; und ein blauer Rock, mit einer aus weißem und blauem Zwirn gewebten Schärpe umgürtet, ist ihr höchster Putz. Die Wohnungen sind meistens von Holz gebaut und mit Stroh gedeckt, zuweilen unter demselben Dache mit den Stallungen für das Vieh; besonders bei den Aermeren, deren Haushaltung von Unreinlichkeit strotzt.

Die Masuren sind ein elastischer munterer Menschenschlag; wie die Polen gesellig und gutmüthig, bescheiden, ja unterwürfig, aber auch verschmitzt und hinterlistig, träge und liederlich. Mit den Littauern theilen sie die Neigung zu Trunk und kleinen Diebstählen, namentlich Holzfreveln; und ihre eigentliche Nahrung besteht in Kartoffeln und — Kartoffelfusel.

Masuren verhält sich zu dem übrigen Ostpreußen, wie sich dieses zu den westlichen Provinzen verhält. Es ist in dem entlegenen Ostpreußen der entlegenste Theil, von dem immer sehr stiefmütterlich behandelten Ostpreußen die am ärgsten vernachlässigte Landschaft. Es fehlt hier an allen Verkehrswegen. Wenn schon Ostpreußen sechsmal weniger Chausseen hat als die westlichen Provinzen, so hat eben Masuren, namentlich im südlichen Theile, fast gar keine Chausseen. Die masurischen wie die littauischen Wege sind gleich sehr berüchtigt. Man hat hier die schönste Gelegenheit zu ertrinken oder den Hals zu brechen, je nach der Jahreszeit. Im Herbste sind die Wege buchstäblich bodenlos, und der Landmann vermag dann oft seine Produkte nicht nach der nächsten Stadt zu bringen. Er kann sie überhaupt nicht genügend verwerthen, denn der Transport eines Scheffel Roggen aus dem Kreise Neidenburg nach Elbing, als der nächsten Ostbahnstation, stellt sich bei schlechten Wegen auf über 15 Sgr.*) Es sterben in Masuren und Littauen noch immer Tausende, die nie Königsberg, die Hauptstadt ihrer Provinz, gesehen haben; und wer früher aus dem masurischen Hinterlande bis nach dem etwa 10—15 Meilen entfernten Gumbinnen oder Insterburg vorgedrungen war, galt schon für einen berühmten Reisenden.

Wenn Masuren aber Chausseen und Eisenbahnen erhält, dann hat es noch eine Zukunft. Es ist keineswegs so arm und unfruchtbar, wie es dem ersten Blick erscheint, sondern es ist nur ein noch unkultivirtes Land. Der Boden besteht allerdings aus leichtem Sand, aber er ist weithin mit genügendem Lehm versehen, Mergel ist der stete Begleiter, der Untergrund ist meistens ein günstiger, häufig besser als die Krume — um ernster Kultur eine lohnende Aufgabe zu verheißen.**) Das beweisen auch die neuerer Zeit mit vielem Erfolg unternommene Austrocknung einiger Moderbassins und die Anlage von neuen Wiesenstücken.

Unter den bisherigen Verhältnissen und Zuständen ist Masuren allerdings noch ein unfruchtbares Land, denn es besteht in der Hauptsache aus dürren Sandstrecken. Allein gerade deshalb ist das über die anderen Theile der Provinz hereingebrochene Mißjahr für Masuren ein außerordentliches Segensjahr geworden. Das sandige Masuren kann nie zuviel Regen bekommen, die ewigen Regengüsse des vergangenen Jahres hatten ihm, wie man mir sagte, eine so gute Ernte wie noch nie beschert, es hatte zum ersten Male guten und reichlichen Roggen und sogar — Weizen gebaut.

---

*) Acker- und Wiesenbau der Provinz Preußen. Von Conrad-Maulen, in der erwähnten Festgabe.
**) Ebendaselbst.

II.
An der polnischen Grenze.

Von dem merkwürdigen Schicksal, so eine Ortschaft erfahren, die da Eydtkuhnen heiße und dicht bei Polen lieget. — Wie die russischen Eisenbahnen beschaffen sind, und was die Reisenden an der Grenze Alles auszustehen haben. — Von den Schmugglern und ihren natürlichen Feinden, den Straszniks. — Wie der Verfasser die littauischen Pastores und Präzentores heimsuchet, und von ihnen gar wohl aufgenommen wird; dann aber nach Polen hineingehet, und was er in dem Städtchen Wirballen siehet und höret.

Wenn man von dem Westen Amerika's hört, daß dort am Ufer eines Flusses, oder auf dem Grunde eines Steppenbeckens eine Stadt emporgewachsen, wo vor wenig Jahren noch kein Mensch hauste, so befremdet uns das nicht mehr, denn wir sind an solche Kultursprünge in jenem Wunderlande gewöhnt. Daß aber eine ähnliche Erscheinung in dem entlegenen dünnbevölkerten Ostpreußen vorkommen könnte, wird Manchem unglaublich dünken. Und doch ist es eine Thatsache.

Am äußersten Ende der Monarchie, hart an der russischen Grenze, wo die die ganze Provinz durchschneidende Ostbahn ausläuft und sich ihre letzte Station Eydtkuhnen befindet, standen noch vor acht Jahren zwei elende Kathen — nichts weiter. Jetzt fand ich einen ausgedehnten modern erbauten Ort, dem zur Stadt nichts mehr als der Name fehlt, denn er zählt bereits gegen 2000 Einwohner. Eine lange Gasse artiger Landhäuser und kasernenartiger Rohbauten bot sich meinen Blicken dar, als ich den mächtigen prächtigen Bahnhof verließ, der in Norddeutschland kaum seines Gleichen hat und mit den zahlreichen Nebengebäuden, Güterschuppen und Werkstätten fast allein eine kleine Stadt bildet. Jene Rohbauten sind königliche Gebäude, in welchen das Heer der Eisenbahn=, Zoll= und andern Beamten einquartiert ist. In den übrigen Häusern wohnen Kaufleute, Spediteure und Gewerbetreibende aller Art, die sich seit der im Jahre 1860 erfolgten Vollendung

der Ostbahn hier niedergelassen haben. Diese Häuser, mit Vor=
gärten, Balkonen und Veranden versehen, haben zwar alle ein
schmuckes freundliches Aussehen, doch tragen sie auch fast alle in
ihrer ganzen Bauart und Einrichtung den Charakter des Unfertigen
und Unsoliden. Man merkt ihnen an, daß sie so rasch und so
billig wie möglich errichtet sind, nur um dem ersten Bedürfniß zu
genügen; und der schöne Schein vermag das mangelhafte Wesen
nicht zu verbergen. Eine Unsolidität, die sonst in Ostpreußen nicht
gefunden wird, da sie dem ostpreußischen Charakter schnurstracks
entgegensteht.

Als ich einen kleinen Jungen, der mich auf dem Perron mit
einer Schaar von Altersgenossen empfing, die mir alle um die
Wette ihre Dienste anboten, aufforderte, mich nach dem mir em=
pfohlenen Hotel zu bringen, entgegnete er:

— Ah, das ist noch sehr weit. Ganz in der Nähe liegt
ein anderer Gasthof, und es ist ein sehr guter und billiger Gast=
hof, wo es ihnen schon gefallen wird.

— Gut, sagte ich, so wollen wir dorthin gehen.

Vor dem Hause angekommen, stutzte ich; denn ich sah zwar
eine Einfahrt, aber sonst nichts, was auf einen Gasthof schließen
ließ, nicht einmal ein Schild. Doch der Junge begann mächtig
zu rufen, und alsbald erschien eine Frau, welcher er mich als einen
neuen Gast vorstellte.

— Wollen Sie gleich auf Ihr Zimmer? fragte sie mich.

— Später, antwortete ich. Wo ist die Gaststube?

— Ein Gastzimmer haben wir noch nicht, entgegnete sie
etwas verlegen. Wir sind noch nicht gehörig eingerichtet.

In der That war das ganze Erdgeschoß, wie ich bald erfuhr,
vermiethet, und auf dem wüsten Hofraum noch nichts von Ställen
und Schuppen zur Aufnahme von Pferden und Wagen zu ent=
decken.

Ich ließ mich also von einer inzwischen herbeigerufenen schmutzi=
gen Magd nach meinem Zimmer hinaufführen, fand aber auch dies
kläglich eingerichtet, und fast schien mir's, als ob es noch eben von
der Familie selbst benutzt worden wäre. Auf dem Fensterbrett

lehnte eine kurze Tabackspfeife, auf dem Tische lagen ein Brob=
messer und andere Utensilien umher, welche die Magd nun
rasch beseitigte. Und wie ich zufällig die Hand auf den Drücker
einer Thür legte, öffnete sie sich, und ich blickte unmittelbar in das
Wohnzimmer der Wirthsleute, in das Angesicht des Hausherrn,
der bei meiner Ankunft sich hierher zurückgezogen hatte. Später
hörte ich denn auch, daß diese beiden Räumlichkeiten die einzigen
Fremdenzimmer waren; und als mit dem Abendzuge noch eine
Dame eintraf, wurde sie in das Nebengemach gewiesen, welches
die Wirthsleute nunmehr auch verließen, und die Nacht hindurch
— Gott weiß wo — kampirten; denn die übrigen Zimmer der
Bel=Etage waren gleichfalls vermiethet.

Ich hielt mich nicht lange auf und ging wieder hinunter, wo
ich auf dem Flur noch den Jungen in einer Unterhaltung mit der
Wirthin fand. Jetzt merkte ich, daß der so unschuldig aussehende
kleine Schlingel der Agent des Gasthofs war, er hatte mich glück=
lich eingefangen und erhielt nun dafür seine Courtage. So fand
ich in Eydtkuhnen schon einen Industriezweig blühen, wie ihn nur
wenige große Städte aufzuweisen haben.

Gasthöfe, Restaurationen, Kaufläden und Handwerker sind in
Menge und zum Ueberfluß vorhanden. Anfangs machten sie alle
gute Geschäfte, aber in den letzten Jahren sind die Bedürfnisse der
Einwohner geringer geworden, hat der Fremdenverkehr nachgelas=
sen. Früher waren die Reisenden, unter denen sich viele reiche
Russen befanden, hier zu übernachten gezwungen; jetzt sind die
Züge so gelegt, daß man ohne Aufenthalt weiter fahren kann.
Früher mußten die Güter der Zollrevision wegen hier aus= und
umgepackt werden; jetzt gehen sie direkt bis Petersburg. Eine
Menge von Spediteuren ließ sich hier nieder, und alle hatten voll=
auf zu thun. Viele sind seitdem wieder fortgezogen, die andern
feiern. Damals stiegen Grund und Boden, Häuser und Miethen
im Preise; jetzt stehen viele Wohnungen leer, die Grundstücke gehen
schnell aus einer Hand in die andere und gerathen häufig in Kon=
kurs. Ein Schwindelgeist, eine Ueberspekulationssucht herrschte in
Eydtkuhnen, und charakterisirt noch heute das aus den wunderlich=

sten Elementen zusammengesetzte Gemisch der Bewohnerschaft, unter welcher sich die verschiedensten Nationalitäten befinden. Das so rasch emporgeschossene Eydtkuhnen ist schon wieder im Verfall begriffen.

Ich war nach dem Bahnhof zurückgekehrt, um die Ankunft des russischen Zuges zu erwarten. Das russische Geleise, bekanntlich etwas breiter als das preußische, läuft bis Eydtkuhnen, und die Russen bringen ihre Züge selber bis hierher. Ebenso überschreitet auch das preußische Geleise die Grenze und läuft noch eine Strecke in das riesige Nachbarreich hinein bis zur ersten russischen Station Wirballen, welche der Endpunkt für die preußischen Züge ist. Der Völker verbindende Schienenstrang hat auch die feste Mauer durchbrochen, mit welcher sich das Zarenreich noch immer von Europa abgeschlossen hält; aber es ist auch die einzige Bresche in dieser Mauer und bisher fast ohne Bedeutung.

Der russische Zug sollte um 9 Uhr Abends eintreffen, und er war um $\frac{1}{2}$10 noch nicht da. Doch das schien Niemanden zu überraschen, die Russen halten sich nicht so ängstlich an die Zeit, und man ist daran gewöhnt, daß ihre Züge bald eine halbe Stunde früher, bald eine halbe Stunde später ankommen. Endlich schob sich eine plumpe dunkle Masse schwerfällig und fast geräuschlos in den Bahnhof: es war der verspätete Zug. Die Waggons der Russen sind größer und massiver als die unsrigen, auch wohl, namentlich die der unteren Klassen, eleganter und bequemer eingerichtet. Nur waren sie, trotz der schon längst hereingebrochenen Dunkelheit, noch nicht erleuchtet: — Licht ist eine Sache, an welcher der Russe überall zu sparen sucht.

Ich war überrascht, in den russischen Beamten fast nur Deutsche zu finden. Der Zug- und der Lokomotivführer, die Heizer und die meisten Schaffner waren Deutsche, und schienen mit ihrer Stellung und ihrem Einkommen zufrieden zu sein. Die Russen fühlen sich dem Dampf und den Maschinen nicht gewachsen; um diese zu bewältigen und sich dienstbar zu machen, müssen sie nach Deutschen greifen, die als ihre Lehrmeister fungiren. Aber die Russen sind eine äußerst nachahmungssüchtige und nachahmungsfertige Race; sie fassen leicht und lernen schnell, und sobald sie sich etwas sicher fühlen, werden sie die Deutschen fortschicken.

Bald nachdem der russische Zug eingetroffen ist, fährt an der entgegengesetzten Seite des Bahnhofsgebäudes der preußische vor. Doch sind die Passagiere, bevor sie mit dem letzteren ihre Reise fortsetzen dürfen, lästigen Plackereien unterworfen. Sie werden zunächst in einen Saal geführt, wo zugleich von russischer wie von preußischer Seite die Revision der Pässe und des Gepäcks geschieht. Die gleiche Musterung wird natürlich auch auf dem jenseitigen Bahnhofe in Wirballen mit den auf preußischen Zügen dort ankommenden Reisenden vorgenommen; und da auch die Güter= und Poststücke stets umgeladen werden müssen, findet hüben wie drüben ein ebenso langer wie unnützer Aufenthalt statt.

Das Leben und Treiben an der Grenze ist ein sehr eigenthümliches und theilweise auch anziehendes. Trotz der streng gehandhabten Grenzsperrung findet ein vielfacher Verkehr zwischen den beiden Ländern statt. Da sind zunächst die Ueberläufer aller Art. Im Jahre 1855 befanden sich allein im Neidenburger Kreise gegen 1500, im Straßburger 3000 polnische Ueberläufer — lauter rüstige Männer, welche sich als Knechte und Tagelöhner verdingt hatten, nach der Thronbesteigung des jetzigen Kaisers aber wieder nach Polen zurückkehrten und dadurch eine fühlbare Lücke in den Arbeitskräften jener Gegend hinterließen. Denn wiewohl Ostpreußen von allen Provinzen der Monarchie die stärkste Quote seiner Bewohner und zwar auch des weiblichen Geschlechts bei der Landwirthschaft beschäftigt, so fehlt es wegen der dünnen Bevölkerung und der hohen Sterblichkeitsziffer doch dem Landbau an Arbeitern. Sehr vortheilhaft müßte deshalb die Aufhebung der Kartell=Konvention mit Rußland wirken, indem dann eine Menge von Ueberläufern und Auswanderern in Preußen Beschäftigung suchen würde. — Aber trotz der Konvention leben hier noch immer viele Ueberläufer, die sich den Augen der Obrigkeit zu verbergen wissen oder von ihr auch mehr oder weniger geduldet werden. Wenn diese sich nur dem russischen Militairdienst entziehen wollen, so giebt es auch andere, die wegen begangener Verbrechen übertreten. Längs der ganze Grenze sind hüben und drüben Verbrechen gegen das Eigenthum an der Tagesordnung. Die russischen Diebe flüchten sich mit dem gestohlenen Gut auf preußisches, die hiesigen mit ihrer Beute auf russisches Gebiet. Ebenso wird umgekehrt von preußischen Unterthanen auf russischem Gebiet, von den jenseitigen Staatsangehörigen in Preußen gestohlen und geraubt, gesengt und gebrannt. Die beiderseitigen Grenzbehörden sind fortwährend mit Untersuchungen beschäftigt, die indeß häufig resultatlos bleiben.

Ein anderes Motiv des Grenzverkehrs bildet der Schmuggel, zu welchem sich die Anwohner die Hände reichen. Er wird allerdings an der polnischen Grenze nicht in so großem Umfange und Maßstabe betrieben, wie an der eigentlich russischen, von Schmalleningken bis Memel hinauf; und hat in den letzten Jahren überhaupt stark nachgelassen. Einerseits wird die Grenze von den russischen Beamten strenger bewacht, und sie sind, weil inzwischen besser besoldet, gegen Bestechlichkeiten etwas unzugänglicher geworden; andererseits hat die jüngste polnische Insurrektion dem Schmuggel schwere Wunden geschlagen, indem sie das Land entvölkerte und verarmen ließ. Die Leute haben kein Geld, können also auch nicht kaufen. Wollen sie aber kaufen, so erhalten sie jetzt die Waaren dort fast ebenso billig wie bei uns; denn die russische Industrie beginnt mit der deutschen mehr und mehr zu wetteifern, der (Papier-)Rubel, im Nennwerthe von 1 Thlr. 2 $^{1}/_{2}$ Sgr., ist im Preise sehr gesunken und gilt zur Zeit nicht mehr als 25 bis 27 Silbergroschen in Preußen. Der preußische Cours aber ist auf beiden Seiten der Grenze maßgebend. — Der Schmuggel hat nachgelassen, allein keineswegs etwa aufgehört. Wenngleich nur noch im Kleinen betrieben, bildet er für die Grenzbewohner noch immer einen wesentlichen Erwerbszweig, den sie jedem andern bei weitem vorziehen. In professioneller Weise wird der Schmuggel hauptsächlich von Juden und Losleuten betrieben; nebenbei schmuggelt aber auch jeder Andere, so oft sich nur eine Gelegenheit bietet. Niemand sieht im Schmugel etwas Unrechtes, sondern nur eine natürliche und gerechte Nothwehr gegen eine despotische unerträgliche Fessel. Aber der Schmuggel hat auch die Grenzbevölkerung, indem er alle Kreise und Schichten derselben durchzieht, bedenklich korrumpirt, und läßt unter ihr Laster und Verbrechen emporwuchern. Der gemeine Mann neigt zum Trunke, zur Lüderlichkeit und zum Müßiggang. Er stiehlt und schmuggelt lieber, als daß er arbeitet, und er verthut leichtfertig, was er erwirbt. Denn das Geld hat an der Grenze, wo es schneller cirkulirt und leichter verdient wird, nicht den Werth wie anderwärts.

Drittens ist auch der Privat- und Geschäftsverkehr an der Grenze ein sehr lebhafter. Bekanntlich darf diese nur an bestimmten Barriéren, die meilenweit von einander entfernt liegen, und gegen Vorzeigung eines Passes überschritten werden; aber die Grenzanwohner kümmern sich um diese Bestimmung nicht eben, sondern treten da über, wo es ihnen am nächsten und bequemsten ist: bei Tage wie bei Nacht, zu Fuß wie zu Pferde, oder gar zu Wagen und mit beliebigen Waaren und Lasten. Die Grenzsperre kann trotz der Armee von Wächtern und Beamten nicht vollkommen durchgeführt werden; aber die Strasznits — wie die russischen Grenzsoldaten im Munde des Volkes heißen — sind im Großen und Ganzen auch nichts weniger als strenge Wächter. In ihrer bunt zusammengewürfelten meist schäbigen, schmutzigen, zerrissenen Uniform, in ihrem so überaus nachläßigen und schlotterigen Wesen und Gebahren spotten sie der Vorstellung, die einem Preußen von Soldaten und soldatischer Disciplin beiwohnt. Auf der bloßen Erde hingestreckt oder hinter einem Gesträuch lagernd, sieht man sie nicht selten an ihren Kleidungsstücken herumflicken oder sich die Langeweile durch ein Schläfchen vertreiben, während sie das Gewehr sorglos bei Seite geworfen haben. Grenzverletzungen finden täglich statt, und können gar nicht vermieden werden, sind aber auch häufig unschuldiger Natur. Die hüben und drüben weidenden Pferde und Kühe lassen sich's nicht selten einfallen, im Nachbarreiche einen Besuch abzustatten und müssen dann von den Eigenthümern zurückgeholt werden. Es geschieht das unter den Augen der Strasznits, und sie lassen es gewöhnlich ruhig vollführen; plötzlich zeigen sie sich jedoch anderer Meinung, treiben das übergetretene Vieh fort und arretiren auch den nachsetzenden Hirten, welcher dann erst nach langwierigen Verhandlungen zwischen den beiderseitigen Grenz-Kommissarien freigegeben wird. Ein russischer Beamter ist

eben unberechenbar und kehrt sich an kein Gewohnheitsrecht, son=
dern handhabt heute diese Praxis und morgen die entgegengesetzte.

Im Allgemeinen ist jedoch der Straznik zugänglich und
leicht zu gewinnen. Man wirft ihm ein Geldstück zu: alsbald
wendet er sich zur Seite, oder er geht davon, und ist nun blind
und taub für Alles, was hinter ihm geschieht. Glaubt er einen
Kameraden oder Oberen in der Nähe, so macht er wol einen fal=
schen Lärm und schießt in die Luft, aber inzwischen haben die an=
scheinend Verfolgten das preußische Ufer gewonnen und befinden
sich in vollkommener Sicherheit. Der Straznik nimmt nicht nur,
er fordert, er bettelt bei Vorübergehenden, die seine Gefälligkeit
gar nicht in Anspruch nehmen. „Cigarke! Wuttke!!" fleht er mit
kläglicher Stimme und trübseliger Geberde. Ja, es ist schon vor=
gekommen, daß solch' kaiserlich=russischer Grenzwächter selbst die
Grenze überschreitet, Gewehr im Arm, in die Stube eines preußi=
schen Bauern tritt und um ein Almosen bittet. Die Schmuggler
haben meist leichtes Spiel mit ihm. Sie eröffnen die Unterhand=
lung, indem sie ihm eine Flasche starken Branntweins darbieten.
Nur selten vermag er solcher Lockung zu widerstehen; er setzt die
Flasche an den Mund, leert sie in wenigen kurz auf einander
folgenden Zügen und fällt betrunken zu Boden.

Was ich hier erzähle, habe ich selber vor acht Jahren mehr=
fach beobachtet. Ich lebte damals auf einer Domäne dicht an der
Grenze, inmitten einer Familie, die mit ihren Nachbarn in Polen
einen Umgang unterhielt. Wenn die polnischen Gäste uns besuch=
ten, setzten sie einfach über die Lepone, wie das schmale und
seichte Flüßchen heißt, welches hier die Grenze bildet. Natürlich
war der Uebergang verboten, aber keinem Straznik fiel es ein,
sie daran verhindern zu wollen. Noch sehe ich die eleganten Kava=
liere in ihren kurzen Schnurröcken und hohen pelzverbrämten Mützen
auf kleinen flüchtigen Pferden in den Hof sprengen; hinter ihnen
ein halb Dutzend schnurrbärtiger Diener, und wenn sie zur Hetzjagd
kamen, auch von ebenso vielen Windhunden begleitet. Wie behend
sie von den Pferden sprangen, mit welch' devoter Galanterie sie
vor den Damen des Hauses das Knie beugten und ihnen die Hand

küßten, wie gefällig sie sich bewegten, wie anziehend sie zu plau=
dern wußten, entweder in fließendem Französisch oder in gebroche=
nem aber eben deshalb „so reizend" klingendem Deutsch; wie meister=
haft sie L'hombre und Billard spielten, und mit welch' gewinnen=
den Manieren sie uns jedesmal das Geld abnahmen! Und nun
gar erst die polnischen Edelfräulein! Welch' glänzende feurige
Schönheiten, wie viel Grazie und Ausdruck in jeder Bewegung!!
und Geberde, welch' süßes Kokettiren und welch' himmlisches Tanzen.

Auch wir ritten und fuhren zu ihnen hinüber, und wenn wir
an die Lepone kamen, empfingen uns die Strasjniks mit abgezo=
genen Mützen und ehrerbietigem Grinsen. Sie kannten uns schon
und nahmen die ihnen zugeworfenen Geldstücke und Cigarren mit
unterthänigem Dank in Empfang. Unsere Gastfreunde dagegen
erschienen in ihrem Heimwesen weit weniger glänzend und anzie=
hend. Schon der Anblick der elenden verfallenen Wirthschafts=
gebäude, des schmutzigen, unordentlichen Hofraums und des ruinen=
haften Herrenhauses täuschte mich bitter in meinen Erwartungen.
Die langsamen, schläfrig herbeikommenden Diener waren in ihren
zerlumpten Kleidern, mit ihren ungewaschenen Gesichtern und unge=
kämmten Haaren kaum wieder zu erkennen. Auch die Herren hatten
nur unvollkommen Toilette gemacht, und die schönen Damen, welche
wir in einem zweifelhaften Negligé überraschten, flohen vor uns
mit hellem Geschrei. Nach einer Weile kamen sie wieder zum Vor=
schein, jetzt wieder in Sammet und Seide rauschend, goldene Ge=
schmeide um Arme und Nacken, Alle wieder strahlend und bezau=
bernd. Aber mein Mißtrauen war einmal geweckt. Die zum
Sprüchwort gewordene polnische Wirthschaft guckte aus jedem Win=
kel und jeder Ecke, aus jedem Möbel und jedem Geräth. Es war
eine große Tafel angerichtet und zahlreiche Schüsseln gingen umher,
das halbe Dutzend Diener, die sich inzwischen in ihre Livreen
geworfen hatten, stand in aufmerksamer Haltung hinter unsern
Stühlen, eine lebhafte Unterhaltung war bald im Gange, den lusti=
gen Scherz= und Witzworten der Herren antwortete das fröhliche
Gelächter, die allerliebsten Blicke der Damen — und dennoch,
Messer und Gabeln, Löffel und Teller waren nimmermehr rein und

blank zu nennen, die Gerüchte hatten ein verfängliches Aussehen und einen räthselhaften Geschmack. Das Beste war der Wein.

Die eleganten Kavaliere und schönen Damen sind nun alle verschollen. Einige der Herren hatten sich schon bei dem früheren polnischen Aufstande betheiligt, aber die Verzeihung des jetzigen Kaisers unter dem Versprechen erlangt, daß sie sich fortan als loyale Unterthanen betragen wollten. Dennoch traten sie, als die jüngste Insurrektion ausbrach, wieder in die Reihen der Aufständischen. Sie fielen im Kampfe oder flohen nach Frankreich, ihre Güter wurden konfiscirt.

―――

Mit diesen Erinnerungen beschäftigt, wanderte ich am andern Morgen von Eydtkuhnen nach dem nächsten Kirchdorf, wo mir ein paar liebe Bekannte leben, der Pfarrer und der Präcentor. Jener fungirte schon vor acht Jahren hier; dieser dagegen, mein Kamerad von der Universität her, war, wie ich ganz zufällig erfuhr, erst seit einigen Monaten hier angestellt. Es wurde mir etwas schwer, ihn, der um viele Jahre jünger als ich, schon in Amt und Würden, und noch schwerer, ihn schon als Ehemann zu denken; aber er trat mir so anspruchslos und so kindlich wie früher entgegen und nahm die Ausbrüche meiner Verwunderung mit gutmüthigem Lächeln auf. Das junge Paar war einst seit wenigen Wochen vermählt und noch gar nicht eingerichtet; und sie hatten schon die kleine Wohnung mit Gästen überfüllt; es waren die beiderseitigen Eltern auf Besuch gekommen, und jetzt fiel auch ich ihnen noch in's Haus. Doch sie schienen deshalb mehr erfreut als verlegen und beeiferten sich, auch mich so gut aufzunehmen, als sie es vermochten.

Der Präcentor ist in Littauen das, was man in andern Provinzen den Kantor oder Kirchschullehrer nennt. Doch werden diese Stellen ihrer Einträglichkeit wegen und aus anderen Gründen hier durchweg mit jungen Theologen besetzt. Das Amt des Präcentors ist kein leichtes und ihm liegen mancherlei Verrichtungen ob. Er ist zunächst Lehrer und hat als solcher, wie jeder andere Landschulmeister, die liebe Jugend sechs Stunden täglich in den Anfangsgründen der Wissenschaften zu unterrichten. Daneben ist er Organist der Kirche und leitet an jeden Sonntag den Gesang der Gemeinde, sowohl beim deutschen wie beim littauischen Gottesdienst, von denen der letztere stets dem ersteren auf dem Fuße folgt. Endlich muß der Präcentor seinem Pfarrer bei jeder Amtshandlung assistiren und ihn in Behinderungsfällen vertreten. Das Consistorium läßt in der Regel keinen Kandidaten ins geistliche Amt, der nicht einige Jahre Präcentor gewesen ist. Viele bleiben es ihr Lebelang, einige gezwungen, andere freiwillig; denn manche Präcentur wirft mehr ab als manche Pfarre; manche sind mit einer Hufe Dienstland und einem Einkommen von mehr als tausend Thalern ausgestattet. Auch meinem Freunde war, obgleich er von der Landwirtschaft nicht das Geringste verstand, mit seinem neuen Amte eine nicht unbedeutende Oekonomie aufgeladen. Er sollte Kühe, Ochsen, Pferde und Wagen kaufen, Gesinde und Tagelöhner halten, säen und dreschen, pflügen und Mist streuen lassen. Sein Vater und der erfahrene Pfarrherr unterstützten ihn mit Rath und That, und er war voll Eifer und guten Muthes. Uebrigens finden sich viele Präcentoren und Geistliche so gut in diese Beschäftigung, daß sie darüber alles Andere vergessen und oft völlig verbauern.

Noch fettere „Bissen" als die Präcenturen sind die littauischen Pfarrstellen, deren Einkünfte sich meist auf 2—4000 Thaler jährlich belaufen. In diesen Pfarrhäusern herrscht Wohlleben, findet man wie in ganz Littauen eine patriarchalische Gastfreundschaft. Die Gäste kommen mit Kind und Kegel, mit Dienstboten, Wagen und Pferden und quartieren sich auf Wochen und Monate ein. Allein auch die littauischen Pfarren sind keine Sinekuren, die Amtsgeschäfte der Geistlichen im Gegentheil doppelt so groß, wie anderswo. Sie haben an jedem Sonntage einen zwiefachen Gottesdienst abzuhalten, zunächst in deutscher und dann in littauischer Sprache; sie haben deutsche und littauische Konfirmanden, einen ungewöhnlich großen Sprengel, zuweilen auch noch eine Filiale zu besorgen. Noch beschwerlicher ist das Amt der Geistlichen, welche auf der Grenze zwischen Littauen und Masuren angestellt sind. Weil diese in ihrer Gemeinde sowohl Deutsche wie Masuren und Littauer haben, müssen sie an jedem Sonntag dreimal in drei Sprachen predigen, und ebenso haben sie dreierlei Konfirmanden zu unterrichten. Gerade diese Stellen sind indeß nicht sonderlich fundirt.

Sonntag nach dem Mittagsessen fuhr mich der Pfarrer nach Eydtkuhnen zurück, wo er nachdem er heute schon zweimal gepredigt, zum drittenmal sprechen sollte. In dem so schnell aufgeschossenen Ort ist ihm nämlich eine Filiale erwachsen, und er hält hier alle vierzehn Tage einen Nachmittagsgottesdienst ab, wozu einstweilen ein Saal im alten Empfangsgebäude hergerichtet ist.

Während er in die Kirche ging, spazierte ich in das russische Reich. Der russische Schlagbaum befindet sich gleich am Ende des Dorfs, hinter der Brücke, welche über das Grenzflüßchen führt. Er ist nicht, wie der preußische, aufgezogen, sondern Tag und Nacht niedergelassen. Vor ihm müssen die Reiter und Fuhrwerke Halt machen, die Reisenden absteigen und, wie die Fußgänger, sich durch eine schmale Oeffnung zwischen der Barrière und dem Wachthause zwängen, worauf die Schildwache sie in das Bureau weist. Hier notirt der expedirende Beamte ihre Namen, revidirt die Pässe, und wenn er diese richtig befunden, tritt er mit ihnen hinaus, um auch Pferde und Wagen hereinzulassen, zu welchem Zwecke er eigenhändig den Schlagbaum aufschließt und gerade so weit in die Höhe läßt als unumgänglich nothwendig ist. Es sieht aus, als ob die Reisenden unter einem Galgen oder gar unter einem scharf über ihrem Haupte schwebenden Fallbeil hindurch fahren müssen; unmittelbar hinter ihnen fällt der Schlagbaum wieder und wird sorgfältig zugeschlossen.

Bis zur Eröffnung der Eisenbahn herrschte an dieser Barrière, die mit einigen umherliegenden Bauerhütten den Namen Kibarten führt, ein lebhafter Verkehr. Wenn ich sie zu jener Zeit passirte, mußte ich gewöhnlich eine halbe Stunde oder länger warten; nicht gerade wegen zu großen Anbrangs, sondern weil ich mich nicht gleich entschließen konnte, ein Trinkgeld zu opfern. Die Herren Expedienten saßen, eine Cigarre rauchend oder mit dem Federmesser ihre Nägel putzend und dazu mit den Füßen bau-

melnd, auf den Tischen, ohne mich eines Blickes zu würdigen und
ohne mein wiederholtes Räuspern zu beachten. Lieh ich endlich meiner Ungeduld Worte, so herrschte man mich an: „Keine Zeit!
Warten, warten!" Sobald ich aber Einem oder dem Andern auch
nur das kleinste Geldstück zeigte oder auch nur ein paar Cigarren
anbot, sprang er wie elektrisirt vom Tische, behandelte mich mit
der größten Freundlichkeit und fertigte mich im Handumdrehen ab.
Auf ein Trinkgeld rechnete Jeder, vom Höchsten bis zum Niedrigsten, und ohne Trinkgeld that Niemand etwas. Nur wenn ein
Gesandter, ein General oder sonst eine vornehme Herrschaft angefahren
kam, waren die Herren Expedienten flink wie der Wind und artig
ohne vorherige Bezahlung. Auch vor jeder Uniform, gleichviel ob
es eine russische oder preußische ist, haben diese Leute den tiefsten
Respekt. So entsinne ich mich, daß ich einst mit einem Postschreiber
über die Grenze ging. Dieser hatte sich in große Uniform geworfen,
und man empfing uns wie Standespersonen und lehnte das Geldstück, welches wir ihnen boten, mit tiefen Verbeugungen ab.

Für meinen Ausflug hatte ich mich mit einem sogenannten
Grenzpaß versehen. Er trägt die Unterschrift des Kreis-Landraths
und ist für 8—14 Tage und für eine Tour bis 4 Meilen gültig.
Diesmal wurde ich ohne alle Weiterungen abgefertigt. Der weiße
Straßnik übergab mich dem grünen Kontrolleur, dessen Ellbogen
mit doppelstreifigen Litzen und dessen Brust mit vielen Medaillen
geziert war. Dieser sah nicht einmal nach, ob mein Name nicht
auch schon im Schwarzen Buch unter den Verdächtigen stand, in
welchem Fall ich ohne Gnade zurückgewiesen worden wäre; sondern
er hieß mich meinen Namen, der ihm wohl etwas schwer fallen
mochte, selber in das Journal eintragen, und rief dann einen Soldaten herbei, der mich nach der Tomoszna oder Zollkammer transportiren sollte. Sie lag nur eine Viertelstunde ab, aber doch
hielten vor der Thüre des Wachthauses verschiedene zweirädrige
einspännige Karren, jeder von einem Juden geführt, und jeder
wollte mich aufnehmen und gegen einige Silbergroschen fortschaffen.
Auf der Tomoszna findet die Zollrevision statt; für gewöhnlich wird
nur das Gepäck, selten die Person des Reisenden untersucht. Man

trug meinen Namen auch hier in ein Journal, versah den Paß mit einem Stempel, gab ihn mir zurück und ließ mich gehen.

Ich besuchte den in der Nähe liegenden Bahnhof, welcher an Großartigkeit dem in Eydtkuhnen nicht nachsteht und mit demselben Komfort ausgestattet ist. Die Restauration befindet sich in den Händen eines Franzosen, die Wein= und Speisekarte ist in französischer Sprache abgefaßt; dafür sind die Preise aber auch doppelt so hoch, wie in Preußen.

Die nächste Stadt ist Wirballen, etwa eine Stunde von der Grenze. Auf der Chaussee dorthin wurde ich von einem der jüdischen Karren, der sich schon vorhin am hartnäckigsten bewiesen hatte, eingeholt und mußte mich ihm nun doch ergeben. Der Jude war mit einem Viertel Dessen zufrieden, was er ursprünglich gefordert hatte, und die Fahrt begann. Pferd und Herr wetteiferten mit einander an Magerkeit und elendem Aussehen, aber beide leisteten weit mehr, als ich ihnen zugetraut hatte. Das dürre hochbeinige Thier griff so wacker aus und sauste mit uns so schnell dahin, daß ich wirklich fürchtete, die morsche Karre würde in Trümmer gehen oder doch umwerfen. Moses flog auf seinem Sitze, der aus einem losen Brett bestand, beständig hin und her, während seine langen Beine fast auf der Erde schleiften, und ich klammerte mich mit beiden Händen fest, um nicht hinaus zu fallen.

Gleich mit dem Ueberschreiten der Grenze nimmt die Landschaft einen tristen Charakter an. Weite Strecken Landes liegen völlig unangebaut da, man stößt nur hin und wieder auf kleine Heerden weidender Kühe und Schafe, und diese sind von jämmerlicher Beschaffenheit. Auch die Höfe, Dörfer und Weiler werden seltener, und die elenden Hütten, meist nur von Lehm, oft sogar von Torf erbaut, gleichen kaum noch menschlichen Wohnungen.

Wirballen ist, wie die meisten anderen polnischen Städte längs der Grenze, ein ärmliches schmutziges Judennest. Alle Handwerker in der Stadt sind Juden, alle Kaufläden, Schänken und Gasthäuser befinden sich in den Händen von Juden; der Jude ist in Polen Alles und was er nirgends sonst wo ist, z. B. Knecht und Fuhrmann, Hirte und Lastträger, neuerdings sogar Beamter.

Vor allen Thüren saßen, aus allen Fenstern guckten jüdische Männer und Weiber, jüdische Jünglinge und Mädchen; starrten mich neugierig an und verfolgten mich mit ihrem Geschrei, bei ihnen einzutreten und etwas zu kaufen. Auf den Gassen spielten die Kinder theilweise nackt, theilweise nur mit einem Hemde bekleidet, und alle streckten bettelnd die Hände aus. Alsbald war ich von einer Schaar zerlumpter Alten, Kranken und Krüppel — Alles Juden — umringt, und zwanzig Andere, Kinder und Erwachsene — wieder Juden — boten mir die verschiedensten Dienste an.

Will man dieser Verfolgung, die anfangs belustigt, bald aber zur Verzweiflung bringt, entgehen, so muß man für seinen Besuch den Sonnabend wählen. Dann sind selbst die Kinder gewaschen, gekämmt, sauber gekleidet und stolziren so durch die Straßen; die Erwachsenen aber haben mit den Festtagskleidern auch die ehrbare, Ruhe und Erholung blickende Festtagsmiene angelegt; der Aermste sucht dann sein Elend zu verdecken, selbst der Bettler von Profession feiert dann. Aber heute war es leider nicht der jüdische, sondern blos der christliche Schabbes, und an diesem entfalten die Juden noch eine ganz besondere Thätigkeit im Schachern und Betteln, zumal sie wissen, daß die Christen am Sonntag kauflustiger und mildthätiger gestimmt sind. Sonntags suchen die Juden einzuholen, was sie um ihres Glaubens willen am Sonnabend versäumen mußten; und zu den jüdischen Bettlern gesellen sich an diesem Tage noch polnische, die haufenweise vom Lande hereinkommen.

Das Straßenpflaster ist abscheulich und doch noch eine Auszeichnung der Hauptstraße, denn die Nebengassen sind ungepflastert, der Regen bildet hier große Pfützen und Lachen; daneben erheben sich Dünger- und Kehrichthaufen, und dazwischen tummeln sich Kinder mit Schweinen um die Wette. Die Häuser sind selbst in der Hauptstraße meist einstöckig, morsch und angeräuchert; in den Nebengassen aber, und da wo die Stadt ohne jeden Uebergang in das platte Land ausläuft, sieht man Hütten von Holz und Lehm erbaut, so niedrig, daß man mit dem Kopf an das Dach stößt, und statt der Fenster nur mit schießartigen Oeffnungen versehen, die des Nachts und bei schlechter Witterung mit Lumpen verstopft werden. Eine merkwürdige Staffage zu diesem architekto‍nischen Hintergrunde bilden die Offiziere des hier garnisonirenden Regiments des Großfürsten Thronfolger in ihren glänzend weißen mit goldenen Schnüren besetzten Uniformen, wie sie auf diesen schmutzigen Gassen, zwischen diesen Hütten umherflaniren oder von einem Wirthshaus zum andern schlendern. Ein anderes Vergnügen giebt es nämlich hier für sie nicht; es fehlt sowohl in der Stadt wie in der Nachbarschaft auf dem Lande an Familien, mit welchen sie verkehren könnten. So sind sie auf den Umgang mit einander angewiesen und zu einem langweiligen traurigen Leben verurtheilt.

Im Gasthause machte ich die Bekanntschaft eines Sekretärs von der Tomosžna, und was er mir über seine und seiner Kollegen Stellung mittheilte, ist erwähnenswerth. Er war von Geburt Na‍tionalpole und obgleich er der russischen Regierung loyal anhing, schwebte er doch in beständiger Gefahr, entlassen zu werden, weil jene neuerdings alle Polen aus dem öffentlichen Dienst zu ent‍fernen und durch geborne Russen zu ersetzen sucht. Die Subaltern‍beamten sind gewöhnlich nur auf Kündigung angestellt und können von ihrem Chef, der sie auch engagirt, jederzeit und ohne Angabe eines Grundes entlassen werden. Trotzdem erhalten sie nach einer Reihe von Dienstjahren unter Umständen eine kleine Pension. Eben dieser Pension wegen sind ihre Gehälter noch immer karg bemessen, etwa auf 2—400 Rubel jährlich; doch erhalten sie von Zeit zu Zeit nicht unbeträchtliche Gratifikationen. Allein auch die Grati‍fikationen hinzugerechnet, würden sie von Dem, was ihnen der Staat giebt, kaum existiren, wenigstens nicht so leben können, wie sie wirklich leben. Ein Subalternbeamter, dessen Gehalt und Gra‍tifikationen zusammen vielleicht 6—800 Rubel ausmachen, giebt thatsächlich über 2000 Rubel jährlich aus. Die Differenz gewährt ihm das Publikum in freiwilligen oder erpreßten Geschenken. — Dieses bekannte mir natürlich nicht der Sekretär selbst, wohl aber habe ichs von Andern erfahren. Der russische Beamte kann nicht immer warten, bis man ihm giebt, sondern er fordert und nimmt, oft heimlich und fast gewaltsam. Wie viele Geld- und Werthsen‍dungen gehen noch immer ganz, oder theilweise verloren; wie viele

Ballen und Kisten mit Waaren zeigen, wenn sie endlich in die Hände des Adressaten gelangen, ein mehr oder minder beträchtliches Manco! Die Absender oder Empfänger reklamiren es in der Regel nicht, weil das mit vielen Umständen verknüpft, und in den meisten Fällen auch vergeblich ist. Wenn die Spediteure die Kisten an der Grenze öffnen, erhält und nimmt jeder von den revidirenden Beamten, was ihm von dem Inhalt gefällt, und der Spediteur hat gute Gründe bis zu einem gewissen Grade gefällig zu sein. Weil die russischen Subalternen so schlecht besoldet werden, sind sie nach wie vor auf Bestechlichkeit und Erpressung angewiesen. Darum herrscht auch noch immer in Rußland statt Recht und Gesetz die Laune und Willkür der Beamten; darum ist der Fremde, mögen seine Papiere auch in der besten Ordnung sein, schutzlos und gefährdet, darum athmet er erst wieder frei auf, wenn er den russischen Schlagbaum hinter sich hat. Seit den letzten Jahren ist den russischen Grenzbeamten jeder Verkehr mit ihren preußischen Kollegen, schon das Betreten des preußischen Bodens, streng untersagt; sie müssen sich nach Preußen hineinstehlen. Ob das Verbot nur Durchstedereien verhüten oder auch die Russen vor der Ansteckung mit dem Gift deutscher Aufklärung bewahren soll, lasse ich dahingestellt.

Die Sonne stand schon tief am Horizont, und wir mußten jetzt eilen, die Grenze zu erreichen. Noch einmal ging's nach der Tomoszna, um den Paß von Neuem abstempeln zu lassen; er erhielt nun als Austrittsvisum einen rothen Stempel, wie er vorher als Eintrittszeichen mit einem weißen Stempel versehen worden war. Ohne Paß und ohne Stempel wird in Rußland ebensowenig Jemand heraus- wie hereingelassen. Mit Sonnenuntergang, der auf russischer Seite eine halbe Stunde früher als auf preußischer eintritt, wird das Zarenreich unerbittlich zugeschlossen. Reisende, die sich um wenige Minuten verspäten, müssen vor oder hinter der Barrière geduldig warten, bis es am nächsten Morgen wieder aufgeschlossen wird. Aber mit einem goldenen Schlüssel erschließt es sich auch Nachts.

III.
Tilsit.

Von den Städten in Littauen und ihrem Handel und Wandel. — Wie der Verfasser nach Tilsit kommt, und wie gut es ihm dort behaget. — Daß die Dzimken auch Menschen sind, und wie absonderlich die Schiffe aussehen, mit denen sie von Rußland nach Preußen fahren. — Allerhand Geschichten von dem Strome, der da Memel heißet; und was der Stadt noth thuet, die denselben Namen führet. — Von den schönen Tilsiterinnen, und wie gefährlich sie den Mannsleuten werden können.

Mit der Bahn kehrte ich von der Landesgrenze nach dem etwa 10 Meilen entfernten Insterburg zurück.

Die vier bevölkertsten Städte in Littauen sind in absteigender Folge: Memel und Tilsit, Insterburg und Gumbinnen.

Insterburg unterscheidet sich sehr wesentlich von der Nachbarstadt Gumbinnen, von der es nur durch eine Entfernung von 4 Meilen getrennt ist, während der Weg bis Königsberg ungefähr 12 Meilen beträgt. Seine Lage und Umgebung an und zwischen den ziemlich hohen Uferbergen mehrerer Flüßchen, die hier zusammenkommen, hat den Ausdruck anmuthiger Romantik. Obgleich auch hier verschiedene Behörden, Kollegien und Institute — darunter die große Strafanstalt — ihren Sitz haben, ist Insterburg doch nicht, wie Gumbinnen, nur eine Beamtenstadt, sondern bei weitem mehr Handelsort und Stapelplatz, hauptsächlich für Getreide und Leinsaat, die ihm von einem großen Theile Littauens und Masurens zugeführt und entweder auf dem Pregel in kleinen Fahrzeugen verschifft oder mit der Eisenbahn, an welcher Insterburg einen Knotenpunkt bildet, versandt werden. Daneben befinden sich in der Stadt auch einige Fabriken. Die Bevölkerung beträgt über 14,000 Seelen, worunter gegen Tausend Sträflinge und Gefangene und eben so viele Soldaten sind; während Gumbinnen nur 9000 Einwohner zählt.

Den Pregel abwärts breiten sich die herzoglich dessauischen Besitzungen in einer Länge von 4⅛ Meilen und in einer Breite von ½ — ¾ Meilen aus. Fürst Leopold von Dessau kaufte sie auf Anerbieten Friedrich Wilhelm's I. im Jahre 1721 für 70,000 Thlr. und verwendete große Summen auf diesen gleichfalls durch die Pest verödeten Landstrich, der nun schon lange durch hohe Kultur und reiche Fruchtbarkeit weit und breit berühmt ist, in der ganzen Provinz für eine einzige große Musterwirthschaft gilt.

Von Insterburg läuft eine Zweigbahn, von einer englischen Gesellschaft erbaut und erst seit wenigen Jahren vollendet, nach dem 7 Meilen entfernten Tilsit. Diese Bahn rentirt sich bis jetzt noch nicht, weil sie am Niemen Halt macht, also eine Sackgasse ist. Ihrer Fortführung bis zur russischen Grenze stellt sich ein kostspieliges Hinderniß entgegen, die Ueberbrückung der Memel, welche man auf mehrere Millionen Thaler veranschlagt. Selten hat mir eine Mittelstadt so imponirt und zugleich mich so behaglich angemuthet, wie Tilsit. Seine Lage am linken Ufer der majestätischen aber für gewöhnlich sanft und ruhig dahinströmenden Memel, inmitten einer wohlangebauten Ebene, ist reizend und wechselvoll belebt; die Bauart ist solide und übersichtlich. Tilsit besteht in der Hauptsache aus zwei langen breiten Gassen, mit durchgehends noch festen, gesunden und bequemen, meist nicht über zwei Stock hohen Häusern, die sich in ihrer würdigen, echt bürgerlichen Einfachheit von dem modernen Kasernenstil vortheilhaft unterscheiden. Die Stadt kann sich nur in die Länge ausdehnen, nicht in die Breite, weil sie auf einer Seite von der Memel, auf der andern Seite von dem sogenannten Schloßteich eingeschlossen ist. Vielleicht verschuldet es dieser Umstand, daß sich die Bevölkerung seit 50 Jahren kaum vermehrt hat; schon bald nach den Befreiungskriegen betrug sie über 15,000 Seelen, und heute mag die Zahl etwa 17,000 erreichen. Ueberhaupt wachsen die Städte in Ostpreußen langsam; erst seit man hier angefangen, Eisenbahnen zu bauen, beginnt die Bevölkerung der größeren Städte sich merklich zu heben. Allein Tilsit macht davon wieder eine Ausnahme: seit Vollendung der Ostbahn soll die Einwohnerzahl gesunken sein. Auf die Ursachen will ich zurückkommen.

Tilsit war bis vor Kurzem ein lebhafter und ist noch immer ein rühriger Fabrik- und Handelsort. Von den wenigen Fabriken, die Littauen überhaupt aufzuweisen hat, befinden sich die meisten und bedeutendsten in Tilsit. Eine Papierfabrik und fünf Holzdampfschneidefabriken sind durch großartigen Betrieb besonders wichtig. Ein wesentlicher Nahrungszweig ist auch hier wieder das für Littauen so charakteristische Branntweinbrennen. Der hier alljährlich stattfindende Pferdemarkt ist der bedeutendste der Provinz und lockt Käufer aus ganz Deutschland und dem Auslande herbei. Schon die Wochenmärkte bieten ein buntes und bewegtes Bild. Die Bauern kommen mit ihren Erzeugnissen schaarenweise, oft aus weiter Entfernung, zu Markt; Tilsit hat ein Hinterland von 8 bis 12 Meilen im Umkreise, eine in Deutschland wohl einzig dastehende Erscheinung. An den Markttagen herrscht ein erstaunliches Gewühl, ein wunderliches Sprachengewirr und eine ungemeine Thätigkeit. Es drängen sich durch einander Littauer, Polen, Russen, Juden in ihrer Nationaltracht; und die Littauer sind wie die Juden geborene und verschlagene Händler. Wie man an den Kaufläden und Wirthschaften neben der deutschen Inschrift auch eine littauische und polnische, oft auch russische und jüdische findet, so schwirren auf dem Markte alle diese Sprachen durcheinander und erfüllen mit ihren theils singenden, theils heulenden, theils zischenden Lauten die Luft.

Die Einwohnerschaft selbst ist aus eben solch' verschiedenartigen Elementen zusammengesetzt; alle jene Nationalitäten und Konfessionen wohnen hier, wenn sie nicht etwa über materielle Interessen in Streit gerathen, friedlich und verträglich neben einander. Die dienende und arbeitende Klasse sind vorwiegend Littauer, wogegen die oberen Schichten aus Deutschen bestehen; doch unterscheiden sich diese wieder in eingeborene Preußen und eingewanderte Deutsche, unter welchen sich viele Salzburger und Mennoniten befinden.

Die breite, stets mit zahlreichen Kähnen und Flößen bedeckte Memel führt der Stadt die Produkte des benachbarten russischen Littauens zu, besonders Holz, Flachs, Hanf, Leinewand und Getreide, mit welchen Tilsit, wenngleich es in dieser Hinsicht seit den letzten Jahren verloren hat, noch heute einen einträglichen Zwischen-

handel nach Königsberg hin betreibt. Die verschiedenartigsten, zum
Theil seltsam anzusehenden Fahrzeuge segeln und treiben stromauf
und stromab. Ganze Wälder schwimmen vorüber; mächtige Fich=
ten, Tannen und Eichen, wie sie auf unserm Erdtheil nur noch in
den russischen Urwäldern wachsen; rohe Bäume oder behauene
Stämme, Klötze und Planken, Brennholz und Nutzhölzer. Sie sind
zu gewaltigen Flößen und Triften verbunden, auf welchen die
Mannschaft schreiend hin und her läuft, indem sie ihr schwankes
plumpes Fahrzeug mittelst langer Stangen bald schiebend, bald
rudernd oder treibend fortbewegt, vom Ufer oder von anderen
Fahrzeugen mehr oder minder geschickt abhält. Auf diesen Flößen
ist gewöhnlich eine Strohbude errichtet, zugleich die Vorrathskam=
mer und das Schlafgemach der Mannschaft, dieser abgehärteten und
fast bedürfnißlosen Naturmenschen, welche im Munde des Volks
Dzimken heißen, da sie sich vorzugsweise aus Samogitien oder
Szamaiten rekrutiren, wie der schmale Landstrich jenseits der
Grenze heißt, welcher das preußische Littauen vom russischen trennt.
Zuweilen tragen jene Flöße aber auch ein vollständiges Bretterhaus
aus mehren Gemächern, einer Küche und einem veranbaartigen
Umgang bestehend. Dann ist es die Wohnung des jüdischen Ka=
pitäns, der nicht selten auch Eigenthümer von Floß und Ladung
ist und seine ganze Familie mit sich führt.

Andere nicht minder gigantische, oft mehrere hundert Fuß
lange Fahrzeuge führen nicht Holz, sondern Getreide, Leinsaat,
Flachs, Hanf, Felle und andere Produkte. Auch sie sind weiter
nichts als ein riesiges Floß von Baumstämmen, nur mittelst Holz=
nägel, Bastseile oder Hanfstricke lose mit einander verbunden, so daß
man an dem ganzen Ungeheuer nicht ein Quentchen Eisen zu ent=
decken vermag. Die Ladung ruht hoch aufgethürmt unter einem
schrägen Bretterdach, oder ist mit Bastdecken beschnürt; im ersten
Falle heißen jene originellen Fahrzeuge Wittinnen oder Strusen,
im andern Falle Karopken oder auch Boibaks, je nach der
etwas mehr oder minder abweichenden Struktur. Meist gehören
sie einem polnischen oder russischen Gutsbesitzer, der sie mit seinen
Gutsinsassen, den Dzimken, bemannt und diesen einen Juden als

3*

Schaffner vorsetzt, dem dann sowohl die Beaufsichtigung wie die Beköstigung der Mannschaft obliegt. Zuweilen ist aber auch die Wittinne oder Karople wieder vollständiges Eigenthum eines jüdischen Unternehmers und die Dzimken stehen in seinen Diensten. Für ihn ist auf der einen Seite des Schiffs ein Stübchen mit einem Fensterchen von grünem Glase abgeschlagen, während die Schiffsleute in dem Mittelraum, der sich hier nach beiden Seiten öffnet und eine rohe Vorrichtung zum Ausschöpfen des Wassers enthält, auf das Elendeste wohnen und schlafen.

Diese Fahrzeuge fassen ungeheure Lasten, bis 3000 Centner und mehr, und kommen tief aus dem Innern Rußlands. Während des Winters werden sie von den Dzimken gezimmert und zur Bereitung der Matten aus Lindenbast die Wälder verwüstet. Sobald die Frühlingssonne das Eis der russischen Ströme schmilzt, setzen sich die formlosen Kolosse dort in Bewegung, und es vergehen Monate, ehe sie das Ziel ihrer Reise — Memel oder Königsberg — erreichen. Ihrer gigantischen Dimensionen und sonstigen Schwerfälligkeit wegen, können sie sich nur langsam fortbewegen; sie fahren nur bei Tage und legen sich, um ein Zusammenstoßen mit anderen Fahrzeugen zu vermeiden, sobald die Dunkelheit einbricht, an das Ufer; sie dürfen sich nicht auf das kurische Haff wagen, sondern müssen stets den gewundenen Lauf der Flüsse und Kanäle, oft vom Schwarzen Meer bis zur Ostsee verfolgen.

Schwer und mühsam ist das Tagewerk der Dzimken; sie müssen, da ihr leckes Schiff viel Wasser fängt, beständig die Schöpfeimer handhaben; um die mächtigen Ruder zu bewegen, sind bis je vier Mann nöthig; sie haben mit unendlichen Schwierigkeiten zu kämpfen, da die Fahrzeuge fünf Fuß Wasser brauchen und in trockenen Sommern auf der Memel und dem Pregel, die an seichten Stellen reich sind, leicht festgerathen. Mit der schweren Arbeit steht die magere Kost in keinem Verhältniß. Die gewöhnlichen Speisen sind Kartoffeln, Erbsen, Grütze und Mehlbrei, die sie sich am Ufer in riesenhaften Kesseln und Töpfen selber kochen und die sie aus hölzernen Näpfen und Mulden mit hölzernen Löffeln verzehren. Fleisch kommt fast gar nicht vor, nur thun sie statt der Butter etwas

Speck an die Speisen, den sie auch roh zum Brode genießen. Gal=
striger Speck und Kornfusel sind ihre größten Leckereien.

Nichts geht über die Einfachheit und den primitiven Schnitt
ihrer Kleidung. Sie tragen einen langen Oberrock von grobem
grauen Filz, oder auch einen umgekehrten Schafpelz, ein grobes
Leinenhemde, auf der Brust offen, dito Hosen, eine Pelzmütze mit
Trobbeln, oder einen groben Strohhut, und an den Füßen Bast=
schuhe, sog. Parresken. Der Dzimke hält dafür, daß Pelzwerk
eben so gut gegen Hitze wie gegen Kälte schütze, deshalb wendet er
Sommers den rohen Schafpelz um, so daß die wollige Seite nach
außen kommt. Einer trägt sich wie der Andere. „Wie die Bret=
ter, der Hanf, die Matten aussehen, so sehen auch die Dzimken
aus, sagt Rosenkranz in seinen „Königsberger Skizzen"; sie gleichen
dem Insekt, das noch die Farbe der Pflanze hat, auf der es sein
Leben führt." Nur die älteren unter ihnen, welche die Fahrt schon
mehrmals gemacht haben, zeigen sich gegen die Berührung mit der
Kultur nicht ganz unempfänglich. Sie vertauschen die Bastschuhe
mit Stiefeln, den Strohhut mit einer Mütze; sie treiben sich in den
Städten auf dem Tröbel umher und kaufen sich eine bunte Weste,
ein farbiges Wamms oder ein grellleuchtendes Halstuch. Solche
Kulturfragmente passen nur zu wenig zu ihrer übrigen Tracht.
Mit den Knaben stehen sie in beständigem, von Neckereien beglei=
teten Tauschhandel. Sie geben ihnen nämlich Stöcke, die sie oft
recht hübsch zurecht machen, gegen Knöpfe, besonders Metallknöpfe, die
für sie einen großen Reiz haben. Die Dzimken sind von schlanker
Gestalt, mittlerer Größe, oft von einnehmender, sogar hübscher, aber
gewöhnlich etwas einfältiger Physiognomie, mit dunklem dichten
Haar und hellen gutmüthigen Augen. Gutmüthig und friedlich ist
auch ihr ganzes Wesen, fast kindisch. Obschon sie in den großen
Städten oft zu Hunderten beisammen sind, hört man doch nichts
Uebles von ihnen, weder von Verbrechen noch von Excessen. In
behaglichem Müßiggang schlendern sie dort durch die Gassen; die
Kinderspielwaaren in den Buden, ein Reiter oder eine Musikbande
fesseln sie mehr, als die größten Gebäude, die merkwürdigsten Plätze,
welche sie in der Regel keines Blickes würdigen.

Trotzdem die Dzimken buchstäblich nichts weiter als das nackte Leben besitzen, sind sie stets heiter und lustig. Scherzend und lachend, sich untereinander und mit den Vorüberfahrenden neckend, immer schwatzend verrichten sie ihre Arbeit. Abends sieht man sie um das Wachtfeuer gelagert, das wieder, um einen Zusammenstoß zu verhüten, die ganze Nacht hindurch auf jeder Wittinne und jeder Karople unterhalten wird; an gewissen Orten, wo oft Dutzende solcher Fahrzeuge nächtigen, sind dann die dunkeln Wasser des Stromes in magischer Weise beleuchtet. Bei diesen Wachtfeuern erschallen die langgezogenen wehmüthigen Rund- und Chorgesänge der Dzimken; alsbald greift Einer von ihnen zur Violine oder zum Dudelsack, die Andern fassen sich bei den Händen und springen und tanzen im Kreise herum. Der Tanz ist oft ein Solo, oft ein mimisches Gegeneinander- und Umeinanderherumtanzen von Zweien, wobei das schnelle Sichumwerfen besonders interessirt. Der Oberkörper bewegt sich wenig, aber die Füße sind in kleinen zierlichen Wendungen und Sprüngen unerschöpflich. Die im Ganzen schwächliche Gestalt des Dzimken entwickelt im Tanz alle Schönheit, deren sie fähig ist. Die Violine spielt eine hopserartige Melodie, Tänzer und Zuschauer klatschen mit schallenden Händen den Takt, der Eine oder der Andere bricht auch wohl in ein helles Jauchzen aus. So geht es bis in die späte Nacht, allmälig legen sich Einige zur Ruhe nieder, während die Uebrigen in ihrer Belustigung fortfahren und um die schlafenden Gefährten herumgaukeln, bis auch sie erschöpft zu Boden sinken.

Nicht allein die Ladung, sondern auch das Fahrzeug selbst mit Strohhütte, Bretterhaus und allen sonstigen Utensilien, wird in Königsberg oder Memel losgeschlagen, denn Holz und Stroh sind in der russischen Heimath fast werthlos, und die Wittinnen wie Karoplen vermögen nur stromab, nicht stromauf zu fahren. Die Dzimken erhalten nun ihren kärglichen Lohn, der bis vor Kurzem, wo sie sich noch in Leibeigenschaft befanden, nicht mehr als Einen Rubel pro Mann für die ganze Reise betrug; und verwenden ihn meist zum Ankauf einer Handharmonika, einer neuen Geige oder eines schmucken Pfeifenkopfs von Birkenmaser mit Neusilberbeschlag.

Seelenvergnügt treten sie die Rückreise an; wenn sie nicht ausnahmsweise ein Dampfboot benutzen, wandern sie zu Fuß und in großen Trupps. Sie marschiren auf der staubigen Chaussee bei der glühendsten Augusthitze, aber immer in umgekehrten Schafpelzen und dicken Filzröcken. Eine Anzahl, mit den neuerstandenen Harmonikas und Geigen bewaffnet, die sie abwechselnd während des Marsches erschallen lassen, geht vorauf, die Uebrigen laufen singend und jauchzend, springend und tanzend hinterdrein. Ab und zu macht dann die Flasche die Runde; so gleicht die Schaar einem Bacchantenzug. Jeder Dzimke ist ein geborener Musiker, und seine höchste Lust sind Musik und — Schnaps.

Der Fremde, welcher den Dzimken zum erstenmal in Tilsit oder Königsberg erblickt, wird durch ihn erinnert, daß Ostpreußen an Rußland grenzt; und wer Rußland kennt, wird bald finden, daß Ostpreußen mit diesem noch mancherlei Aehnlichkeit und Verwandtschaft hat.

Ueber den Niemen führt bei Tilsit eine Pontonbrücke, die einzige Brücke, welche bisher über diesen breiten unbändigen Strom geschlagen. Sie ist ohne die Auf- und Abfahrt 1150 Fuß lang; der mittlere Theil ruht auf Prahmen, die Endtheile an beiden Ufern auf Pfählen. Vor Eintritt des Winters wird sie abgenommen und die Pontons in dem Hafen geborgen, den das Flüßchen Tilzele bildet, welches bei der Stadt in die Memel fällt und von dem jene ihren Namen führt, denn sie heißt richtig nicht Tilsit, sondern Tilse. Ein grandioses Schauspiel gewährt in jedem Frühjahr der Eisgang; dann geschieht die Ueberfahrt mit Spitzkähnen, nie ohne Mühe und Gefahr; nicht selten ist sie tagelang gänzlich unterbrochen. Dann schwillt die Memel mächtig an, bringt bis in die unteren Gassen der Stadt, wenngleich diese 25—30 Fuß über dem gewöhnlichen Wasserstande des Stromes liegen, und überschwemmt auf meilenweite die Niederung, sie in einen unabsehbaren Landsee verwandelnd.

An den Niemen knüpfen sich denkwürdige Erinnerungen aus der neueren Geschichte unseres Vaterlandes. Nach den Schlachten

von Eylau und Friedland verlegte der Erbe Friedrichs des Großen
den Sitz seiner Regierung über den nordischen Strom hinaus nach
Memel. Da noch keine Chaussee in der Provinz existirte, so ging
die Poststraße über die Sandflächen der kurischen Nehrung. Vom
Fieber ergriffen, mußte die Königin Louise, wie der Leibarzt Hufe=
land in seinen Memoiren erzählt, auf dem Wege nach jener Stadt
in einer Fischerhütte übernachten, durch deren zerbrochene Fenster
die Schneeflocken auf ihr Lager fielen. Tilsit war durch den Krieg
um seinen Wohlstand gekommen. Die Stadt, welche die Russen
verlassen hatten, wurde keineswegs mit Sturm genommen, aber
dennoch von den Franzosen ausgeplündert, so daß es, um die
Monarchen bei den Friedensverhandlungen aufzunehmen, an den
nothwendigsten Bedürfnissen fehlte; man mußte sie zum Theil aus
Königsberg kommen lassen. Gleich oberhalb der Brücke schwamm
mitten in der Memel am 9. Juli 1807 ein prachtvolles Zelt, in
welches von entgegengesetzten Seiten gleichzeitig — denn Keiner
durfte dem Andern den Vortritt lassen — die beiden Kaiser von
Frankreich und Rußland traten. Nach dem Sieger und seinem
„Freunde" erschien der Besiegte, König Friedrich Wilhelm III. von
Preußen, um zu vernehmen, was die Gnade Napoleons ihm von
seinem Reiche zu belassen geruhte. Bis zu diesem Tage war es
eine Großmacht und umfaßte 5673 Quadratmeilen — noch 570
Quadratmeilen mehr als vor dem letzten glorreichen Kriege von
1866; Napoleon nahm ihm jetzt die Hälfte, 2855 Quadratmei=
len, und drückte es dadurch zu einer bedeutungslosen Mittelmacht
herab. Hinterher forderte er galant die Königin Louise auf, sich
auch ihrerseits von ihm eine Gnade zu erbitten. „Als Königin",
erwiderte sie, „habe ich nichts zu bitten; als Mutter meines Volks
bitte ich um Magdeburg". — Der Kaiser antwortete auf diese
Bitte, indem er ihr am folgenden Tage eine Landkarte schickte,
auf welcher Schlesien mit einer goldenen Kette umschlungen und
an einem goldenen Herzen befestigt war. Er schenkte ihr Schle=
sien, da er dieses doch nicht brauchen konnte und hauptsächlich, weil
er es noch garnicht hatte, denn Kosel, Glatz und Silberberg be=
fanden sich noch in den Händen der Preußen.

An derselben Stelle aber, wo der Friede von Tilsit geschlossen ward, der Preußen so tief bemüthigte und Napoleon auf dem Gipfel seiner Macht zeigte, setzten fünf Jahre später die Trümmer des ungeheuren Heeres, das auch Rußland unterjochen sollte, still und armselig, flüchtig und vor Furcht zitternd, über die Memel. Die hier projektirte Eisenbahnbrücke ist deshalb auf die ungeheure Summe von 5 bis 6 Millionen Thaler veranschlagt, weil sie fast eine halbe Meile lang werden, nämlich nicht nur den Niemen, sondern auch zugleich die etwas weiter nordwärts befindliche Alte Memel, welche jetzt ein stehend Wasser, eine Art Sumpf ist — das Neue und Alte Memelthal — überbrücken müßte. Man hat auch daran gedacht, sie eine Meile weiter stromauf, bei Ragnit, zu schlagen; doch würde die Kostensumme dadurch wenig verringert werden. An der Memel und diesem Brückenbau scheiterte bisher die Fortführung der Insterburg-Tilsiter Zweigbahn. Auch ist man über die Richtung noch nicht einig. Einige wollen sie auf Memel führen, um diesen wichtigen Seehafen, der von den neuen Kommunikationswegen mehr und mehr abgesperrt und auf eine mangelhafte Wasserstraße angewiesen, wie ein verlorener Posten außerhalb des europäischen Eisenbahnnetzes liegt, endlich in dieses hineinzuziehen. Andere — und dazu gehören vornämlich die Tilsiter selber, denn es besteht eine alte Eifersucht zwischen ihnen und den Memelern — agitiren dafür, die Bahn mit Umgehung Memels längs der alten russischen Landstraße nach Tauroggen zu leiten. Das aber hieße dem Handel und Geschäft Memels den Todesstoß versetzen, und außer dieser Absicht sind fast keine anderen Gründe vorhanden, um der zuletzt bezeichneten Richtung vor jener den Vorzug zu geben. Im Gegentheil soll die russische Regierung den Bau auf Memel wünschen und sich in diesem Fall bereit erklärt haben, sofort von Riga aus gegenzubauen. Nach dem Ausspruch zahlreicher, durchaus unbefangener und sachverständiger Männer, mit denen ich zu verkehren Gelegenheit hatte, ist die Fortführung der Bahn nach Memel ein bringenderes Bedürfniß, würde sich auch besser rentiren, als die jetzt beschlossene Strecke Insterburg-Thorn; jedenfalls ist diese ohne jene kein Ganzes, sondern auch nur Fragment.

So lange keine feste Brücke über die Memel führt, bleibt der nordwärts von ihr gelegene Zipfel der Provinz ein verschlagenes, zu Zeiten unzugängliches Eiland, ist er, wenn nicht materiell, doch geistig der russischen Invasion preisgegeben. Zweimal hat ihn Rußland fahren lassen, Peter III. wie Alexander I.: schwerlich würde ein russischer Fürst zum drittenmal so großmüthig sein. Der Hafen von Memel allein wäre für Rußland ein unschätzbarer Erwerb, da er vor den nördlicheren Ostseehäfen den Vorzug hat, daß er nicht leicht zufriert. Durch Herstellung einer guten Wasserstraße auf dem Niemen und durch den Bau von Eisenbahnen, die es mit dem Innern des russischen Reichs verbinden, wird Memel selbst als preußische Stadt ein rasch aufblühender Handelsort werden; würde es aber der Fesseln entledigt, die ihm die russischen und preußischen Zölle noch auferlegen, so könnte es das Emporium des russisch-nordasiatischen Verkehrs mit dem europäischen Westen werden, da es vor Königsberg den gewichtigen Vortheil hat, unmittelbar am Meere zu liegen. Die Ueberbrückung der Weichsel hat erst Westpreußen in den Bereich der europäischen Kultur gezogen; die Ueberbrückung des Niemen würde endlich auch Ostpreußen, die ganze Provinz den Vortheilen und Segnungen solcher Kultur zugänglich machen.

Wie Eingangs gesagt, soll die Einwohnerzahl von Tilsit seit Vollendung der Ostbahn gesunken sein; thatsächlich ist sein Speditionshandel seitdem im Verfall begriffen. Der Weg geht nicht mehr über Tauroggen und Tilsit, sondern über Königsberg und Eydtkuhnen, wohin ein großer Theil der hiesigen Spediteure übergesiedelt ist. Unabhängig davon ist der von Jahr zu Jahr fortschreitende Verfall des Handels mit Manufaktur- und Kolonialwaaren über die Grenze, welcher hauptsächlich den lästigen und auch durch den neuen Tarif keineswegs beseitigten russischen Zollverordnungen zuzuschreiben ist. Auch das Holz- und Getreidegeschäft geht schwächer, schon wegen der schlechten Wasserstraße. Daneben wird der Ankauf von Holz in Polen und Rußland immer theurer, weil die Wälder in der Nähe der Flüsse bereits gelichtet sind, die Anfuhr der Hölzer dorthin schwieriger wird und die Arbeitskräfte nach Aufhebung der Leibeigenschaft im Preise bedeutend gestiegen sind. Der letztere Umstand drückt auch den Getreidehandel; abgesehen von wiederholten Mißernten und den durch die neueste polnische Insurrektion herbeigeführten Ausfällen und Nachwehen, influiren die in Folge der russischen Reformen eingetretenen Uebergangszustände im Nachbarlande wesentlich auf die dortige Landwirthschaft und bewirken Alles in Allem eine auffällige Verminderung der Zufuhr.

Einstweilen können die Tilsiter noch von ihrem früheren Verdienste, von ihren Ersparnissen zehren. Der Lage und Bauart der Stadt entsprechen nämlich auch die Vermögensverhältnisse und ebenso der Character der Bewohner. Die Meisten erfreuen sich eines gesicherten Wohlstandes, und selbst der Arme ist nicht arm im strengen Sinne des Worts. Von dem allgemeinen Wohlstande zeugen zahlreiche und zum Theil musterhaft eingerichtete und reichdotirte milde Anstalten und Stiftungen, wohlgepflegte öffentliche Anlagen und eine Menge von Lustorten vor allen Thoren der Stadt. Der erste Vergnügungsort ist Jacobsruh, von gemeinnützig gesinnten Bürgern gegründet und dem Publikum zur Erholung übergeben. Mit Recht sind die Tilsiter auf ihn stolz, und mit Recht wird er in ganz Littauen bewundert, denn er hat weit und breit nicht seines Gleichen und würde der größten Stadt zur Zierde gereichen. Es ist ein großer parkartiger Garten mit den schönsten Bäumen, Alleen und Rasenplätzen, mit zahlreichen Gängen, Reit- und Fahrwegen; mit ihm stehen zwei Wäldchen, die sogenannten Putschinen, in unmittelbarer Verbindung, in welche man, weiter und weiter wandelnd, sich verliert, ohne es zu merken, bis man endlich in das freie Feld hinaustritt, das ebensowenig wie die Putschinen irgend eine Umzäunung von ihm trennt. Es ist ein wahrer Volksgarten, er wird täglich von allen Ständen besucht, und man findet hier, namentlich an Concerttagen, das Gesinde neben den Herrschaften, die Offiziere des in der Stadt garnisonirenden littauischen Dragonerregiments neben den gemeinen Soldaten.

Die Tilsiter verstehen zu leben, sie genießen das Leben und seine Freuden in verständiger Weise. Namentlich pflegen sie der holden Musika und des edlen Gerstensaftes, den drei am Ort befindliche Bairisch-Bierbrauereien in vorzüglicher Qualität liefern. Man trinkt und kommercirt in Tilsit, wie in ganz Littauen und Ostpreußen, gern und spät, mehr und später als in den westlichen Provinzen; man fragt sich nicht selten um Mitternacht, was man mit dem „angebrochenen Abend" anfangen solle.

Von den Tilsiterinnen gilt in noch höherm Grade, was ich von den Gumbinner Damen gesagt habe. Die schönsten Littauerinnen wachsen in und um Tilsit, und mit den äußeren Reizen harmonirt ihr muntres liebenswürdiges Wesen. Darin stimmen alle Reisenden überein, auch zwei ältere Wanderbücher, die mir vorliegen. Das eine „Bemerkungen eines Russen über Preußen und dessen Bewohner, gesammelt auf einer im Jahre 1814 unternommenen Reise" wird Kotzebue zugeschrieben, welcher den Tilsiterinnen ein rühmliches Zeugniß ausstellt. Das andere Buch „Kosmopolitische Wanderungen durch Preußen ꝛc. in den Jahren 1795—98" ist in dem sentimentalen Ton jener Zeit abgefaßt. Der Autor ist bisher gegen die Reize der Littauerinnen unempfindlich geblieben; selbst eine Marie, die ihm bis Labiau nachgelaufen, hat sein Herz nicht rühren können, denn es lebt darin einzig und allein das Bild einer Juliane, die ihm untreu geworden ist. Wie er aber in Tilsit eintrifft, weiß er sich vor Bewunderung über die Schönheit und Liebenswürdigkeit der dortigen Damen nicht zu lassen, und alsbald findet er ein Mädchen „ganz Julianens Ebenbild, ganz das Ideal seiner Träume". Natürlich hat er nichts Eiligeres zu thun, als die echte Juliane zu vergessen und sich in ihre Doppelgängerin zu verlieben; doch leider will diese nichts von ihm wissen, und so muß er mit seinem Schmerz fürbaß, nach Volhynien und Podolien ziehen.

Gegen den Fremden sind die Tilsiter außerordentlich entgegenkommend — offen, vertraulich und gastfreundlich; wodurch sie sich vor den Bewohnern andrer Handelsstädte und besonders auch vor ihren Nachbarn, den Memelern, auszeichnen. Unter solchen Umständen verflossen mir rasch und angenehm die Tage, welche ich in dieser Stadt verbrachte, und noch zweimal kehrte ich von verschiedenen Ausflügen nach ihr zurück.

IV.
An der russischen Grenze.

Wie die polnischen Juden sich kleiden, und was für kluge Leute es sind. — Von den „Macherjahren" in Schmalleningken, und daß es mit dem Schmuggel zu Ende gehet. — Wie der Verfasser den russischen Rasaratl besuchet, und was für lehrsame Gespräche sie mit einander führen. — Von den Listen der „Packeningker", wie ein Convoi, beschaffen ist, und warum die Dzimken lieber in Preußen als in Rußland Branntwein trinken. — Die russischen Zöllner können nichts „Geschriebenes" leiden, Georgenburg ist eine hölzerne Stadt, und ein Controleur unter Umständen schlimmer als ein Rasaratl.

Von Tilsit bietet sich dem Reisenden eine vortreffliche und bequeme Communication nach allen Richtungen, zu Wasser wie zu Lande. Außer der Eisenbahn und zahlreichen Posten fahren täglich Dampfböte nach Memel, Königsberg und Kowno. Gleich oberhalb der langen Schiffbrücke lag der russische Dampfer Kiejstut (Namen eines littauischen Großfürsten, eines heldenhaften Gegners des deutschen Ritterordens), auf dem ich meine weitern Streif= und Entdeckungszüge unternehmen wollte.

Das Deck des kleinen Dampfers bot ein wirres Durcheinander von Menschen und Gütern, besonders der zweite Platz, wo zwischen hoch aufgestapelten Ballen, Säcken, Kisten, Fäßern und allerhand Gethier, namentlich Kühen und Schafen, sich eine Menge von Leuten drängte. Die Passagiere bestanden größtentheils aus polnischen Juden und Dzimken, beides heimkehrende Holzflößer. Das Hauptkleidungsstück der Juden war eine Art von Kaftan, und was sie darunter verbargen, sollte mir bald klar werden, als einer von ihnen ein Stück Zeug hervorholte und davon mitten auf dem Verdeck sich eine Hose zu schneidern begann. Er hatte sein Werk binnen kaum einer Stunde vollendet, aber es war auch das einfachste Beinkleid, das ich je gesehen. Keine Ahnung von Knöpfen, Säumen ꝛc., sondern nur zwei Nähte von ziemlich weitläufigen Stichen, wodurch zwei Beinlinge entstanden, in welche der

Künstler sofort hineinfuhr, worauf er sie unten einfach in die Stie=
felschäfte steckte, oben aber durch einen Strick sich um den Leib
gürtete. Allerdings war es keine elegante Hose, aber sie entsprach
vollkommen ihrem Zwecke: sie saß bequem und sie hielt warm.
Indeß nicht alle Juden hatten den Luxus von Stiefeln aufzuweisen,
viele gingen barfuß.

Juden und Dzimken drängten allmälig nach dem ersten Platze
und begannen sich auf den Boden zu lagern, so daß man, um sich
bewegen zu können, über sie hinwegschreiten mußte. Der Capitän
trieb sie verschiedentlich zurück, aber sie krochen immer wieder heran.
Zerlumpt und schmutzig, wie sie waren, verbreiteten sie einen pestilenz=
artigen Gestank und hatten beständig mit dem Ungeziefer zu kämpfen,
auf das sie vor aller Augen ganz ungenirt Jagd machten, oder
einer that auch dem andern diesen Dienst. Es war daher nicht
rathsam, in ihre Nähe zu kommen, und der Capitän warnte uns
ausdrücklich davor. Trotzdem machte es einen peinlichen Eindruck,
zu sehen, mit welcher Verachtung Jedermann diese Leute behandeln
zu dürfen glaubte, und wie resignirt und unterwürfig sie selber
diese Verachtung über sich ergehen ließen. Die Matrosen stießen
sie fluchend und metternd mit den Füßen aus dem Wege, und die
Köchin weigerte sich, sie mit ihren Gefäßen Wasser schöpfen oder
daraus trinken zu lassen. Freilich geht nichts über die Zubring=
lichkeit der polnischen Juden.

Die Dzimken sind weit bescheidener und manierlicher. Unter
ihnen fesselten meine Aufmerksamkeit namentlich zwei, die Arm in
Arm nebeneinander lagen; der eine, ein grauer, martialisch blicken=
der Schnauzbart mit dem Gliederbau eines Athleten, der andere
ein feines schmächtiges Milchgesicht. Wahrscheinlich Vater und
Sohn, hielten sie sich zärtlich umschlungen und sangen in klagen=
den Molltönen ihre Nationallieder, immer mehr in Begeisterung
und Rührung gerathend, wozu freilich die zwischen ihnen hin= und
hergehende Branntweinflasche das ihrige beitragen mochte. Der Capitän,
in der Meinung, daß ihr Gesang die Passagiere des ersten Platzes
belästige, verwies ihnen solchen. Das schien sie sehr trübe zu

stimmen, sie summten nur noch leise vor sich hin und überließen sich endlich dem Schlummer.

Weit mehr machten die Juden dem Capitän zu schaffen. Er schwur, daß Gott sie nur zu seiner Qual habe geboren werden lassen und daß sie ihn noch zu Tode ärgern würden. In der That mußte er beständig auf sie Acht haben, ob sie nicht irgendwo etwas mausten oder umgekehrt nicht etwas versteckten. Von Zeit zu Zeit, wenn sie sich unbeobachtet wähnten, zogen sie Zeuge, Tücher, Bänder und andere Sächelchen aus dem Busen, den Taschen oder den Stiefeln, betrachteten sie zärtlich, zeigten sie einander und suchten sie dann unter Deck oder in irgend ein Versteck zu praktiziren. Sie gedachten nämlich, diese Waaren an der russischen Zollstätte einzuschmuggeln; doch der Capitän, der für alle Contrebande, die auf dem Schiff entdeckt wird, verantwortlich ist, falls er nicht den Defraudanten angeben kann, war hurtig hinterher und nöthigte sie unter Schelten und Drohungen, ihr Eigenthum bei sich zu behalten.

Jetzt begann er das Passagiergeld einzukassiren. Ein Jude nach dem andern suchte sich darum zu drücken, indem sie unter das Deck oder zwischen die Frachtgüter krochen oder doch beständig ihren Platz wechselten. Der Capitän, der ihre Manöver merkte und ihre Kniffe aus Erfahrung kannte, rannte hinter ihnen her; da ihm etliche aber wie Schlangen immer wieder zu entschlüpfen wußten, ward er wüthend und bot die Schiffsmannschaft zu seiner Hilfe auf. Eine allgemeine Treibjagd ging in Scene, die widerwilligen Juden wurden aus allen Winkeln hervorgeholt und gleich einer Heerde Schafe in eine Ecke zusammengetrieben, wo sie dann wohl oder übel den Beutel ziehen mußten. Auch jetzt noch weigerte ein Theil sich hartnäckig zu zahlen, sie betheuerten, keinen Heller zu besitzen und flehten wimmernd und fast kniefällig um Erlaß. Der Capitän blieb unerweichlich, er drohte, jeden, der nicht zahle, aussetzen zu lassen; und schon stopfte man die Maschine und ließ ein Boot hinab. Die Härte des Capitäns schien mir grausam, aber alsbald mußte ich mich überzeugen, daß ich vorschnell geurtheilt hatte, und das Jammern der Juden eitel Comödie sei. Wie sie merkten, daß sie keine Nachsicht zu verhoffen hätten und der Capitän sich anschickte, seine Drohung auszuführen, holte allmälig auch der Zerlumpteste und Zäheste ein Geldstück nach dem andern vor. Zögernd kam jedes zu Tage, und bei jedem begann ein neues Wimmern und Feilschen. Vergebens! Der Rubel Fahrgeld mußte voll entrichtet werden. Aber es geschah in lauter Copekenstücken. Wer russische Kupfermünze kennt, wird wissen, was es heißen will: Zwanzig und einige Rubel in lauter Copekenstücken! Das war die Revanche der Juden, und wie der Capitän auch zeterte und wetterte, er mußte mit seiner Bürde, die er in einem großen Beutel kaum beherbergen konnte, abziehen.

Nach einer sechsstündigen Fahrt erreichte das Dampfboot die Grenze und hatte damit ein Drittel seiner Tour zurückgelegt. Es fuhr nach Kowno, ich aber stieg bei Schmalleningken an's Land. —

Dieses littauische Wort bedeutet zu deutsch Theerbude. Ehemals befand sich hier weiter nichts als eine Hütte, in welcher man aus den Kienhölzern der großen Wälder, die noch heute auf meilenweite die beiden Ufer der Memel bedecken, Theer brannte. Aus der Theerbude ist im Laufe der Zeit ein Ort von etwa 1500 Bewohnern mit dem regen und mannigfaltigen Verkehr der Grenze erwachsen. Noch mehr als Tilsit bietet Schmalleningken ein Gemisch der verschiedensten Nationalitäten, welche der Beschäftigung nach in der Hauptsache theils Kaufleute, theils Handwerker, theils — Schmuggler sind. Es giebt zwar auch einige Bauern, doch nur von kleinem Besitz, so daß die Ackerwirthschaft eine ganz untergeordnete Rolle spielt.

Schmalleningken ist nur ein Dorf, aber es hat die Einrichtungen und gewissermaßen den Comfort einer Stadt. Man findet hier Post, Apotheke, Arzt, ein Hauptzollamt, eine Kirche, eine Synagoge, allerhand Kaufläden und Comptoire, ein großes Hotel und verschiedene andere Gastwirthschaften. Die Häuser der sich längs der Memel fast unendlich hinziehenden Dorfgasse sind beinahe alle noch in ländlich-bäurischem Stil erbaut, viele nur geringe Hütten von Holz, Lehm und Stroh. Lebensmittel und Wohnungsmiethe haben hier einen hohen Preis, einen höheren als in mancher großen Stadt, welche Erscheinung man übrigens längs der ganzen Grenze sowohl hüben wie drüben beobachten kann, und die die Grenze geradezu charakterisirt.

Neben der hübschen Synagoge nimmt sich die evangelische Kirche sehr ärmlich aus. Sie besteht nur aus einem kleinen, ganz schmucklosen Betsaal unter dem Dache der gleichfalls höchst beschränkten Pfarrwohnung. Da die Littauer fleißige Kirchengänger sind, reicht derselbe oft nicht aus, die Menge der Gläubigen zu fassen. Die Thüren und Fenster müssen dann geöffnet werden, und die Leute erfüllen Flur, Küche und Zimmer der Pfarrwohnung, ja viele drängen sich noch im Hofe und auf der Straße. Es ist schon vorgekommen, daß bei außerordentlichem Andrange der Geistliche sich genöthigt sah, den Gottesdienst unter freiem Himmel, auf einem Platze hinter seinem Hause, abzuhalten und daselbst das Abendmahl auszutheilen. Wie erhebend und rührend auch solche Feier inmitten der hehren Natur sich gestalten mag, es ist doch immer ein Nothstand und er tritt immer greller hervor; die Gemeinde ist aber nicht im Stande, sich aus eigenen Mitteln ein passendes Gotteshaus zu erbauen; schon die Unterhaltung des Pfarrers, so dürftig er auch besoldet ist, nimmt all ihre Kräfte in Anspruch.

In Schmalleningken übersieht man vom Ufer der Memel aus drei Reiche: Preußen, Rußland und Polen. Die Memel, die drüben Niemen heißt, bildet von Schmalleningken ab die Grenze zwischen Rußland und dem „ehemaligen Königreich Polen". Bis ganz vor Kurzem bestand außer der Zolllinie gegen Preußen auch noch eine solche gegen Polen hin, und die russischen Grenzwächter hatten einen doppelten Kampf mit preußischen und polnischen Schmugglern zu bestehen, und mit letzteren gestaltete er sich noch schwieriger, da der Strom ihre Expeditionen eher begünstigte, denn behinderte. Erst neuerdings ist diese Zolllinie durch die vollständige Einverleibung Polens fortgefallen.

Schmalleningken ist wie Eydtkuhnen, mit dem es überhaupt viel gemein hat, im Verfall begriffen. Bis vor wenig Jahren war es noch ein wichtiger Handels- und Speditionsort. Der Niemen war die große Wasserstraße, auf welcher alle Güter und Frachten aus Rußland nach Preußen hereinkamen. In Schmalleningken wurden sie revidirt und umgeladen. Die Revision nöthigte die Schiffer zu oft tagelangem Aufenthalt; sie kauften Lebensmittel und sonstige Bedürfnisse hier ein und setzten eine Menge von Kaufläden und Handwerkern in Nahrung. Die Umladung und Versendung der Güter beschäftigte eine große Zahl von Spediteuren und brachte ihnen erkleckliche Procente. Einen ganz außerordentlichen Flor trieb Schmalleningken während des Krimkrieges. Rußlands Häfen waren blockirt und um seinen Producten Absatz zu schaffen, sah es sich genöthigt, die Grenzsperre gegen Preußen hin aufzuheben, die Ausfuhr völlig frei zu geben. Das waren für Schmalleningken goldene Zeiten, die „Macherjahre", wie sie noch heute im Munde des Volks heißen. Geld und Gewinn waren fast werthlos geworden, denn das Geld lag auf der Straße, und der Gewinn kam den Leuten in's Maul geflogen: für eine jener hölzernen Hütten, in welchen die massenhaft herzuströmenden Kaufleute ihre Comptoirs aufschlugen, wurde damals bis 500 Thlr. Miethe gezahlt; Arbeitslöhne und Lebensmittel erreichten eine unglaubliche Höhe. Aehnlichen Gewinn brachte die letzte polnische Insurrection; die russischen Zoll-Behörden waren flüchtig geworden und es herrschte ebenso völlig freie Einfuhr wie Ausfuhr.

  Doch die goldenen Tage sind vorüber, für immer vorüber: und die Schmalleningker müssen heute von der Erinnerung und von ihren Ersparnissen zehren, wenn sie solche haben. Durch die Eröffnung der Eisenbahn von Petersburg über Kowno nach Preußen hat der Handel und die Schifffahrt auf der Memel einen schweren Stoß erlitten, und was davon noch übrig geblieben, berührt doch nicht mehr Schmalleningken, sondern zieht achtlos an ihm vorüber. Die preußische Regierung hat fast alle Einfuhrzölle aufgehoben, die aus Rußland kommenden Güter dürfen in Schmalleningken nicht mehr umgeladen werden, die Schiffer steigen kaum ans Land. Das hiesige Hauptzollamt, welches früher allmonatlich hunderttausende von Thalern eingenommen hat, kann mit der gegenwärtigen Einnahme kaum die Gehalte seiner Beamten decken und wird wahrscheinlich nächstens in ein Nebenzollamt verwandelt werden. Die meisten

Spediteure haben Schmalleningken verlassen, die noch vorhandenen verarmen. Die zahlreichen Handwerker sind ohne Beschäftigung.

Wie aber nie ein Malheur allein zu kommen, sondern regelmäßig ein anderes nach sich zu ziehen pflegt, so hat auch Schmalleningken noch einen zweiten, nicht minder herben Verlust zu beklagen. Neben dem Speditionshandel ist auch der Schmuggel verkümmert. Er stand bis vor Kurzem noch in hoher Blüthe, von Schmalleningken bis Memel hinunter. Längs der ganzen Strecke waren große Niederlagen der verschiedensten Waaren errichtet; mit diesen beladen oder auch ganze Fuhren escortirend gingen allnächtlich starke, bis an die Zähne bewaffnete Trupps von Schmugglern über die Grenze, indem sie gemeinhin die russischen Zollwächter entweder zu überlisten oder zu bestechen suchten, oder wenn dieses nicht gelang, ihnen mörderische Schlachten lieferten, wo es dann auf beiden Seiten manch Verwundeten und Todten gab. Man accordirte sogar mit dem Nasaratl, wie der Commandeur einer Abtheilung von russischen Grenzsoldaten heißt; man zeigte ihm das Eintreffen und den Umfang der Contrebande förmlich an, zahlte ihm eine bestimmte Gratifikation, und zur bezeichneten Stunde fand man die Uebergangsstelle offen, die sonst dort aufgestellten Posten zurückgezogen. Kam es jedoch zum Kampf, so schlugen sich die Schmuggler, ohnehin kühne entschlossene Leute, bei ihren Expeditionen aber noch durch den reichlichen Genuß von Branntwein besonders angefeuert, mit einer Bravour, die einer bessern Sache werth gewesen, und jagten die russischen Soldaten nicht selten in die Flucht. Das Geschäft war ein außerordentlich einträgliches, so einträglich, daß der gemeine Mann jede andere Arbeit verschmähte, und der Unternehmer und Eigenthümer der Waaren, in der Regel ein Jude, es verschmerzen konnte, wenn er einmal beschlagen oder von seinen Kunden in Rußland betrogen wurde. Jedermann an der Grenze schmuggelte damals, im kleinen oder im großen, auf eigene Hand oder im Dienste eines andern. Sogar der Postillon, welcher von Schmalleningken nach Georgenburg fuhr, that es lange, wie er selber mir erzählte; bis er endlich beschlagen, festgesetzt und erst nach Erlegung einer Contraventionsstrafe von 175 Rubel entlassen ward.

4*

So war es, aber so ist es nicht mehr. Die letzten beiden Jahre haben dem Schmuggel tödtliche Wunden geschlagen. Die russische Regierung hat neuerdings unter den Grenzbeamten stark aufgeräumt, viele wegen Bestechlichkeit entfernt und durch gewissenhafte Männer ersetzt. Solcher Wechsel ist für keinen Ort an der Grenze empfindlicher gewesen als für Schmalleningken. Der frühere Nasaratl in dem benachbarten Paszwenten war allgemein beliebt, denn er ließ gegen ein Billiges Jedermann schmuggeln, soviel Jedermann wollte, ja er schmuggelte selber, auf eigene Hand und für eigene Rechnung. Als Belohnung dafür versetzte ihn die Regierung nach Sibirien, und an seine Stelle trat ein Mann, der in Schmalleningken ebenso sehr verhaßt ist, wie sein Vorgänger beliebt war, denn er handhabt die Grenzsperre mit unerbittlicher Strenge und hat sich binnen kurzer Zeit zum Schrecken der Schmuggler gemacht. Ueberall hörte ich in Schmalleningken über den neuen Nasaratl jammern und schelten. Er schädigt den hiesigen Geistlichen, indem er nicht die Beichtkinder, den hiesigen Arzt, indem er nicht die Patienten über die Grenze läßt; er chicanirt die Reisenden und Passanten, er nimmt dem kleinen Mann allen Verdienst. Sein Vorgänger war ein gemüthlicher Mann, der mit Schmalleningken gute Nachbarschaft hielt, die hiesigen Honoratioren besuchte und ihren Besuch empfing, der Nachfolger hat jeden Umgang mit preußischen Beamten zurückgewiesen und überschreitet nie die Grenze.

In Begleitung des Pfarrers und des Arztes von Schmalleningken spazierte ich eines Nachmittags nach der russischen Barriere Paszwenten. Am Ende des Dorfs befindet sich das Gebäude des Hauptzollamts und der preußische Schlagbaum. Die Straße führt nun längs einem Flüßchen, das sich in mäandrischen Windungen ergeht und bei Schmalleningken in die Memel fällt. Dieses Flüßchen, so schmal und gewöhnlich auch so seicht, daß man's bequem überspringen kann, scheidet doch zwei mächtige Reiche von einander, und bildet auf einer Strecke von mehreren Meilen die Grenze zwischen Rußland und Preußen. Die Littauer nennen es Szwentoje, das bedeutet: der heilige Fluß, und scheinen an ihm

in heidnischer Zeit eine religiöse Feier begangen zu haben. Mit
Ausnahme einiger Weide- und Wiesenstücke ist die Umgegend flach
und unfruchtbar; deshalb sagen die Littauer:
  Smaleninkai szlekti Laukai,
  Allaus kur gaus.
Zu deutsch: „Schmalleninken hat schlechte Aecker; wo wirst Du
Bier herbekommen?"

Während wir weiter gingen, erzählte der Pfarrer einen charakteristischen Vorfall. Die beiden Töchter des früheren Oberzollinspectors von Schmalleninken pflegten in der Szwentoje zu baden, und hatten sich zum Aus- und Ankleiden ein stilles Plätzchen am russischen Ufer ersehen. Als sie einst, eben dem Wasser entstiegen, die ersten Gewänder über sich warfen, entdeckte sie ein dienstfriger Straszink. Er nöthigt sie, halbbekleidet wie sie sind, ihm zu folgen, und die armen jungen Damen, welche vor Scham und Angst zu vergehen drohen, werden trotz ihrer Thränen und flehentlichen Bitten nach dem zwei Meilen entfernten Georgenburg transportirt und hier festgehalten, bis der herbeieilende Vater sie erlöst.

Längs dem russischen Ufer erheben sich in gewissen Entfernungen kleine hölzerne Baracken. Es sind die Wohnungen der Straszniks, von denen einige ihren Dienst zu Fuß, andere zu Pferde besorgen. Nachdem wir die Straße längs der Szwentoje etwa tausend Schritte weit verfolgt hatten, kamen wir an eine kleine Brücke, deren Geländer zur einen Hälfte die preußischen, zur andern Hälfte die russischen Landesfarben zeigt, und die von den beiden Staaten gemeinschaftlich unterhalten wird. Vor ihr erhebt sich der preußische Adler, hinter ihr der russische Doppelaar. Die Brücke gilt noch für neutrales Gebiet; sobald wir sie überschritten, standen wir vor dem russischen Schlagbaum.

Ich wie meine Begleiter waren ohne Pässe, aber der Arzt nöthigte uns, getrost unsern Eintritt in das große Czaarenreich zu nehmen; er kenne den Nasaratl und stehe dafür, daß uns kein Leid geschehen werde. Wir thaten ihm zögernd den Willen, und er ging in das Wachthaus, um den Nasaratl zu bitten, uns hier etwas umsehen zu dürfen. Alsbald kehrte er zurück und meldete,

unsere Bitte sei gewährt. Es war jedoch wenig zu sehen. In
der Wachtstube lagen, saßen oder standen ein Dutzend Soldaten
herum, die sich fast alle des Rocks entledigt hatten, und von denen
einige schliefen, andere gar nichts thaten. Sie grinsten uns freund=
lich an, Niemand verstand ein Wort Deutsch, und wir erfuhren
hinterher, daß sie aus allen Gegenden des Riesenreiches zusammen=
geweht wären, vom Ural und Kaukasus, vom Don und der Wolga.
In einem Hofgebäude befanden sich die Pferdeställe und ein russisches
Dampfbad. Die kleinen Steppenpferde waren zottig und unan=
sehnlich, aber wie mich der Arzt versicherte, von vieler Ausdauer
und an große Strapazen bei schlechtem Futter gewöhnt. Wenn
die Grenze alarmirt wird, tragen sie die Soldaten, meistens ge=
schickte Reiter, im Windesfluge dahin, und man sieht dann nur
Staubwolken aufwirbeln und wieder verwehen. Das Pferd des
Nasaratl war ein kleiner wolliger, feuriger Tscherkesse.

Schon wollten wir den Rückweg antreten, als der Nasaratl,
welcher bisher unsichtbar geblieben war, zu uns herauskam. Es
war ein Herr in den Vierzigern, mit dunkelm Haar und gleich=
farbigem Vollbart, wohl und kräftig gebaut. Man sah seiner
etwas gebückten Haltung und seinem etwas breitbeinigen Gange
sofort den professionellen Reiter an. Er begrüßte uns mit einer
dem Russen eigenthümlichen fast devoten Freundlichkeit und in fließen=
dem, nur scharf accentuirtem Deutsch; fragte, wie es uns gefallen,
bedauerte, daß hier nichts Besonderes zu sehen sei und bat uns
endlich, mit ihm in sein Zimmer zu treten. Wir fanden ein schlicht
möblirtes Gemach, doch mit der nöthigen Bequemlichkeit; der Haus=
herr bot uns Papiercigarren mit türkischem Tabak gefüllt und star=
ken Thee, den er schnell und mit eigener Hand in einer Maschine
von Messing — russisch: samovar, d. i. Selbstkocher — bereitete.
Alsbald kam eine lebhafte Unterhaltung im Gange.

Der Nasaratl, von Geburt ein livländischer Edelmann, war
seit einem Lebensalter Soldat in russischen Diensten. Er erzählte
von seinen Feldzügen im Kaukasus und anderen Orten, und wie
oft ihn schon der Dienst von einem Ende des Riesenreiches bis
zum andern umhergeworfen; und er sprach von diesem wechselvol=

len, abenteuerlichen Leben mit unverkennbarer Liebe, aber ohne jede Selbstgefälligkeit. Obgleich er als geborener Deutscher und in der evangelischen Confession erzogen, deutsche Sprache und deutsche Bildung pflegte und hochschätzte, so fühlte er sich doch ganz als Russe und sprach mit Stolz von seinem großen Vaterlande, von der gegenwärtigen Entwicklung und bedeutungsvollen Zukunft Rußlands. Seine eigene Stellung, erklärte er mir, sei keineswegs ein Civilamt; vielmehr wäre er jetzt Offizier in der Grenzarmee, wie früher bei der Linie, in welche er mit seinem Range jederzeit zurückkehren könne; nur stehe die Grenzbesatzung nicht unter dem Kriegs-, sondern unter dem Finanzministerium.

Auf dem Tische lagen ganze Folgen Berliner Zeitungen.

— Ich lese sie, meinte unser Wirth, um mich über die politischen Verhältnisse und Vorgänge des Auslandes zu unterrichten; was aber unser Rußland betrifft, so zeichnen sich die deutschen Zeitungen insgesammt durch ebensoviel Unwissenheit wie Befangenheit und Voreingenommenheit aus.

— Zum Beispiel? fragte ich.

— Zum Beispiel, antwortete er, die polnische Insurrektion. Sie alle haben gelesen von den Greuelthaten, welche russische Soldaten an den Insurgenten, an wehrlosen Greisen, Weibern und Kindern verübt haben sollen. Nicht wahr? — Nun gut, ich sage Ihnen, ich versichere Sie auf Ehre und Gewissen, daß der russische Soldat solcher Unmenschlichkeiten überhaupt nicht fähig ist. Es giebt keinen gutmüthigeren, nachsichtigeren Menschen als den gemeinen Russen; er bleibt noch gutmüthig und nachsichtig, wenn er auf das Heftigste gereizt wird. Die Schilderung jener angeblichen Greuelthaten ist selbstverständlich aus polnischer Feder geflossen und von deutschen Blättern ohne Prüfung übernommen worden. Solche Greuelthaten sind wirklich geschehen, nur nicht von Russen an Polen, sondern umgekehrt von polnischen Insurgenten an russischen Soldaten und den verschiedensten Personen, welche im Verdachte der Spionage standen oder auch nur für den Aufstand keine Sympathien zeigten. Ich selber habe es bei Tauroggen erlebt, mit blutendem Herzen mit ansehen müssen, wie polnische Bauern russische Gefangene und solch'

Verdächtige bei lebendigem Leibe Glied um Glied verstümmelten, mit einer Bestialität und einem Raffinement folterten, wie sie bei civilisirten Völkern nicht wieder angetroffen werden wird. Es giebt keine tückischere, grausamere Nation als die Polen. Murawieff, der sogenannte Henker von Polen, hat ihnen viel zu viel Nachsicht geschenkt.

Der im übrigen so gleichmüthige kühle Mann hatte sich förmlich in Haß und Wuth geredet.

Um dem Gespräche eine andere Wendung zu geben, drückten wir ihm unser Bedauern wegen seiner vereinsamten Wohnung und Lebensweise aus, frugen ihn, ob er nicht Langeweile und das Bedürfniß nach Verkehr und Gesellschaft fühle, zumal er unverheirathet sei.

— Mein Dienst beschäftigt mich vollauf, antwortete er einfach; und mein Dienst bietet mir viel Abwechselung und Zerstreuung; die Mußestunden fülle ich durch Lektüre aus.

Die Schmalleninger Herren baten ihn um seinen Besuch.

— Sie sind sehr gütig! sagte er mit verbindlichem, aber ablehnendem Lächeln: Es ist den Beamten verboten, die Grenze zu überschreiten, und ich thue nichts gegen meine Instruction.

Dann geleitete er uns bis zur Brücke, und mir die Hand reichend, äußerte er:

— Ich wünsche, daß Sie eine bessere Ansicht über Rußland nach Berlin mitnehmen möchten.

Der Nasaratl wandte sich und kehrte in das Wachthaus zurück. Nicht ohne Interesse blickte ich ihm nach. Es war ohne Zweifel ein intelligenter, gebildeter Mann, und ein Mann von Ehre und Noblesse.

Es gelüstete mich, einen kleinen Ausflug nach Georgenburg, der nächsten russischen Stadt, zu machen. Also miethete ich mir einen Wagen, und der Besitzer, ein littauischer Bauer, fuhr mich selber. Es war ein pfiffiger, umsichtiger Bursche, und ich ließ mich von ihm über Schmuggel und Schmuggler unterrichten.

Selbst bei Tage ist die Aufsicht schwierig, wie viel schwieriger bei Nacht! Und die Nacht ist die eigentliche Zeit, wie für den Dieb und den Räuber, so auch für den Schmuggler. Er haßt Mondlicht und Sternenschein, seine Wonne sind dunkle, regnerische, stürmische Nächte. In solchen Nächten, wo man nicht die Hand vor Augen sehen kann, wo Regen und Sturm jedes Geräusch verschlingen, lauern die Padeningler — wie die Schmuggler von den Packen mit Contrebande heißen, die sie auf dem Rücken tragen — hinter einem Gebüsch auf den Moment, wo der Strasznik sich einige Schritte entfernt. Auf Händen und Füßen, im Gänsemarsch immer einer hinter dem andern, setzen sie sich nun lautlos in Bewegung, indem sie bei jedem verdächtigen Ton innehalten und den Athem einziehen. Nur im äußersten Nothfall werfen sie die Waaren von sich und ergreifen die Flucht; sonst suchen sie den Strasznik einzuschüchtern oder unschädlich zu machen. Die preußischen Beamten kümmern sich um den Schmuggel nach Rußland nicht; sie haben nur darauf zu sehen, daß die Schmuggler sich auf preußischem Boden nicht mit geladenen Gewehren betreten lassen.

Fast jeder Reisende schmuggelt oder wird zum Schmuggeln angeworben; wegelagernde Juden, denen er ganz unbekannt ist und die ganz seiner Ehrlichkeit vertrauen müssen, zwingen ihm hüben kleine Quantitäten von Kaffee, Thee, Zucker ꝛc., Tücher oder Zeuge auf; und drüben erwarten ihn schon andere Israeliten und nehmen ihm die Waaren ab. Die Person des Reisenden wird nicht durchsucht oder doch nur oberflächlich; aber auch Leute, die täglich über die Grenze spazieren und den Beamten als professionelle Schmuggler bekannt sind, wissen, obgleich sie bis auf's Hemde visitirt werden, doch jedesmal etwas durchzuschmuggeln. Der Hauptartikel der Contrebande ist Spiritus, weil er mit dem höchsten Eingangszoll belastet ist; er wird in Schweinsblasen gefüllt und diese unterhalb des Fuhrwerks aufgehangen. Auch sind die Wagen und Schlitten mit einem doppelten Boden versehen und dazwischen verbirgt man die Waaren. Genug, der Schmuggel hat tausenderlei Wege und Listen, und werden die alten verrathen, weiß er immer neue zu erfinden.

— Wer den russischen Boden betritt, ist Arrestant! äußerte gestern scherzend der Nasaratl. Aber es ist thatsächlich nicht anders. Jedem Reisenden wird an der Grenze der Paß abgenommen und er darauf unter Bedeckung nach der nächsten Tomoszna oder Zoll=kammer transportirt. Diese befindet sich von der Barriere Paszwen=ten nicht weniger als 2 Meilen entfernt, nämlich erst in Geor=genburg. Wenn es dem Beamten beliebt — und dem jetzigen Nasaratl soll es öfters belieben — so müssen die Reisenden, ob sie auch nur in dem hart neben dem Wachthause liegenden Dorfe Geschäfte haben, zunächst nach Georgenburg wandern, also hin und zurück einen Weg von 4 Meilen machen, ehe sie das Ziel ihrer Reise betreten dürfen.

Der Controleur, der unsere Pässe abnahm, unterschied sich sehr unvortheilhaft von seinem Vorgesetzten, dem Nasaratl, der heute nicht einheimisch war. Er schien durchaus ein Trinkgeld haben zu wollen, was er durch die wunderlichsten Manöver zu ver=stehen gab.

— Sie wollen also gleich fahren? fragte er mich in ge=brochenem Deutsch.

— Gewiß, antwortete ich.

— Es sind aber nur noch ein paar Mann in der Wacht=stube; wir haben heute schon viele Convois gegeben — — —

Er hielt inne, lächelte verschämt und klopfte mir vertraulich auf die Schulter. Ich verstand ihn sehr gut, nahm aber die Miene an, als ob ich ihn nicht verstände.

— Sie werden warten müssen — — — fuhr er fort und blickte mich wieder mit bedeutungsvollem Grinsen an. — Warten Sie eine Stunde — vielleicht auch zwei — —

— Wenn es sein muß, will ich warten; aber ich meine, Wagen und Reiter sollen gleich abgefertigt werden.

— Wenn ich aber kein Convoi habe — — —

— Nun gut, dann muß ich warten.

Worauf ich ganz unbefangen ihm gegenüber Platz nahm. Es entstand eine lange Pause. Er fuhr fort, mir zuzulächeln und zu=zuzwinkern, schüttelte den Kopf und streckte sogar die hohle Hand gegen mich aus. Da ich ihn aber immer wieder nur verwundert ansah, gab er endlich die Hoffnung, mir etwas zu entlocken, auf und rief zur Thüre hinaus. Bald darauf trat ein Soldat in das Bureau, mit einer Flinte bewaffnet; der Controleur übergab ihm die Pässe, und wir konnten unsere Fahrt fortsetzen.

Als ich im Vorbeigehen einen Blick in die Wachtstube warf, konnte ich mich überzeugen, daß es an Soldaten keineswegs fehlte. Fußreisende müssen allerdings verziehen, bis eine bestimmte Anzahl beisammen ist; Reiter und Wagen sollen dagegen, wenn noch Mannschaft vorhanden, ohne Verzug ein Convoi erhalten. Der Reiter ist genöthigt, so langsam zu reiten, daß der Soldat bequem neben ihm hergehen kann. Begleitet dieser ein Fuhrwerk, so steigt er, wenn noch Platz übrig, mit hinauf; wo nicht, wird er von der Station beritten gemacht.

Mein Convoi setzte sich also neben den Kutscher. Es war ein schmächtiger, nicht mehr junger Mann, der all' unsere Fragen mit Kopfschütteln und abgebrochenen Lauten beantwortete. Als ich ihm aber ein Fünfzehnkopekenstück bot, verstand er mich sofort und begann nun lange Geschichten zu erzählen, die mein littauischer Wagenlenker einigermaßen errieth und mir verbolmetschte. Jener erzählte, daß er aus dem Gouvernement Woronesch, also mehrere hundert Meilen weit, zu Hause sei; daß er, wie die Litzen auf seinen Aermeln bezeugen, bereits sieben Jahre diene, und erst nach weitern drei Jahren entlassen werde, welchem Augenblick er mit großer Sehnsucht entgegensehe, denn er besitze daheim einen Bauerhof nebst Weib und Kind; die Löhnung sei sehr knapp, er habe stets Hunger und noch mehr Durst. Er ging in seiner Vertraulichkeit so weit, daß er mir seine Flinte zur Besichtigung bot, sie dann auseinander schrob, ihre Construktion an den einzelnen Theilen erläuterte und eine Patrone öffnete.

Die unchaussirte Straße führte durch einen langen Nadelwald, wo wir einen starken Trupp von Fußreisenden beiderlei Geschlechts einholten, die gleich uns nach der Tomoszna escortirt wurden. Die Mehrzahl bestand wieder aus Dzimken in allen Altersstufen;

singend und lärmend schwankten und stolperten sie einher, alle von Schnaps trunken.

— Sieh mal, sagte mein Fuhrmann — die Littauer haben in ihrer Sprache kein „Sie", und nennen auch, wenn sie deutsch sprechen, Jedermann „Du" — sieh' mal, sagte er, als ich ihn darauf aufmerksam machte, der Branntwein ist in Rußland sehr theuer, deshalb haben sich die Leute an der Grenze noch eine Güte gethan.

An der Spitze der Schaar marschirte ein Soldat, und ein zweiter schloß den Zug. Dieser hatte viel Mühe, um seine Pflegebefohlenen vorwärts zu bringen; den meisten wurde das Gehen schon sehr sauer, ja einige sanken zu Boden und mußten erst durch Püffe und Schläge wieder aufgerüttelt werden. Zwei oder drei konnten endlich nicht mehr von der Stelle und blieben wie todt liegen, aber der Soldat wußte sich zu helfen; er ließ sie von ihren noch rüstigen Kameraden auf die Schultern laden und so fortschaffen.

Im Walde, auf der Hälfte des Weges nach Georgenburg, befand sich ein neues Wachthaus, wo Halt gemacht und die Convois gewechselt wurden. Hier, eine Meile von der Grenze, ist nämlich ein zweiter Zollcordon eingerichtet, und wenn die Schmuggler den ersten glücklich passirt haben, bleibt ihnen noch dieser zu durchbrechen. Ja, in Georgenburg ist wieder noch ein Detachement von Grenztruppen zum Nachsetzen und Verfolgen der Schmuggler aufgestellt, so daß sie durch eine dreifache Kette schlüpfen müssen. Man hat hiernach eine Vorstellung, welch' eine Armee von Truppen allein die Grenzsperre nöthig macht: und es ist einleuchtend, daß der größte Theil der Zolleinnahmen zum Unterhalt der Grenzbesatzung verbraucht wird. Aber die russische Regierung bleibt hartnäckig bei ihrem System; sie hält auch, nachdem preußischerseits fast die ganze Einfuhr freigegeben, die gangbarsten Artikel mit den höchsten Zollsätzen belastet, und hat nur für einige Dinge, namentlich Holz, Pelz und Schnupftaback, freie Ausfuhr verstattet. Selbstverständlich geschieht das weniger aus volkswirthschaftlichen als aus politischen Gründen.

Auf dem Hofe der Tomoszna zu Georgenburg, einem ganz stattlichen und modernen Gebäude, fand nun die eigentliche Zollrevision statt. Wir mußten absteigen, und der Wagen wurde von oben bis unten durchwühlt. Dann wandte sich einer der Beamten, die das Geschäft vollzogen, an mich und fragte:

— Haben Sie Papiere?

Man hatte mich in Schmalleninglen gewarnt, keinerlei Geschriebenes mitzunehmen, weil mir das Ungelegenheiten bereiten könne; doch ich hatte diesen Rath unbeachtet gelassen und etliche lose Blättchen mit Bleistiftnotizen zu mir gesteckt.

— Nein! antwortete ich.

— Lassen Sie mich sehen, sagte er, und machte Miene, mir in die Tasche zu greifen.

Ich verhinderte ihn daran, indem ich die Notizzettel hervorzog und sie ihm darreichte.

— Was ist das? rief er und begann mit seinem Collegen eifrig zu studiren.

Ich merkte jedoch bald, daß meine nicht sehr deutliche Handschrift ihm ein Gewirr von Hieroglyphen blieb.

— Ich muß diese Papiere mit mir nehmen und dem Kammerdirektor vorlegen, erklärte er.

— Wie es Ihnen beliebt! Sie mögen sie ganz behalten; es liegt mir nichts daran.

Meine Gleichgültigkeit schien ihn zu beruhigen.

— Reisen Sie in Geschäften oder zum Vergnügen? begann er wieder.

— Zum Vergnügen.

— Und was haben Sie hier notirt?

— Adressen von Bekannten und Gasthöfen, allerhand Ausgaben und was dergleichen Notizen auf einer Reise mehr sind. Soll ich es Ihnen vorlesen?

— Bitte, lassen Sie nur! Hier haben Sie die Blätter zurück. Aber ich rathe Ihnen, wenn Sie wieder nach Rußland kommen, bringen Sie keine Papiere mit.

Jetzt waren wir frei und durften unseres Weges gehen; aber die Pässe blieben auf der Tomoszna und wurden uns erst bei der Rückfahrt dort ausgehändigt.

Georgenburg, gleichfalls am Niemen gelegen, der von hier bis Kowno wirklich an Schönheit der Ufer mit dem Rhein wetteifert, gehört der Fürstin Wassilowitsch, die auch hier ein hübsches Schloß hat. Die Stadt ist ganz von Holz erbaut und etwas weniger schmutzig als ein polnisches Judennest, aber mit Juden ebenso reich gesegnet. Es giebt hier nicht weniger als drei Synagogen, von denen eine der Familie Feinburg in Kowno gehört, die sich durch Reichthum und durch Wohlthätigkeit gegen ihre Glaubensgenossen auszeichnet. Sie vertheilt gegen 2000 Thaler jährlich an die Armen. Wie in Wirballen sah ich mich alsbald auch hier von einer Schaar von Bettlern, Kindern und Erwachsenen umringt, die sich an meine Fersen hingen, mir winselnd und wimmernd den Weg versperrten. Ich wußte mir endlich nicht anders zu helfen als dadurch, daß ich einen krauskröpfigen „Bocher" von etwa fünfzehn Jahren engagirte, der mir gegen ein Trinkgeld freie Bahn schaffen sollte. Mit großem Geschick und bestem Erfolg entledigte er sich dieser Aufgabe. Wie ein Herold schritt er vor mir her, indem er, einen Knittel schwingend, mit diesem die andrängende Menge zurückscheuchte, und dazu rief er mit schriller Stimme und in einem fort:

— Laßt den Herren zufrieden! Der Herr ist mein! Er wird geben mir! Euch giebt er nischt!

In diesem Aufzug gelangte ich nach dem ersten Gasthof.

— Was gilt der Rubel in Preußen?

Mit diesen Worten bewillkommnete mich der jüdische Gastwirth. In der That ist der preußische Cours des Rubels für jeden Geschäftsmann in Rußland eine Lebensfrage, denn er macht seine Einkäufe und Verkäufe zum größten Theil in Preußen.

Im Gastzimmer saßen einige Offiziere von dem hier garnisonirenden Uralischen Regiment. Ein junger Lieutenant, der nur russisch sprach, ließ mich durch den Wirth fragen, ob ich mit ihm eine Partie Billard spielen möchte, und ich ging es gerne ein.

Wir maßen unsere Talente auf dem alten gebrechlichen Billard: ich spiele schlecht, aber mein Gegner spielte noch schlechter, und so gewann ich die Partie. Ein dicker Hauptmann trat nun an seine Stelle und spielte mit einer Eleganz und Sicherheit, die mich in Verwirrung und Beschämung setzte. Er war aus den russischen Ostseeprovinzen gebürtig, des Deutschen vollkommen mächtig und besaß eine leichte und gefällige Unterhaltungsgabe.

Nach einer Weile gingen die Offiziere davon; einige hatten wenig, andere gar nicht getrunken. Als ich darüber gegen den Wirth meine Verwunderung äußerte, antwortete er achselzuckend:

— Sind arme Leute. Haben kein Geld.

— Speisen sie auch hier?

— Früher, jetzt nicht mehr. Konnten nicht bezahlen, sind mir noch schuldig, borge ihnen nichts mehr.

— Aber wo essen denn die Herren? Sie sind doch meist noch unverheirathet? Giebt es hier noch ein anderes Speisehaus für sie?

— Sind alle unverheirathet. Jeder ißt bei sich zu Hause, wenn er was hat, oder bei einem Kameraden. Sie lassen sich das Essen durch ihre Burschen kochen. — Der Hauptmann hat ein großes Vermögen geerbt, aber alles durchgebracht. Wenn der heute Geld gehabt, hätte er gleich mit Ihnen Champagner getrunken.

Alle geistigen Getränke sind in Rußland dreimal theurer als in Preußen, weil auf ihnen eine hohe Steuer ruht und die Gastwirthe für das sogenannte Patent eine hohe Abgabe entrichten müssen. In jeder Gaststube hängt ein von der Polizeibehörde des Orts revidirter und bestätigter Preis-Courant aus, aber die Wirthe kehren sich, dem Fremden gegenüber, daran nicht, sondern fordern was ihnen beliebt. Dem deutschen Reisenden machen sie die Rechnung stets in preußischem Gelde, doch thut man gut, sich mit russischer Münze zu versehen, weil man damit bei dem jetzigen Stande des Rubels 15—20 Procent erspart.

Mit Sonnenuntergang hört der Grenzverkehr auf, deßhalb mußten wir mit der Heimfahrt eilen, und wirklich erreichten wir noch vor Thoresschluß den Schlagbaum, an welchem jetzt ein großer Andrang herrschte, denn all' diese Fuhrwerke und Fußgänger wollten noch nach Preußen hinüber. Der Controleur lugte zum Fenster und mich erblickend rief er mit seinem alten Grinsen:

— Sie kommen sehr spät, mein Herr.

— Nicht zu spät! antwortete ich und schickte den Kutscher mit den Pässen hinein. Alsbald kehrte dieser zurück und meldete mit verstörtem Gesicht:

— Die Pässe sollen nicht in Ordnung sein. Du möchtest zum Controleur kommen.

— Sehen Sie her, rief mir der würdige Beamte entgegen; auf den Pässen steht nur das Eintrittsvisum, es fehlt die Austritts=bescheinigung der Kammer.

— Das ist also ein Versehen der Kammer.

— Mag sein, aber ich kann Sie nicht passiren lassen; Sie müssen mit den Pässen nach Georgenburg zurück.

— Sie scherzen? sagte ich lachend.

— Nein, ich kann sie wirklich nicht durchlassen.

Ich merkte, er wollte mir durchaus ein Trinkgeld abpressen, aber ich war eben so fest entschlossen, ihm nichts zu geben.

— Sie scherzen?! wiederholte ich und lachte noch stärker. — Oder soll ich zum Nasaratl gehen? fragte ich plötzlich ernst werdend.

— Der Nasaratl kann Sie auch nicht durchlassen. Es ist wider das Gesetz.

Jetzt legte sich der Littauer, welcher inzwischen hereingekom=men war, ins Mittel, flüsterte mit dem Controleur und sagte dann bemüthig:

— Nein, nein, wenn der Herr Controleur nicht will, darf er uns nicht durchlassen.

Ich lächelte und schwieg still.

— Der Herr findet das spaßhaft, meinte nun giftig der Controleur; der Herr ist wohl zum ersten Mal in Rußland?!

— Ja, ja, bestätigte unterwürfig der Littauer; der Herr kennt das nicht.

Wieder flüsterte er mit dem Controleur und dieser ging end=lich, um den Schlagbaum aufzuschließen.

— Was flüsterten Sie mit dem Menschen? fragte ich meinen Fuhrmann.

— Ich habe ihm eine Flasche Rum versprochen.

— Warum das? Ich hätte mich an den Nasaratl gewandt und dieser würde uns schon durchgelassen haben.

— Sieh mal, entgegnete der Littauer, wenn an den Pässen wirklich etwas fehlte, konnte uns auch der Nasaratl nicht durchlassen. Das darf er vor dem Controleur nicht. Und ich will es mit dem Manne nicht verderben, denn ich passire öfters die Grenze und wenn er will, kann er einen immer chikaniren. Darum habe ich ihm die Flasche Rum versprochen, und ich will sie ihm geben. —

V.
Die littauische Niederung.

Wo die Niederung anfängt und wo sie aufhört, und wie sie sonst beschaffen ist; insbesondere von den Deichen und Ueberschwemmungen, Wiesen und Ochsen, Häusern und Menschen daselbst. — Von dem Großen Moosbruch und dem Großen Baumwald; und daß es trotz der Berliner Zeitungsschreiber noch Wälder in Ostpreußen giebt. — Am Großen Friedrichsgraben und längs dem Kurischen Haff wohnen die Kuren, die eigentlich zu den Amphibien gehören, aber gern Branntwein trinken und den Gerichten viel zu schaffen machen. — Wie die Pfarrer und Schulmeister am Haff sich auf den Fischfang legen, und mit Fischen salarirt werden. — Geschichten vom Elchwild in Ibenhorst. — Warum Lord Dudley nicht schießen wollte, und wie die Frau Kronprinzessin sich die Kleider der Frau Oberförsterin leihen mußte. — Allerlei Unterhaltung für Sportsleute, auch Einiges für Geologen. — Vom Herrn Jakutis und seinen Vasallen. — Wie Haff und Nehrung entstanden sein sollen, und was für ein Ende die Gelehrten ihnen prophezeien. — Daß die Welt doch mit dem Fortschritt geht, und die Schulmeister in Ostpreußen eine Gehaltszulage nöthig haben. — Von dem Flecken Ruß und dem Minge-Drawöhne-Schmelltell-Kanal. — Zum Schluß: Haide und Sand, Torfbaracken und blutarme Leute.

Bei Tilsit beginnt die große littauische Niederung. Sie umfaßt außer den drei Kreisen Tilsit, Heinrichswalde und Heydekrug noch einen Theil des Kreises Ragnit und ein großes Stück vom Kreise Labiau, erstreckt sich also noch in den Regierungsbezirk Königsberg hinein. In diesem weitern Begriff enthält sie über 70 Quadratmeilen und gegen 200,000 Bewohner.

Die Stadt Tilsit selbst ist ringsum schon vom Niederungsboden umgeben; sie liegt in einem Defilé, welches, im Norden, Süden und Osten durch mäßige Anhöhen eingeschlossen, sich westlich auf eine Entfernung von etwa 7 Meilen bis zum Kurischen Haff allmälig abdacht. Die Memel, welche sich $1\frac{1}{2}$ Meilen unterhalb Tilsit in die Ruß und in die Gilge theilt, durchströmt es mit diesen beiden Hauptarmen, die sich mit zahlreichen Nebenarmen in das Kurische Haff ergießen und ein Delta einschließen, dessen äußerste Breite an der Basis wohl 12 Meilen beträgt.

Schon ein Blick auf die Landkarte zeigt ein Strom-Geäder, so verworren, daß es geradezu unentwirrbar erscheint; und wirklich haben selbst die Eingeborenen Mühe, die Verbindung dieses Wassernetzes kennen zu lernen. Bald trifft man reißende Stromfälle, gegen welche die Fahrzeuge bisweilen kaum heraufgezogen werden können, bald Kanäle mit todtem Wasser; bald Stromarme, die sich wieder in Afterarme verwandeln, bald Afterarme, die sich umgekehrt in wahre Ströme umwandeln und dem Hauptarme das nöthige Wasser entziehen; bald Kreuz- und Querarme, die weder zum Steigen noch zum Fallen des Wasserstandes in der eigentlichen Fahrstraße etwas beitragen. Hier hat man einen Zufluß, dort einen Abfluß, der sich aber durch Aufschwellung des Haffs schon morgen wieder in einen Zufluß verwandelt. Der Fremde gebe es nur auf, sich in diesem Strom-Wirrwarr orientiren zu wollen: jede Wasserstrecke hat noch ein Dutzend verschiedener deutscher und littauischer Benennungen, die ebenso das Ohr wie jene das Auge verwirren.

Vor zwei Jahrhunderten war die Niederung noch ein wüster unwirthbarer Bruch, der Aufenthalt wilder Thiere; jetzt gehört sie zu den fruchtbarsten und wohlhabendsten Gegenden der Monarchie. Zuerst fanden sich betriebsame Leute, welche die höher gelegenen Flecke zum Wohnsitz wählten und sie urbar machten. Damals konnten noch Memel, Ruß und Gilge ungehindert über ihre Ufer treten: bald aber fing man an diese mit Dämmen und Deichen zu versehen, es kamen mehr und mehr Ansiedler hinzu, und unter ihren Händen verwandelten sich die Sümpfe und Moräste in lachende Wiesen und üppige Aecker. Jedoch ist die Eindeichung der Flußarme noch heute nur eine theilweise und mangelhafte, die das Delta durchschneidenden zahllosen Gräben und Kanäle vermögen doch nicht eine gehörige Entwässerung durchzuführen, und seine Basis ist völlig uneingedeicht und den Fluthen des Haffs preisgegeben. Alljährlich finden zur Zeit des Eingangs und oft auch im Herbste mehr oder minder große Ueberschwemmungen statt. Sie richten zwar stets Verwüstungen an, aber im Großen und Ganzen sind sie doch für die littauische Niederung, was die Ueberschwemmungen des Nils für Aegypten sind, indem sie der Landschaft die Dungstoffe von

5*

den getreidereichen Fluren Rußlands und Polens zuführen, sie damit in außerordentlichem Grade befruchten und das Memeldelta zu dem ostpreußischen Gosen machen.

Es ist daher vor der Wissenschaft noch fraglich, und auch die Anwohner sind darüber noch nicht einig, ob die theilweise Eindeichung jener Flüsse ihnen nicht mehr Schaden als Nutzen bringe, für die Befruchtung ihrer Ländereien nicht geradezu ein Hemmniß sei. Verschiedene Thatsachen scheinen das zu bestätigen. So sind die auf dem nördlichen Ufer des Rußstromes gelegenen Plaschkener Wiesen nicht eingedeicht und werden bei jedem Eisgang überschwemmt; aber gerade sie und das benachbarte Memelthal gewähren die stärkste und gedeihlichste Futter-Ausbeute in der ganzen Niederung. Nachdem die Frühjahrs-Wasser der Memel und Ruß sich verlaufen, überziehen sich diese Wiesen oft in wunderbar kurzer Zeit mit dem schönsten Grase, und ein Ertrag von 50 Centnern pro Magdeburger Morgen in zwei Schnitten ist nichts Seltenes. Der Fluß führt ihnen stets neue Schlammstoffe, namentlich auch thonige Massen zu, sie bedürfen keiner anderen Düngung und liefern ungeschwächt dieselben reichen Erträge. Die südwärts gelegenen, eingedeichten Kaulehmer Wiesen dagegen, welche nicht überschwemmt und auch nicht künstlich gedüngt werden, ihre werthvollen mineralischen Bodenbestandtheile vielmehr in dem verkauften oder als Dung auf die Getreidefelder geführten Heu beständig ohne Ersatz verlieren, haben während der letzten Jahrzehnte sehr merklich in ihren Erträgen nachgelassen, obgleich es ihnen an Feuchtigkeit sonst nicht fehlt. Die eingedeichten Theile der Niederung werden immer niedriger und unergiebiger.

Auf die regelmäßigen Ueberschwemmungen sind die Niederunger vorbereitet und zu ihrem Empfange lange vorher gerüstet. Sie halten Heerschau über die Deiche, stellen auch während der Nacht Wachen aus, die Fackeln in den Händen halten und einander ihre Sigale zurufen. Mit langen Stangen und eisernen Haken bewaffnet, stehen sie Mann an Mann auf ihren Mauern, den Dämmen, und erwarten klopfenden Herzens den furchtbaren Gast, der schon auf Meilenweite seine Ankunft mit Donnergetös verkündigt. Und nun beginnt das Ringen mit der empörten Fluth, mit den treibenden Eisbergen, die sich festsetzen und auf die Dämme schieben wollen. Sie werden mit den Stangen vom Ufer abgehalten oder mit den Haken zerschlagen und wieder in Bewegung gesetzt; Strauch, Mist, Erde, Pfähle, Bretter und Stroh liegen bereit, um jeden Dammriß sofort wieder zu verstopfen und dem gierig nachstürzenden Wasser den Weg zu versperren. Aber alle Angst, Mühe und Kosten, die der Durchzug des furchtbaren Gastes verursacht, werden reichlich aufgewogen durch das Geschenk von Schmutz und Schlamm, welches er zurückläßt.

Anders ist es mit den außerordentlichen Ueberschwemmungen, die dann und wann Sommers eintreten, durch Rückstau des Haffs und der Flüsse Aecker und Wiesen bis zur Unkenntlichkeit zerstören, die ganze Ernte vernichten. Eine solche Kalamität hat die littauische Niederung im vorigen Jahre betroffen. In Folge der wochenlangen sündfluthartigen Regengüsse trat im Juli eine neue Ueberschwemmung ein, die fast die ganze Landschaft unter Wasser setzte. Das Heu wurde fortgeschwemmt oder verdarb auf den Wiesen, das Getreide verfaulte auf dem Halm oder erwies sich doch nicht werth, gesichelt und eingebracht zu werden, Kartoffeln und Gemüsepflanzen ertranken.

Schon in Tilsit sah ich die ersten Spuren dieser furchtbaren Verheerung. Die Memel war über ihre Ufer getreten und bis in die untere Stadt gedrungen, wo das Wasser in den Gassen mehrere Fuß hoch gestanden, was sich noch an den Mauern der deutschen Kirche abzeichnete, deren herrlichen auf Kugeln ruhenden Thurm einst Napoleon bewundert und den er nicht mitnehmen zu können so sehr bedauert hatte. Der unbändige Strom hatte ein paar Fahrzeuge gegen die lange Schiffbrücke geschleudert und mit ihnen auch diese zertrümmert. Er hatte sich über das ganze neue und alte Memelthal ergossen und so einen meilenbreiten Landsee gebildet. Wie im Frühjahr beim jedesmaligen Eisgang, mußte auch jetzt mitten im Sommer die Ueberfahrt von Personen und Gütern auf Kähnen geschehen.

Die Wasser hatten sich noch nicht völlig verlaufen. Auf meiner Reise durch die Niederung sah ich noch viele Aecker, Weiden und Gärten theilweise unter Wasser stehen, aus dem ein Baum oder ein Zaunpfahl vorragte; andere waren mit Schlamm und Sand bedeckt, fußtief aufgewühlt und arg verwüstet. Auch die immer etwas hoch gelegenen Häuser, Ställe und Schuppen hatten unter der Ueberschwemmung gelitten. Oft waren die Grundmauern unterwaschen oder gar geborsten, Bretter und Planken fortgerissen und das Dach durchlöchert. Viele der Bewohner lagen zu Bett oder schlichen umher, geschüttelt vom Fieber, das die faulige Luft erzeugt hatte.

Der obere Theil des Delta wird in seiner größern Fläche als Getreide- oder Wechselland, für Körnerbau und Grasnutzung bewirthschaftet; nur ein kleinerer Umfang davon bildet permanente Wiesen. Er befindet sich bei feuchter Lage hoch genug, um gegen Sommerstau geschützt zu sein. Sein Name „Wechselniederung" deutet auf das Verfahren, welches in beliebigem Wechsel dieselben Stücke zeitweise als Acker und wieder als Wiese nutzt. Hier wird vieles und gutes Sommergetreide gebaut; dem Wintergetreide schadet gewöhnlich die Nässe, Weizen kann nur an höheren Stellen mit Vortheil gezogen werden. Die Bestellung des Bodens erfordert jedoch schwere Arbeit, insofern bei nasser Witterung die Pferde nicht fortkommen, bei großer Trockenheit der Acker zu fest und zu hart wird.

Der Eindruck, welchen der obere Theil der Niederung auf den Fremden macht, ist im Wesentlichen derselbe, welchen man in den Werdern an der Weichsel empfängt, nur daß hier die Viehzucht in den Vordergrund tritt, während dort die Pferdezucht überwiegt. In beiden Landschaften ist die Wohlhabenheit der Bewohner gleich groß und durchgängig, doch fällt sie an der Weichsel mehr in die Augen als an der Memel. Man findet hier keine so großen und schönen Dörfer, wie sie die Werder zieren, sondern meist zerstreut liegende Besitzungen, und die Gebäude sind in der Regel nur von Holz gebaut und mit Strohdächern versehen. Auch die Entwässerungsanlagen lassen, wie erwähnt, viel zu wünschen übrig. Die Besitzer sind vorwiegend Bauern mit einem Areal von einer Hufe kulmisch und weniger, oder sogenannte Kölmer, in deren Händen sich mehrere Hufen befinden. Besitzungen von 4—6 Hufen kommen höchst selten vor, und Güter über 10 Hufen giebt es außer der großen Grafschaft Rautenburg, die über eine Quadratmeile umfaßt, nur drei. Früher gab es in der ganzen Niederung kein einziges Rittergut, und es durften hier weder Juden noch Katholiken wohnen, die auch jetzt noch nur in geringer Anzahl vorkommen.

Noch heute existirt sowohl im Kreise Heinrichswalde, wie im Nachbarkreise Heydekrug, keine einzige Stadt, sondern es finden sich dafür in beiden nur etliche größere Flecken, eine Erscheinung, die nur noch einmal in Westpreußen vorkommt, wo der Kreis Karthaus keine Stadt aufzuweisen hat. In der ganzen Niederung giebt es außer Tilsit keine andere Stadt, und wenn man sie der Länge nach von Wehlau bis Memel durchreist, trifft man auf dem ganzen 20 Meilen langen Wege nur Dörfer und Flecken.

Der mittlere Theil der Niederung ist vorwiegend Wiesenland. Die Wiesen werden jährlich bis dreimal geschnitten und liefern ein so kräftiges Heu, daß die Pferde ohne alle Körner auch bei der schwersten Arbeit dabei wohlgenährt sind. Selbst die Schweine füttert man mit Heu, das in großen Lasten auf Kähnen und Wagen nach Königsberg, Memel und Tilsit geführt wird, mit welchem die Niederung die ganze Provinz und selbst das benachbarte Rußland versorgt. Grundstücke mit lohnendem Heu-Absatz halten außer einigen Milchkühen wenig oder gar kein lebendes Inventar. Jene liefern außerordentliche Quantitäten von fetter Milch, aus der aber nur Butter, nicht Käse gemacht, und die im Uebrigen zum Aufziehen der Füllen, Kälber und Ferkel verwandt wird. Die Thiere werden das ganze Jahr hindurch im Stall gefüttert oder gehen nur zeitweise auf kumpigen durchgetretenen Weiden, oder sie grasen auf dem Nachwuchs geschnittener Wiesen. Da man keine Ackerarbeit hat, also auch keine Ochsen braucht, werden diese fettgegräst und drei- oder vierjährig zum Schlachten verkauft. Sie liefern ein saftiges, wohlschmeckendes Fleisch, sind deshalb sehr gesucht und stehen gut im Preise. Neuerdings werden sie auch mit der Eisenbahn versandt; an einen Export zu Wasser, obgleich dieser so nahe liegt, hat man noch nicht gedacht.

Der untere Theil der Niederung endlich besteht aus humosem Sandboden, Bruchland und Dünensand und ist theilweise mit großen Forsten bedeckt. Dieser weite Landstrich ist gänzlich uneingedeicht und wird durch die Fluthen des Eisganges oder bei anhaltendem Westwinde durch die Stauwellen des Haffs bis auf einzelne Bodenerhebungen unter Wasser gesetzt. Das Wild der Ibenhorster Forst, darunter einige hundert Elenthiere und wohl gegen tausend Rehe, drängt sich dann auf dem schmalen Rücken einiger mit Kiefern bestandenen Sandhügelketten in dichten Rudeln zusammen und bleibt mehrere Tage dort hungernd stehen. Zuweilen hört die Kommunikation zwischen den einzelnen Ortschaften auf und jedes Dorf bildet dann tagelang eine unzugängliche Insel, aber auch zu anderen Zeiten geschieht der Verkehr fast nur zu Wasser. Hier erreicht nämlich der Wirrwarr von Flußarmen und Kanälen seinen Höhegrad, hier hört der eigentliche Ackerbau gänzlich auf. Es giebt in den Fischerdörfern am Kurischen Haff alte Leute, die Joche, Egge und Wagen niemals, ein Pferd nur zur Winterszeit bei Eisbahn gesehen haben. Jedes Haus besitzt einen oder mehre Kähne, auf welchen alle Wege gemacht werden. Die Kinder schiffen zu Kahn nach der Schule, die Erwachsenen wallen zu Kahn nach der Kirche, der Kahn bringt die Arbeiter nach den Wiesen und Gärten und schafft das gemähte Heu und das ausgenommene Gemüse nach Hause. Nur auf einigen höher gelegenen Flecken wird etwas Sommerroggen und Sommergerste gebaut, im Uebrigen alles Getreide von Außen bezogen, gegen Heu, Fische und Gemüse eingetauscht. Dieses besteht hauptsächlich in Weißkohl, Möhren, Pastinak, Runkeln, Petersilien, Zwiebeln und Kartoffeln. Bei mühevoller Arbeit ist der Ertrag außerordentlich und übersteigt oft auf wenigen kleinen Gartenrücken, die nahe bei dem Hause liegen, den Getreidebedarf der ganzen Familie. Aus Pastinal wird ein schmackhaftes Brod gebacken, aus Gelbrüben eine Art Bier gebraut. Auf scheinbar unzugänglichen Torf- und Moorbrüchern baut man die schönste Kartoffel, wegen ihrer dünnen fast durchsichtigen Schale Glanz- oder Atlas-Kartoffel genannt. In früherer Zeit wollte sich kein Käufer dafür finden, so daß die Bauern, um sie los zu werden, sie erst mit nassem Lehm bestreichen mußten; jetzt werden sie auch ohne diese Tünche gern gekauft, denn sie sind wohlschmeckend und der bekannten Kartoffelkrankheit nicht unterworfen.

Einen andern Erwerb gewährt der amphibienartigen Bevölkerung das im Haff und an den Stromufern wachsende Schilfrohr. Gewöhnlich unter dem mittleren Wasserstande befindlich und nur zeitweise über den Spiegel der Gewässer hervortretend, wird es mit der Sichel geschnitten, in Bündel gepackt und zur Bedachung von Gebäuden über ganz Littauen verkauft. Ein solches Schilfdach ist um zehn Jahre dauerhafter als ein Strohdach, freilich auch theurer.

Der Plan, die Niederung gegen das Haff hin einzudeichen, ist schon öfter in Erwägung gezogen; ob aber ein solches Werk überhaupt lohnend sein möchte, steht dahin; denn abgesehen von den großen Kosten wären zur Zeit des Eisgangs immer Dammrisse zu fürchten und der befruchtende Segen der Ueberschwemmungen könnte hier noch weniger als oberwärts ersetzt werden.

Solch' triste armselige Gegenden haben den höchsten Reiz für mich und umstricken mich mit dem Zauber ihrer einförmigen melancholischen Romantik so sehr, daß ich mich nur schwer von ihnen losreißen kann. Der Küstenstrich am östlichen Ufer des kurischen Haffs ist indeß keineswegs so einförmig, wie er dem ersten Blick erscheint, sondern es enrollt sich dem aufmerksamen und unerschrockenen Wanderer hier ein Bild von Mannigfaltigkeit und Abwechselung, sowohl hinsichts der Natur als der Bewohner, die ihn in Erstaunen und Bewunderung versetzt.

―――――

Auf der Grenze des Heinrichswalder und Labiauer Kreises zieht sich eine Art von Wildniß hin, die fast zwei Quadratmeilen umfaßt. Es ist der vielberufene sogenannte Große Moosbruch; ein anscheinend ebenes, nach angestelltem Nivellement bis 13 Fuß über den Wasserspiegel des benachbarten Nemonien=Flusses sich erhebendes Terrain, das erst in weiter Ferne von Wald umkränzt wird. Die Oberfläche ist mit schwachen Kupsten oder Buckeln bedeckt, wie sie sich in Folge eigenthümlicher Gruppirung des Pflanzenwuchses auf allen Brüchen zeigen. Die ganze Vegetation besteht in Torfmoos, Haidekraut, Ampfer, Porst, Sonnenthau und zahlreichen Moos= und anderen Beerenarten. Nach den interessanten Bohrversuchen, welche Oberlehrer Dr. J. Schumann, einer der fleißigsten und zuverlässigsten Durchforscher Ostpreußens, hier angestellt hat*), ist die Hauptpflanze, die den Körper des Bruchs bildet, das schon genannte spitzblättrige Torfmoos. Dr. Schumann konnte einen Erdbohrer von 13 Fuß Länge ohne besondere Mühe hinabstoßen. In einer Tiefe von 2 bis 9 Fuß finden sich zahlreiche Stubben von Kiefern; an vielen Stellen stößt man erst bei 20 bis 30 Fuß Tiefe auf festen Boden, Sand oder blauen Thon. Wie die unterste Schicht des Bruches beschaffen, ist noch zweifelhaft. Einige meinen, daß der ganze Bruch mit all' seinen Bewohnern schwimme; jedenfalls sind die unteren Schichten lockerer, wasserreicher, als die oberen.

Der Moosbruch ist nämlich nicht unbewohnt; außer Kranichen und Uhus, die hier zahlreich nisten, außer Bibern, die in dem den Bruch durchströmenden sehr tiefen Flüßchen Lautne hausen — haben sich hier auch Menschen niedergelassen. Das Haus des Bruchbauern ist ein primitives Gebäude. Der Schornstein fehlt, wie alle anderen Luxusartikel; den Heerd bildet eine Lage Ziegel, über welcher an einem langen hölzernen Haken ein Kessel schwebt. Das hauptsächlichste Werkzeug des hiesigen Bauern ist ein Spaten, der genau die Form eines kurzen Ruders hat. Er ist entweder ganz von Holz oder unten mit Eisenblech beschlagen. Diese Art wird gebraucht, um neues Bruchland anzugreifen; jene reicht aus, wenn das Land schon Kultur hat. Auf dem schwarzen alten Kulturlande stehen in üppigem Wuchse alle Sorten von Gemüse, vor=

---

*) Neue Preuß. Provinzialblätter, dritte Folge, Band 8. Seite 61.

nehmlich die schon erwähnte Atlas-Kartoffel. Man zieht zwischen
den Beeten tiefe Furchen, um der Luft Zutritt zu verschaffen.
Dadurch wird die obere, in eine braune Masse umgewandelte
Moosschicht bis auf etwa 6 Zoll Tiefe trocken gelegt. Alles
Tiefere ist, wie das Auge lehrt, ein mit Wasser getränkter Schwamm;
bei jedem kräftigen Schritt schwankt der Boden. Man legt die Kar=
toffeln oben auf und bedeckt sie mit einer Handvoll Dünger und
der aus den Furchen gegrabenen Moorerde. Ebenso wird die
Frucht zur Zeit der Ernte mit der Hand mühelos ausgenommen,
und trägt hier sicher 10 bis 15fältig. Doch auch das neue Bruch=
land bedarf des Dungs, der durch Zerkleinern der abgestochenen
Kupsten gewonnen wird, die man andrerseits auch wieder in Hau=
fen setzt und zur Feuerung benutzt. So weiß sich der Mensch
überall einzurichten, so lernt er in der Oede auch das Kleinste und
sonst Werthlose benutzen, das ihm bisher gänzlich Unbekannte seinen
verschiedensten Bedürfnissen und Zwecken anpassen.

Allein nicht nur einzelne Gehöfte, auch ganze Dörfer haben
sich schon auf dem Moosbruch etablirt. Die es durchkreuzenden
Wege sehen aus, als wären sie mit hellrother Lohe bestreut. Nur
hin und wieder sieht man einzelne kaum fußhohe Zwergbirken und
Kiefern. In Schenkendorf ruht nur das Schulgebäude auf einem
Pfahlrost, hier ist der Bruch schon weniger wankend. Schönborf
hat sogar festen Lehmboden mit erratischen Blöcken und gute Ge=
treidefelder. Hier hebt sich aus dem Bruch das feste Land insel=
artig empor, um erst hinter Mauschern wieder unterzusinken.
In dieser Gegend hat der Bruch zugewachsene und offene, aber
nur seichte Teiche, und an den Rändern gute und ergiebige
Torfstiche.

Die Kolonisten sind nicht Eigenthümer, sondern Pächter der
Forst, befinden sich aber trotzdem, da sie mäßig und sparsam leben,
in leidlichen Verhältnissen. Wollte die Regierung den Bruch in
Parzellen zerlegen, und diese zu möglichst billigen Preisen verkau=
fen, würde sie einerseits ein gutes Geschäft machen und anderer=
seits eine Menge weiterer Ansiedler herbeilocken, die bald das
ganze Areal in Acker= und Gemüseland umwandelten. Der Be=

forgniß, daß sich der Staat auf diese Weise ein Proletariat von Grundbesitzern erziehen möchte, widerspricht das Wohlbefinden der jetzigen Pächter.

Der Große Moosbruch ist der nördliche Theil des Großen Baumwalds, der ohne ihn noch 4 Meilen lang und 3 Meilen breit ist, vorwiegend aus Nadelhölzern besteht und nicht weniger als sieben sich um Labiau gruppirende Oberförstereien umfaßt. Ein Theil dieses ausgedehnten Waldes ist noch als zur littauischen Niederung gehörig zu betrachten; im Uebrigen enthält sie nur noch das große Bruchterrain am Kurischen Haff, welches eben die beiden Reviere Nemonien und Ibenhorst bildet. Ist die Niederung sonach holzarm zu nennen, so gilt dies doch keineswegs von dem übrigen Littauen und noch weniger von Ostpreußen überhaupt.*) Zwar ist die Provinz nicht so waldreich wie die Mark, Schlesien, West= falen und die Rheinlande; zwar haben die Rodungen in den Privatforsten eine ungebührliche Höhe erreicht, und auch die Staats= forsten durch den Fraß der Nonnenraupe und des Borkenkäfers (von 1853—60) eine furchtbare Verheerung erlitten — aber das Waldareal beträgt noch immer über 18 Prozent der Gesammtfläche, und außerdem ist ein Mangel an Brennmaterial wohl niemals zu befürchten, da die fast die ganze Provinz durchziehenden Torf= und Braunkohlenlager geradezu unerschöpflich und bisher noch wenig aus= gebeutet sind. Bei dem bisherigen Holzüberfluß in Ost= und West= preußen war der Holzverbrauch ein ungeheurer, und noch heute ist man hier nicht an Sparsamkeit gewöhnt.

Um noch einmal auf den Großen Moosbruch zurückzukommen, so ist er nebst dem ihn durchströmenden Nemonienfluß nach Schu= mann's Ansicht nichts anderes als die breite Mündung des alten

---

*) Eine Berliner Zeitung, welche es sich zur Aufgabe gemacht, einen von mir in der Zeitschrift „Daheim" veröffentlichten Aufsatz „Der Nothstand in Ostpreußen" zu einem Dutzend verschiedener Leitartikel und Feuilletons zuzuschneiden — ohne dabei meinen Namen zu erwähnen — hat sich durch einen dort vorkommenden Passus, „daß das Klima in Ostpreußen in Folge des Aushauens der Wälder an der Seeküste sich mehr und mehr verschlechtere", zu der kühnen Behauptung verleiten lassen: es gäbe in Ostpreußen überhaupt keine Wälder mehr, sondern es fänden sich hier nur noch einige buschartige Flecke!

Niemen, welcher nach dem Gesetz, das alle norddeutschen Ströme beherrscht, seinen Lauf allmälig immer mehr nach Norden umgewandt hat.

Der Nemonien gehört zu dem Kanalsystem, welches die Memel mit dem Pregel verbindet. Er korrespondirt mit diesem durch den Großen Friedrichsgraben und die Deime, mit jener durch den Seckenburger Kanal und die Gilge. Der Seckenburger Kanal dient zugleich zur Entwässerung des südöstlichen Viertels der Niederung; doch hat sich die beim Dorfe Petricken angelegte Wasserhebemaschine bisher nicht besonders bewährt. Der Nemonien ist der Sammelabfluß des Wassers aus den sumpfigen Waldungen der Niederung. Ein prächtiger Strom, theilweise bis 40 Fuß tief und beim Ausfluß ins Haff über 400 Fuß breit. Rechts und links begleiten ihn üppige Wiesenstreifen, von den Littauern Panemonien genannt, hinter ihnen grüßen schöne Erlenwälder. An den Ufern stehen gelbe Mummeln und Pfeilkraut und hochaufstrebende Blumenbinsen mit blaßrothen strahlenreichen Dolden. Zuweilen theilt ihn eine langgestreckte Wieseninsel in zwei Arme, und eine der beiden Durchfahrten ist durch ein Gestell von Netzen abgesperrt, in welchen man riesige Welse fängt. Einen hochpoetischen Anblick gewährt es, wenn in der Morgenfrühe eines sonnigen Sommer-Sonntags Schaaren von Mädchen und Burschen in ihrer bunten Nationaltracht nach der Kirche fahren und den taktmäßigen Schlag der Ruder, welche die Kähne den stolzen Strom entlang treiben, mit ihren Wechselgesängen begleiten.

Beim Dorfe Wiep gelangt man aus dem Nemonien in den Großen Friedrichsgraben, einen über 2 Meilen langen Kanal, der bei Labiau in die Deime, einen Arm des Pregels, führt. Er ist ohne alle Strömung, einem stehenden Gewässer gleich, und durchschnittlich nur $\frac{1}{4}$ Meile, oft nur wenige Ruthen vom Kurischen Haff entfernt, das wegen dieser großen Nähe bei Sturmfluthen in den Kanal überspült und ihn durch den eingeschwemmten Moorgrund so sehr verflacht, daß fortdauernd kostbare Baggerungen unterhalten werden müssen. Auf der Nordwestseite begleitet ihn ein von der ausgeworfenen Erde gebildeter und jetzt noch durch

die fortgesetzten Baggerungen erhöhter Treidelbamm, der in trocke=
ner Jahreszeit als Fahrweg benutzt wird. Im Laufe der Zeit
sind auf beiden Ufern zahlreiche Ansiedelungen entstanden, hat sich
längs dem ganzen Kanal eine Doppelreihe von Häusern und Hüt=
ten gebildet, welche meist mit Vorgärtchen versehen und durch
Wald=, Wiesen= und Ackerstücke von einander getrennt sind, wodurch
diese an sich schon sehr lebhafte Wasserstraße außerordentlich an
Reiz gewinnt. Die Anwohner treiben Viehzucht, wozu der reiche,
wenn auch sehr unsichere Heuertrag der Wiesen einladet; daneben
Fischerei und bedeutenden Gemüsebau. Hier sind Pferde Raritäten,
hier geschieht die Kommunikation fast ausschließlich zu Wasser; selbst
Kinder von 6 bis 8 Jahren setzen in Böten mit improvisirten
Rudern, nämlich abgeschnittenen Weidestöcken, von einem Ufer zum
andern über.

Die ganze, durchweg littauische Bevölkerung am Küstengürtel
des Kurischen Haffs, von Labiau bis Memel hinauf — im Volks=
munde Kuren genannt — steht hinsichtlich ihrer Sitten, Neigun=
gen und Lebensart mit Recht in üblem Ruf. Die Wohnungen
sind schmutzig, die Menschen unsauber, faul, roh und verwegen.
Zwar wird hier nicht, wie in der mehr landeinwärts gelegenen
Niederung, der Branntwein an Sonn= und Festtagen von Männern
und Frauen mit Löffeln aus großen Schüsseln gegessen; aber beide
Geschlechter fröhnen auch hier der Trunksucht; auch hier ist eine
Suppe beliebt, die aus einem Gemisch von Schnaps und Syrup
mit eingebrocktem Brod besteht. Die Prozeßsucht der Littauer ist
sprüchwörtlich geworden, aber von ihnen machen die Kuren den
Gerichten bei weitem am meisten zu schaffen; nirgends ist die Zahl
der schwebenden Streitigkeiten, Vergehen und Verbrechen größer
als bei den Kreisgerichten zu Labian, Heydekrug und Memel.
Wegen Anbringung eines Fensters, über die Benutzung eines Fuß=
weges oder Durchganges prozessiren sich die Leute von Haus und
Hof. Einzelne und Massenprügeleien sind etwas Alltägliches, wobei
es nicht selten zu schweren Körperverletzungen und sogar zu Todt=
schlägen kommt. Jedermann, gleichviel ob arm oder wohlhabend,
ist hier ein geborener Holz= und Wilddieb; viele Personen betrei=

ben beides gewerbsmäßig und leben ausschließlich davon. Es giebt ganze Dörfer von Wildschützen, und die Forstbeamten haben einen schweren Stand; häufig kommt es zwischen ihnen und den verwegenen Frevlern zu einem Kampf auf Leben und Tod, und schon mancher Förster ist, ein Opfer seiner Berufstreue geworden. Die gröbsten Verbrecher machen diese Gegenden unsicher. Für eine Flasche Branntwein findet sich überall ein Zeuge, bereit aus= zusagen, was man von ihm verlangt. Es treten falsche Zeugen auf, blos um der ihnen vom Gericht auszuzahlenden Reisekosten wegen, welche sie hinterher mit ihrer Partei theilen. Noch ver= schmitzter als im gewöhnlichen Verkehr zeigt sich der Littauer vor Gericht; er weigert sich hier konsequent, deutsch zu sprechen und deutsch zu verstehen, sondern es muß, auch wenn er dieser Sprache vollkommen mächtig ist, stets mit ihm durch Dolmetscher verhandelt werden, weil er auf diese Weise zum Bedenken und Antworten Zeit gewinnt; und er antwortet nie direkt, sondern so zögernd und ausweichend als möglich.

Am Großen Friedrichsgraben findet sich bei den größeren Be= sitzern noch eine gewisse Wohlhabenheit; rechts von der Deime und am Haff weiter hinauf ist jedoch die Bevölkerung eine durchgän= gig arme. Es hausen hier Arbeiter, Fischer und zahlreiche soge= nannte Eigenkäthner mit einem winzigen Grundbesitz von 5 bis 6 Morgen, der in der Regel noch dazu hoch verschuldet ist. Unter der Ueberschwemmung, welche die ganze Niederung betroffen, haben am meisten diese Haffdistrikte gelitten. Hier hat es überhaupt keine Ernte gegeben, weder an Heu und Grummet, noch an Kartoffeln und Gemüse; jenes ist, wie schon früher gesagt, verdorben oder weggeschwemmt, diese ertrunken. Und gerade hier ist der Arbeiter und Eigenkäthner darauf angewiesen, während des langen Win= ters, wo er nichts verdienen kann, sein Leben einzig und allein von dem Ertrage der Ackerstreifen zu fristen, die er eigenthümlich besitzt oder nur gepachtet hat, und von denen er nicht weiß, wie er sie zum Frühjahr bestellen soll. An der Haffküste fand ich schon auf meiner Reise einen Nothstand vor, wie er schlimmer später nirgends existiren konnte. Um mir einen Begriff von dem erlittenen Schaden zu geben, zeigte man mir auf den Wiesen einige zurückgebliebene Haufen von Heu. Es war schwärzlich und wie verbrannt anzusehen, und kein Vieh mochte es fressen. Dann brachte man mir einige Getreideähren, dem Anschein nach voll und reif; als ich die Hülsen jedoch öffnete, fand ich statt des mehlreichen Kerns nur ein klebriges Mus. — „Das ist unsere Ernte!" sagte man mir, und überall fragte man voll Verzweiflung: „Was werden wir essen, wovon werden wir leben? Wir haben für uns weder Brod noch Kartoffeln und für das Vieh kein Futter. Wir müssen's abschaffen, wenn wir's nicht umkommen lassen wollen." Und daß dieser Jammer und diese Furcht nicht übertrieben sei, bestätigten mir die verschiedenen Schullehrer und Geistlichen, die mich umherführten.

Etwas besser als die Arbeiter und Käthner sind die Fischer dran, indem diese nicht blos auf die Ausnutzung ihres kleinen Landbesitzes angewiesen sind, sondern ihren eigentlichen Erwerb in den Gewässern finden. Juwendt, Gilge, Tawe, Inse, Karteln sind die bedeutendsten Fischerdörfer an der östlichen Haffküste; aber so große und ausschließliche Fischerdörfer, wie sie außer hier meines Wissens nur noch an der Samländischen Ostseeküste existiren. Alles duftet hier nach Fischen, sogar die Schule, Pfarre und Kirche. In jedem Hause fabrizirt man Fischthran vermittelst einfacher Auskochung faulender Fischkörper; vornämlich wird dazu ein kleiner fingerlanger Fisch, Stint genannt, verwandt, den man zu Billionen im Haff fängt. Der Thran wird theilweise in der eigenen Wirthschaft als Beleuchtungsmaterial verbraucht, zum größeren Theil verkauft. Jedermann fischt hier, sogar, wenn auch natürlich nur nebenbei, der Schulmeister und der Pastor. Fisch ist für Menschen wie Thiere das Hauptnahrungsmittel; man ißt ihn als Fleisch wie statt Brod und Gemüse; und man füttert mit ihm Hühner, Enten, Gänse und Schweine fett, deren Fleisch davon einen thranigen Geschmack erhält. Gedörrter und eingesalzener Fisch ist für den Winter der Hauptmundvorrath. Schulmeister und Pfarrer erhalten einen wesentlichen Theil ihrer Besoldung in Fischen; die Stellen sind daher schlecht und verrufen, es finden sich dazu nur

Anfänger, welche aber, wenn sie einige Jahre hier ausgehalten haben, mit guten Bedienstungen belohnt zu werden pflegen.

Das Kurische Haff ist noch immer außerordentlich fischreich, es versorgt ganz Littauen mit den schönsten Fischen und zu den billigsten Preisen. Wenn die Fischer auf den Fang fahren, rüsten sie sich oft für 3—5 Tage aus, denn sie segeln meilenweit auf das Haff oder die Küsten entlang, und können bei starkem und widrigem Wind verschlagen werden. Ihr ganzer Proviant besteht nur in Brod, Zwiebeln und Schnaps; im Uebrigen leben sie von dem, was sie fangen, essen die Fische roh und braten sie an einem hölzernen Stecken lebendig in ihrem Fett.

Nicht nur jedes dieser Dörfer, wie ich früher sagte, sondern jedes Haus in ihnen bildet zu gewissen Zeiten eine Insel. Sie sind auf den Lagunen des Haffs erbaut, und man hat deshalb das überhaupt reizend gelegene Karkeln das kurische Venedig genannt.

Vor diesem schon zum Kreise Heydekrug gehörigen Fischerdorf breitet sich in sehr tiefer Gegend das wegen seines Wildes hoch= berühmte Forstrevier Ibenhorst aus. Der Grund ist torfiger Moorboden; im Frühling gewöhnlich überschwemmt; wenn trocken, dem Fußtritt elastisch widerstrebend. Jüngeres Erlenholz wechselt mit Wiesen, beides von schnurgraden Gräben durchschnitten, welche von Humus gebräuntes Wasser halten. Auf sandigen Hügeln wachsen Föhre und Fichte. Der Uhu nistet auf der Erde zwischen Erlenstämmen; Kraniche, die Eier brüten, lassen ihren Posaunenton klangvoll durch den Wald hallen, und der Heuschreckenfänger täuscht durch sein einförmiges Geschwirr den Hörer. In diesem Bruch= walde, der keineswegs das Bild einer Wildniß gewährt und sich durch großartigen Baumwuchs auszeichnet, wird seit der Regierung Friedrich Wilhelm II. das herrliche Elchwild gehegt, das sich außer= dem auf unserm Erdtheil nur noch in den russischen Ostseeprovinzen, in Finnland und auf der skandinavischen Halbinsel findet, und wie der ebenfalls in Ostpreußen früher einheimische Auerochs bereits im Aussterben begriffen ist.

Der Elch oder das Elen ist ein anscheinend plumpes, schwerfälliges, in der That aber leichtfüßiges Thier. Der massive gewaltige Körper — bis 8 Fuß lang, am Widerriß 6 Fuß hoch und 4—600, zuweilen 1000 Pfund schwer — und die plumpe Gestalt bekunden seine antediluvianische Herkunft. Der Leib ist verhältnißmäßig kurz und dick; breit an der Brust; hoch, fast höckerig am Widerriß, gerade am Rücken, niedrig am Kreuz. Er ruht auf hohen und starken Beinen von gleicher Länge, welche in schmale gerade tiefgespaltene Hufe endigen; die Afterklauen berühren leicht den Boden, der ganze Fußbau gestattet dem Elch beim Gehen auf feuchtem Boden seinen Schuh sehr zu vergrößern, wie es das Rennthier auch vermag. Auf dem kurzen starken Halse ruht der große langgestreckte Kopf, welcher in eine dicke aufgetriebene Schnauze endigt. Die Augen sind klein und matt, liegen tief in den stark hervortretenden Augenhöhlen und sind nicht geeignet, den so häßlichen Kopf zu verschönern. Große lange breite Ohren stehen nach seitswärts gerichtet am Hinterkopf, neigen sich aber oft schlotternd gegen einander. Das Geweih des erwachsenen Männchens besteht aus einer einfachen sehr ausgebreiteten platten schaufelförmigen Krone mit oft zwanzig Zacken, und kann ein Gewicht von 40 Pfund erreichen. — So erscheint das Elen wie eine häßliche Karikatur des Edelhirsches; doch hat der Anblick eines starken Elenhirsches mit aufgesetzten Schaufeln etwas Imposantes. Die Behaarung ist lang, dicht und straff; sie besteht aus gekerbten brüchigen Grannen, unter denen kurze feine Wollenhaare sitzen; über die Firste des Nackens zieht eine dichte, der Länge nach getheilte Mähne. Die Färbung ist ein ziemlich gleichmäßiges Röthlichbraun, nur die Beine sind aschgrau. Bei der Zahmheit des Elens darf man ihm nahe kommen und es ruhig betrachten; nur wenn es angeschossen nicht mehr von der Stelle kann, nimmt es den Jäger an, d. h. es schlägt mit den Schaufeln oder Vorderläufen nach ihm, und ein solcher Schlag kann leicht töbtlich werden. Gejagt, eilt es in gewaltigen Sätzen über Gebüsch und grundlosen Moorboden dahin, indem es die Läufe horizontal ausschnellend Halt gewinnt, wo ein Stier von gleichem Gewicht versinken würde.

Ein Rudel von 15—20 Elchen macht die Luft erzittern, als näherte sich im Galopp ein Reiterregiment. Beim Laufen macht das Elen durch Aneinanderschlagen der beweglichen Afterklaue und Hufe ein eigenthümliches Geräusch, welches der Waidmann „Schellern" nennt.

1848, im Jahre der Jagdfreiheit, war das Elchwild in der Ibenhorster Forst bereits auf 16 Stück reducirt; seit 1851 hat es sich unter der Aufsicht und Pflege des Oberförster Ulrich wieder auf 250 Stück vermehrt. In ganz Europa giebt es nur eine Hegung, welche diesem stolzen Elchforst verglichen werden kann, das ist der Bialowiczer Wald mit seinen Auern. Während des Sommers hält sich das Elchwild in den bruchigen Erlenwaldungen auf und geht im Herbst, wenn das Wasser sich mehrt, auf den höheren Boden in das Nadelgehölz über. Es lebt hauptsächlich vom Laube und den jungen Zweigen der Bäume. Im Frühjahr tritt es Abends auf die Wiesen und auf Roggenfelder. Nur im Winter, zur Zeit der Noth, macht es sich an das Nadelholz, von dem es die jungen Triebe abbeißt; doch soll der Schaden, den das Elchwild überhaupt verursacht, sehr übertrieben werden. Jedenfalls steht er in keinem Verhältniß zu dem Werthe des schönen und lebendigen Denkmals, welches diesem berühmten Ureinwohner Preußens hier errichtet ist, und welches so viel naturwissenschaftliches Interesse gewährt. Kein zoologischer Garten kann dieses Naturbild erreichen.

Herr Ulrich fand im Sommer 1860 in seinem Revier ein junges Elchkalb, das vermuthlich die Kugel eines Wildschützen verwaist hatte. Er nahm es mit sich und wies ihm eine Kuh als Amme an. Das Thier gedieh und wuchs heran, lief den Menschen wie ein zahmer Hammel nach und leckte seinem Herrn beim Wiedersehen Hand und Gesicht. Für den Garten entwickelte der junge Elch, nachdem er seiner Amme entwachsen war, ein gefährliches Interesse. Er aß gern Bohnen, Kohl und Salat, und als man die Thüre vor ihm verschloß, sprang er gewandt über den 5 Fuß hohen Zaun. Wenn sein Herr in den Forst ging, mochte er ihn gerne begleiten, und mußte oft gewaltsam zurückgehalten werden. Einst traf er auf solchem Spaziergang ein Rudel seiner wilden Brüder. Die betrachtete er aufmerksam und sie schienen ihn lebhaft zu interessiren; jedoch gefiel es ihm bei dem Herrn Oberförster besser und er kehrte getreulich mit ihm aus dem Walde zurück. Dieses zutrauliche Thier kam später nach Berlin, in den zoologischen Garten, wo es seiner langen Ohren wegen von einem gebildeten Publikum gewöhnlich als „fremder Esel" angesprochen wurde aber bald erkrankte und verstarb. Auch das im Hamburger Thiergarten gehaltene Exemplar kränkelte beständig und siechte zusehends dahin.

Ein Elch in Ibenhorst zu schießen, ist eine außerordentliche Gunst; die Ermächtigung dazu erfolgt nur auf besonderen Vortrag des Finanzministers durch Allerhöchste Kabinetsordre. In den Annalen des Forstreviers stehen der Herzog von Gotha, der Prinz Friedrich Carl und einige Namen aus der Generalität und dem Herrenhause verzeichnet. Ein österreichischer Prinz wird als schwacher Treffer genannt. Im Spätherbst des Jahres 1861 traf der britische Gesandte Lord Dudley hier ein. Mit einer Kabinetsordre in der Tasche, welche ihm erlaubte einen Elchhirsch zu schießen, kam er nach Ibenhorst und studirte die seltenen Thiere in stundenlanger Verfolgung und Betrachtung; als man ihn nun fragte, warum er denn nicht schieße, antwortete er unwillig: ebenso gut könne er zwischen seine Viehheerde gehen und einen Stier tödten. — Nicht anders scheint der Kronprinz gedacht zu haben, als er im Sommer 1863 die Forst besuchte. Nachdem ein Rudel Elche auf eine Wiese zusammengetrieben war, ging er mit der Kronprinzessin am Arm bis zur geeigneten Stelle, die geladene Doppelbüchse in der Hand. Das hohe Paar betrachtete lange die malerische Gruppe, vergeblich harrten jedoch die Forstbeamten auf den Schuß des Prinzen; er ließ sein Rohr gesenkt und blieb bis ein heraufziehender Gewitterregen zur Umkehr trieb. Beide wurden bis auf die Haut durchnäßt und da ihr Gepäck bis zur nächsten Station vorausgesandt war, so lieh sich die Prinzessin einen Anzug von der Frau Oberförsterin. Weil diese wackere Dame aber in ihren körperlichen Dimensionen der hohen Frau bedeutend überlegen war, soll die Scene einem Maskenscherz nicht unähnlich gewesen sein, denn auch der Prinz mußte seine Kleider mit Hülfe des Oberförsters in umgekehrter Weise wechseln.*)

Der Elch vernimmt und äugt ausgezeichnet, wittert oder windet aber weniger gut. Er ist weit weniger scheu als das Edelwild; wenn ihn der Jäger gefehlt hat, trollt er oft nur eine kurze Strecke fort, bleibt dann stehen und läßt Jenem Zeit, noch einmal zu schießen. Trotz seiner Größe und Nahbarkeit ist es aber doch nicht leicht, ein Elenthier auf der Stelle zu tödten, da seine dicke Haut die Kraft der Kugel abschwächt, und selbst Schüsse in die Eingeweide leicht heilen. Allein sicher ist der Schuß durch Herz, Gehirn oder Rückgrat. Wie sein nordamerikanischer Vetter, das Moosdeer, von den Indianern, wird auch unser Elen zur Winterszeit von den Wilddieben mit dem Speer gejagt. Sie suchen das Thier auf blankes Eis zu treiben, wo es, so lange sein Huf noch kalt ist, fest eingreift und im schnellsten Lauf ausbauert. Auf Schlittschuhen verfolgt, erhitzt es sich aber leicht, gleitet aus und stürzt, um von mörderischen Lanzenstichen durchbohrt zu werden. Im Schwimmen ist der Elch Meister. Er durchschwimmt mit Leichtigkeit die breiten Flußarme und soll schon öfter über das Haff gesetzt haben. Auch geht er nicht blos aus Noth oder zur Brunstzeit in's Wasser, sondern, wie manche Rinderarten, zu eigener Lust und Freude, um sich zu baden und zu kühlen, besonders wenn ihn Hitze und Insektenschwärme plagen. Mit seines Gleichen lebt er friedfertig und gesellig, jedoch nur zur Paarungszeit halten sich auch die alten Hirsche mit den Rudeln zusammen. Gewöhnlich besteht die Familie aus einem Altthier, zwei fertigen Thieren, welche zum Herbst brunsten werden, zwei Schmalthieren und zwei Kälbern. Die Elchkuh wirft das erste Mal ein Junges, später in der Regel zwei auf ein Mal, meist ein Pärchen, seltener zwei von gleichem Geschlecht. An kalten Wintertagen sieht man um die Zeit des Sonnenaufgangs auf dem Ibenhorster Bruchrevier zuweilen, so weit der Blick reicht,

---

*) Diese anmuthige Geschichte erzählt Hugo S (entleben) in seinem „Weihnachtsbesuch in der Memel-Niederung" (Altpreuß. Monatsschrift Band 1.); einem Aufsatz, den ich auch sonst benutzt habe.

gleich einer zerstreuten Heerde, Gruppen von Elchen und Rehen in friedlichster Gemeinschaft bei einander stehen, bis der nahende Mensch sie zu flüchtigen Sprüngen treibt. Der durch sein Thier= album als trefflicher Künstler bekannte Graf Krokow hat hier über ein Jahr verweilt, um das Elen in den verschiedensten Stellungen zu zeichnen.

Auch abgesehen von Ibenhorst und dem Elch ist die Haff= Niederung ein klassisches Jagd=Terrain. Die Wasserjagd auf den einzelnen Armen und Zuflüssen der Memel, wie auf den mit Röhricht bewachsenen Uferwiesen, lockt selbst den Roving English= man hierher. Auch Lord Dudley trieb sie damals trotz des ab= scheulichsten Novemberwetters mehrere Tag lang, während er in dem Hause des Herrn Ancker zu Ruß, der von 1858—60 als Landtagsmitglied und Mitstifter der Fraktion „Jung=Littauen" be= kannt ist, Gastfreundschaft genoß. „Lord Buschekopf", unter welchem Titel ihn „Klabberabatsch" der Geschichte als Krönungsbotschafter aufbewahrt hat, spielte mit stoischem Phlegma Schach, nahm täg= lich zwei kalte Bäder und schoß sogar zum Schrecken einiger an= dern Engländer Sonntags nach der Scheibe. Der alte Jäger, welcher den sechs Fuß hohen eisensehnigen Mann auf die Schnepfen= jagd begleitete, klagte trotz seiner eigener Fuchslunge, daß Seine Lordschaft den Teufel im Leibe habe; kein Mensch könne ihm fol= gen, kein Graben wäre ihm zu breit oder zu tief, ohne Hühner= hund wate er bis zu den Armen durch Sumpf und Wasser, um sich die geschossenen Vögel selbst herauszuholen.

Die Haffküste ist für den Sportsman ein wahres Paradies. Neben der Jagd auf allerlei Gethier in Bruch und Wald, Wiese und Sumpf hat er hier auch noch Gelegenheit, sich, wenn auch nur in passiver Weise, am Lachsfang zu ergötzen; zu sehen, wie man den edlen Salm berückt. Es gab früher in dieser Gegend mehrere sogenannte Lachswehren, jetzt ist nur noch eine vorhanden, und zwar im Skirwith.

Die Ruß, der nördliche Arm der Memel, theilt sich ihrer= seits wieder in vier Arme, welche von dem großen Memeldelta einen Ausschnitt, das kleine Rußdelta, bilden. Der südlichste dieser

Nebenarme heißt eben Skirwith; er trennt das Ibenhorster Revier von dem Rußdelta und ist gleichfalls ein mächtiger Strom, bis 120 Klafter breit und über 3 Klafter tief.

Unfern seiner Mündung ins Haff sieht man von einem Ufer zum andern eine Reihe von Pfählen sich hinziehen, an welchen das vom Grunde aufsteigende, bis 3 Fuß aus dem Wasser emporragende weitmaschige Netz befestigt ist. Es hat eine stromaufwärts gerichtete Schnibbe, und sie ist des Lachses Verderben. Bekanntlich steigt dieser Seebewohner zur Frühlingszeit in die Flüsse hinauf, um zu laichen. Im Skirwith trifft er Anfangs Mai ein, und von da ab bis Ende September wird die Wehr zugezogen. Da der Lachs meist dicht an der Oberfläche schwimmt, so können die Fischer bequem wahrnehmen, wie er das Netz untersucht, um irgend eine Oeffnung zu finden. So wird er stets nach der Schnibbe hin geleitet und geht hier in die Falle, nämlich in einen vor der Wehr aufgestellten sogenannten Venter, ein Netz, aus zwei offenen Trichtern und einem geschlossenen Beutel bestehend. Morgens, Mittags und Abends wird der Venter von den Fischern heraufgezogen und geleert. Da der Lachs auf dem Trockenen sehr unbändig ist, so giebt man ihm schon im Wasser ein paar Schläge auf den Kopf. So betäubt, werden die Eingeweide ausgenommen, die Bauchhöhle mit Salz und Pfeffer eingerieben, und je zwei oder drei Lachse in einen geflochtenen Korb mit Stroh verpackt. Die meisten gehen nach Königsberg. Zuweilen fängt man hier Lachse, die einen gelben Haken im Maule haben, also bereits an der Angelschnur gewesen sind und sich wieder befreit haben. Man unterscheidet im Skirwith Silberlachse oder Weibchen und Hakenlachse oder Männchen; die größten messen 4 Fuß. In guten Zeiten enthält der Venter bis hundert Lachse, manchmal aber nicht einen einzigen, da die Thiere in Zügen zusammenhalten. Merkwürdig ist's, daß sie hier nicht eine Wehre von nur 3 Fuß Höhe überspringen, während sie anderer Orten sich nicht durch solche von 5—10 Fuß abhalten lassen sollen. Hier mag der Lachs wegen des geringen Salzgehalts der Ostsee, wegen der Länge des Haffs, vielleicht auch wegen der geringen Strömung im Skirwith weniger lebhaft sein. Oft steht er tagelang vor der Wehre, ehe er in den Venter geht.

Leider nimmt auch an dieser letzten und früher so ergiebigen Wehre der Fang von Jahr zu Jahr ab. Während er noch 1860 über 4000 Lachse betrug, soll die Stückzahl im vorigen Sommer etwa 5—600 gewesen sein.

Im Rußdelta stehen wir auf jungem angeschwemmten Boden. Vor dreihundert Jahren lag der Flecken Ruß dicht am Haff, jetzt ist er $^3/_4$ Meile von ihm entfernt. Die Basis des großen Memeldeltas vergrößert sich noch fortwährend, und zwar, wie die Nogat-Niederung, durch Bildung von Vorländereien, hier Werder genannt. Der Prozeß der Verlandung schreitet an beiden Strömen in vollkommen gleicher Weise vor, geht jedoch an der Nogat schneller. Während die Vorländereien dieses Stromes in den letzten hundert Jahren um eine halbe Meile ins Frische Haff gerückt sein sollen, haben dieselben an der Memel seitdem nur um etwa eine Viertelmeile zugenommen. Einige erst ungefähr dreißig Jahr alte Werder sind schon hübsche Wiesen, andere noch jüngere fangen schon an sich zu berasen, die jüngsten werden beim höchsten Wasserstande noch überschwemmt. Zahlreiche kleine Fluß-Niederungen sind vollständig versandet, die übrigen werden mit jedem Jahre seichter.

Der Boden ist zu allen Zeiten höchst elastisch, theilweise noch bruchig; jetzt fand ich ihn vollkommen aufgeweicht und fast unwegsam, so daß ich bei meinen Streifereien entweder im Schlamm waten oder große Pfützen und Lachen umgehen mußte. Wie eine Insel ragte aus diesem Schlammsee der kleine Kirchhof von Warruß hervor, den ich erkletterte und wo sich mir eine Umschau über die ganze Gegend bot. Alle Kirchhöfe in der Niederung sind auf künstlichen Erdhügeln angelegt; dennoch kommt es nach Ueberschwemmungen nicht selten vor, daß Wogen und Sturm die Gräber aufdecken, die Särge und Leichen bloßlegen. Auch der kleine Friedhof, auf dem ich jetzt stand, hatte weder Bäume noch Grasnarben, der Wind trieb mit der losen Sanddecke ungehindert sein Spiel; und die winzigen, oft nur fußhohen Grabkreuze und Denktafeln hatten in dem lockern Boden keinen festen Halt, sondern standen schwank und zur Seite geneigt. Ein trübseliger Anblick.

Ringsumher nur Wiesen und Weiden, die aus grauem Alluvialsande bestehen, aber sonst nicht schlechte Erträge liefern und eine, wenn auch gerade nicht starke, Viehzucht begünstigen. Die letzte Ueberschwemmung hatte sie jedoch für die nächsten Jahre mit geringer Ausnahme vernichtet.

Das Dorf Warruß liegt nahe am Haff, kurz vor dem Ausfluß des gleichnamigen Stromarmes, der früher die Hauptmündung der Memel war, während es heute die nördlicher fließende Atmat ist. Im Dorfe wohnen kleine Leute, die abwechselnd Fischer, Tagelöhner und Weidebauern sind, nur winzige Parzellen besitzen oder zur Miethe wohnen. Dem entsprechend, besteht der Ort aus niederen Hütten und elenden Kathen. Um so mehr zeichnete sich vor diesen ein bald am Eingang ins Dorf gelegenes massiv erbautes Haus mit Vorgarten, Vorschauer und größeren Fenstern aus, welche Gardinen schmückten. Auf meine Frage, wer hier wohne, antwortete mir ein junger Mensch: „Das gehört dem Herrn Jakutis", wobei er das „Herr" mit Ehrfurcht betonte.

Ein verfallenes und fast schon verwittertes Wirthshaus, nur an dem hölzernen Wolm vor der Thüre zum Anbinden der Pferde erkenntlich, verlockte mich zum Eintreten. Das große Gastzimmer hatte außer einer langen sich um die Wände herumziehenden morschen Bank, zwei gebrechlichen Tischen und einem Brettergestell, auf welchem einsam und verlassen eine irdene Flasche stand, keine andern Möbel aufzuweisen. Der Wirth und seine Frau hockten auf der Erde und flickten an einem Segel; zwischen ihnen, auf der ausgebreiteten Leinwand, saß ihr einziges Kind, ein Mädchen von 5—6 Jahren. Beide waren kleine fast zwerghafte noch junge und äußerst muntere Leute; sie — brall, weiß und hübsch; er — dürr, gelb- und gnomenartig. Man konnte mir weder Bier noch Kaffee geben, nicht einmal ein Butterbrod; nur etwas Schnaps war noch vorhanden, den mir die Frau aus der irdenen Flasche eingoß und mit dem freundlichsten Lächeln kredenzte.

— Ist der Krug Ihr Eigenthum? fragte ich.

— Gott sei Dank, nein! erwiderte förmlich vergnügt der Gnom. Er gehört dem Herrn Jakutis. Ich habe ihn nur in Pacht, aber ich werde zu Michaeli ausziehen, denn ich verkaufe hier nicht soviel als ich Pachtgeld zahlen muß.

— Trinkt man denn im Dorf keinen Schnaps oder Bier?

— Man trinkt's schon, antwortete er pfiffig. Aber wenn die Leute Geld haben, kommen sie nicht zu mir; dann laufen sie sich's selber in Ruß, wo sie's auch billiger und besser bekommen.

Er kicherte in sich hinein, als ob ihm dies Thun seiner Nachbarn zur größten Befriedigung gereiche.

Ich äußerte den Wunsch, eine Spazierfahrt auf's Haff zu machen, und der Gnom erklärte sich sofort bereit, mit mir hinauszusegeln.

— Ich thu' es gern und umsonst, sagte er, und kicherte wieder.

Dann rollte er das Segel zusammen, lud es auf die Schulter und ging mit mir nach der kleinen Bucht, welche die Warruß bei ihrem Ausfluß bildet.

Das ist mein Boot! sagte er mit Selbstgefühl und trat in eine flache Nußschale, die noch dazu halb mit Wasser gefüllt war. Er schöpfte es mit einer kleinen Schaufel aus und forderte mich auf, einzusteigen. Ich zögerte etwas, mich diesem „Seelenverkäufer", wie man diese winzigen gebrechlichen Fahrzeuge sehr richtig nennt, anzuvertrauen; er aber kicherte ob meines Bedenkens und redete mir zu, nur keine Bange zu haben.

Während wir hinausruderten, kamen wir an verschiedenen Wiesenstücken vorbei. Auf einem derselben war das Heu zum Trocknen ausgespreitet und man fuhr es jetzt ein.

— Diese Wiesen, sprach mein Schiffer, sind die größten und besten im Dorf, und sie gehören dem Herrn Jakutis. Auf den andern ist alles Heu ersoffen, aber Herr Jakutis macht, wie Sie sehen, noch einen hübschen Schnitt.

— Wer ist denn dieser Herr Jakutis? fragte ich.

— Herr Jakutis ist der reichste Mann im Dorf, entgegnete der Kleine. Dem Herrn Jakutis gehört halb Warruß zu eigen, und auf die andere Hälfte hat er Geld ausgeliehen. Wir sind alle seine Schuldner.

In der That spielt dieser Herr Jakutis, ein ehemaliger Kahnschiffer, wie ich später erfuhr, auch im politischen Leben eine Rolle. Früher war Herr Jakutis ein eifriger Fortschrittsmann, und so lange er es war, waren es auch sämmtliche Warrusser. Das Jahr 1866 hat jedoch in den politischen Ansichten des Herrn Jakutis eine Umwälzung zu Wege gebracht; er huldigt nunmehr dem „Götzen der Macht und des Erfolges", d. h. er geht mit dem Grafen Bismarck; und demzufolge stimmte bei den letzten Wahlen auch ganz Warruß wie Ein Mann für die Regierung.

Sobald wir in das eigentliche Haff gelangten, wurden Luftzug und Wellen merklich stärker. Der Kleine zog die Ruder ein und spannte dafür das Segel auf, das er fleißig benetzte und mich ein wenig mit. Mit halbem Winde flogen wir schnell hinauf, und hatten nach einer Stunde wohl schon über eine Meile zurückgelegt. Auf dieser Höhe kann man bei hellem Wetter, wie heute, ein gutes Stück Wasser und auf meilenweit die beiderseitigen Ufer übersehen.

Das Kurische Haff, in der Vorzeit Mummel genannt, wird von dem Memelstrom und zahlreichen andern Flüssen gebildet, und ist das größte aller preußischen Binnengewässer, da es über 28 Quadratmeilen umfaßt. Die Kurische Nehrung, eine schmale Landzunge, trennt es von der Ostsee, mit welcher es durch eine schmale Oeffnung, Tief oder Gatt genannt, bei Memel verbunden ist. Die Länge des ganzen Wasserbeckens beträgt von Norden nach Süden 13 Meilen, die Breite im Süden bei Kranz 6 Meilen, beim Ausfluß der Ruß 2 Meilen und an der Mündung bei Memel nur etwa 100 Ruthen. Die Gestalt nähert sich der eines rechtwinkligen Dreiecks. Das Ufer besteht auf der Ostseite, längs der littauischen Niederung, aus flachen Wiesenebenen und Brüchen; auf der Südseite an der samländischen Küste, zwischen Kranz und Labiau, aus sanften Abdachungen mit freiliegenden

Steinen; auf der Westseite aus den bis 180 Fuß ansteigenden Dünenbergen der Nehrung. Die Haff- und Nehrungsbildung kommt nur an der Seeküste der Provinz Preußen vor, und hat auf der ganzen Erde nicht wieder ihres Gleichen. Die Tiefe dieses Strandsees und Süßwasserbeckens ist ungleicher und geringer als im Frischen Haff; bei Memel an 24 Fuß, südwärts davon nur 5—6 Fuß, im Uebrigen durchschnittlich zwischen 8—15 Fuß. Deshalb, besonders aber wegen der minder günstigen Lage, wird das Kurische Haff weniger beschifft als das Frische. Dazu kommen auf der Fahrbahn selbst gefährliche Stellen vor; z. B. bei Schwarzort, drei Meilen südwärts von Memel, wo sie nur aus einer 4—500 Fuß breiten Rinne besteht, die nicht fern von der Nehrung hinzieht, viele Krümmungen hat und in ihrer Tiefe sich häufig verändert. Die Schifffahrt ist um der öfteren Stürme willen, sowie der Untiefen und des kurzen Wellenschlages wegen, namentlich im nördlichen Theil gefährlich. Die gefährlichste Stelle, das Schrecken aller Schiffer, ist aber die **Windenburger Ecke**, westlich von der nördlichen Mündung des Rußstromes. Von dieser ins Haff hineinragenden Landspitze, auf welcher ehedem ein festes, um 1409 erbautes Ordensschloß stand, erstreckt sich eine Steinlage weit ins Haff hinein, und bildet so eine die Schiffe bedrohende Untiefe. Die vom Rußstrom herkommenden Wassermassen verursachen eine starke Strömung nach der Windenburger Ecke und von dieser nach Norden hin; und diese Strömung allein ist es, welche die Fahrbahn bei Schwarzort noch offen erhält. — Das Haff wird, außer von zahlreichen Reise- und Lastkähnen, Flößen und Triften, neuerdings auch von Dampfern befahren, die eine regelmäßige Verbindung zwischen Memel, Tilsit, Labiau und Kranz (Königsberg) unterhalten.

Für den Geologen ist das Kurische Haff und seine Umgebung ein anziehendes Problem. Das neueste Resultat wissenschaftlicher Forschung erklärt das Haffbecken als eine Bildung erst der gegenwärtigen Entwickelungsperiode und hat dafür mancherlei Beweise beigebracht.

Die Steinlage der Windenburger Ecke beweist, daß das Land ursprünglich sich viel weiter erstreckt hat, allmälich aber weggespült ist und die Steine zurückgelassen hat. Der Platz, auf welchem zur Ordenszeit das Windenburger Schloß gestanden, liegt weit im Haff; die Stelle der im Jahre 1705 abgebrochenen Windenburger Kirche ist seither ebenfalls im Wasser versunken. Ehemals existirte weder Haff noch Nehrung, sondern an Stelle beider zog ein aus Littauen kommender und mit erratischen Blöcken beladener Höhenzug von der Windenburger Ecke etwa 4 Meilen weit in die See hinein bis nach Rossiten auf der heutigen Nehrung, was theils aus der gleichen Richtung der beiden Landecken, theils aus der gleichen Anordnung ihrer diluvialen Erdschichten — Lehm, Lehmmergel, graublauer Schluff — zu entnehmen ist. Damals hatte nach J. Schumann's Behauptung, wie schon erwähnt, die Memel ihren Hauptabfluß in Nemonien, wohl 6 Meilen südwärts von der Mündung des heutigen Rußstroms. Die an der ostpreußischen Küste nordwärts ziehende Strömung der Ostsee führte den aus den tertiären Schichten Samlands ausgespülten Bernstein fort, um ihn an dem damals weiter vortretenden Strande zwischen Windenburg und Memel abzusetzen. So entstanden die reichen Bernsteinlager in dem nördlichen Theil des heutigen Haffs und die weniger ergiebigen Schichten an der heute gegenüber liegenden Küste bei Prökuls. Später durchbrachen jene Ostseeströmung und die sich in ihrem Laufe immer mehr nordwärts wendende Memel die diluviale Halbinsel; es bildete sich eine Brücke zwischen dem samländischen Kranz und dem zur Zeit insularen Rossiten und setzte sich von hier bis nach dem heutigen Sandkruge bei Memel fort. So entstand die Nehrung und zwischen ihr und der alten littauischen Seeküste ein Binnenwasser, das Haff.

Noch gegenwärtig wirken die Strömung der Memel und die vom Westwinde gepeitschten Haffwellen unterminirend und zerstörend auf die steil abfallenden Erdschichten der Windenburger Ecke. Es ist fraglich, ob die auf der äußersten Spitze angelegte Steinpflasterbossirung im Stande sein wird, den weitern Ruin der schmalen Landzunge, auf welcher ein Leuchtthurm mit fixem Licht steht, aufzuhalten. Die Neigung des Hauptabflusses der Memel, nordwärts zu rücken, dauert noch heute fort.

Ist die Art und Weise, wie sich Haff und Nehrung gebildet haben, ein anziehendes Problem, so drängt sich noch ein anderes, nicht minder interessantes in der Frage auf, welches ihre nächste Zukunft sein wird. Einige vermuthen die allmälige Verlandung des ganzen Haffs, wie sie zusehends an der littauischen Niederung vorschreitet. Andere, und namentlich wieder J. Schumann, prophezeien einen vollständigen Untergang der Nehrung, an der die See- wie die Haffwellen unaufhörlich nagen. Sie prophezeien den einstigen Durchbruch der immer schmäler werdenden Landzunge; die auf ihr gelegenen, theils durch ältere Wälder, theils durch Plantagen, theils durch diluvialen Boden besser versicherten Ortschaften, wie Schwarzort, Nidden, Rossitten und Sarkau, würden sich dann von einander lostrennen und eine Zeit lang vereinzelte Inseln bilden, bis auch sie von der Fluth begraben würden. Eine traurige Aussicht für die uneingedeichte Niederung, die, wenn die See das Haff verschlingen sollte, damit in große Gefahr kommen, vielleicht ganz überfluthet und weggerissen werden würde. An einigen Stellen, wie bei Sarkau, kann ein Durchbruch der Nehrung schon jetzt jeden Tag geschehen!

Wir hatten nun fast die Höhe der Windenburger Ecke gewonnen; der kleine Nachen tanzte auf den Wogen, die ihn abwechselnd in die Höhe hoben und ihn dann wieder in die Tiefe sinken ließen. Nur ein paar Zoll Bord ragten noch über das Wasser empor, das uns weiß umschäumte und in Flocken hereinspritzte. Ich begann unruhig zu werden und drang auf Umkehr. Aber der Kleine versicherte, daß es nicht die geringste Gefahr habe; erst jetzt, meinte er, mache die Fahrt Vergnügen, und er hatte nicht übel Lust, nach der Nehrung hinüberzuschiffen, was er in diesem Seelenverkäufer schon öfters versucht haben wollte. Nur widerwillig gab er endlich nach und wandte das Boot zur Rückfahrt.

Uebrigens war seinen Einfällen, wie ich hinterher erfuhr, denn doch nicht ganz zu trauen. Bei einem ehelichen Zwiste hatte er seiner Frau gedroht, in's Haff zu springen, und da sie spöttisch bezweifelte, daß er dazu Muth genug besitze, stürzte er zum Hause hinaus und lief spornstreichs ans Wasser, in das er sich kopfüber hineinwarf. Aber die Frau war ihm nachgeeilt und zog ihn lachend und scheltend heraus; denn er war schlau genug gewesen, eine seichte Stelle zu wählen.

Wir nahmen den Rückweg durch die Binsen, die das Ufer des Haffs und des Warrußstroms in weiten mannshohen Feldern umkränzen, und theilweise so dicht standen, daß unser Boot kaum hindurchkonnte. Mit diesen Binsen beginnt der Prozeß der Verlandung. Sie werden hier nicht, wie in der Danziger Niederung, als Stuhfutter benutzt, wohl aber, wie schon erwähnt, zum Dachdecken verwandt, oder auch getrocknet und in den Ofen geworfen. Ein andres Produkt der Hafflüfte sind die Haffmücken, die in wolkenartigen Schwärmen die Luft erfüllen, die man auf Schritt und Tritt förmlich einathmet, und sobald man nur den Mund öffnet, zu Dutzenden verschluckt. Eine abscheuliche Plage für Menschen und Vieh.

Kurz vor der Landungsstelle erblickte ich ein Haus, das ich nie vergessen werde. Es stand unmittelbar und mit zwei Seiten am Wasser und schien jeden Augenblick in dieses hineinstürzen zu wollen. Der Grund und Boden, auf dem es stand, war ihm unter den Füßen fortgenommen, von den Wogen weggespült worden. Es stand nur noch mit Einem Bein auf dem festen Lande und schwebte mit dem andern über dem Wasser, wobei es ein einziger Nothpfahl unterstützte. An der einen Seite war eine Thüre angebracht, die wahrscheinlich ehemals auf einen Hof geführt hatte, jetzt aber gerad' auf den Strom ging. Die gleichfalls dem Wasser zugekehrte Rückwand der elenden verräucherten Hütte war theilweise herausgefallen, und so sah man bequem in ein höchst ärmlich meublirtes Gemach, wo eine Frau hantierte und ein Kind in der Wiege lag. Ob das Haus erst durch die Ueberschwemmung so gelitten oder sich schon vorher in diesem Zustande befunden, weiß ich nicht mehr. Jedenfalls war es ein Bild tiefer Armuth und Hülflosigkeit. Als ich aber gegen meinen Führer äußerte,

Armuth scheine mir überhaupt das Loos der hier wohnenden kleinen Leute zu sein, wollte er das durchaus nicht wahr haben.

— Es ist hier ganz gut, sagte er, und ich möchte nicht anderswo leben. Wenn man ein Boot hat und mit der Flinte umzugehen weiß, kann man hier nicht verderben.

Sein Töchterchen kam uns entgegen und ich gab ihr das Geldstück, welches ich ihrem Vater für seine Mühe bestimmt hatte.

— Das Margellchen*) geht schon nach Pokalna in die Schule! sprach er stolz. Meine Eltern verstanden nur Littauisch, ich und meine Frau sprechen schon ganz gut Deutsch, und das Kind wird nun gar lesen und schreiben lernen. Ja, die Welt geht doch mit dem Fortschritt; wenn sich der Herr Jakutis auch jetzt anders besonnen hat.

Von Warruß ist es nur ein „Katzensprung", wie man in Ostpreußen sagt, bis zum Nachbardorf Pokalna. Es liegt gleichfalls an einem Mündungsarm der Ruß, etwa eine Viertel= meile vom Haff entfernt. Zu beiden Seiten der nicht so breiten Pokalna, von welchem der Ort seinen Namen führt, ziehen sich die Häuser desselben in langer Reihe hin. Eine Dorfseite kann mit der andern nur zu Wasser verkehren, weshalb man, ebenso wie am großen Friedrichsgraben, hüben und drüben vor jedem Hause ein Boot sieht. Die Pokalna bildet zugleich einen Hafen für die Fischer= und Lastkähne der Bewohner, welche jedoch mehr Vieh= zucht, Wiesen= und Gemüsebau treiben, und die von außerhalb oft Rinder zur Fettgräsung in Pension nehmen. Nur die linke Dorfseite ist gegen den Austritt des Flusses mit einem Damm versehen, aber hinterwärts den Ueberschwemmungen des Haffs preis= gegeben.

Der Schulmeister zeigte mir denn auch, wie das Wasser ihm bis an die Fenster gekommen, wie es tagelang und fußhoch in seinem Gärtchen gestanden und ihm die ganze Ernte ersäuft habe. Er besaß außer dem Morgen Dienstacker noch ein kleines Grundstück zu eigen und befand sich deshalb in erträglichen Vermögens=

---

*) Provinzialismus für Mädchen.

Verhältnissen; aber unter seinen Kollegen herrschte, wie er mir mittheilte, schon jetzt ein bitterer Nothstand. Der baare Gehalt, welchen die Landschullehrer in Ostpreußen beziehen, beträgt nicht mehr als 30—50 Thlr. jährlich; im Uebrigen sind sie außer der Kalende, die sie von der Kommune erhalten, wesentlich auf den Ertrag ihres Dienstlandes angewiesen. Tritt nun eine Mißernte ein, so gehen sie der Hälfte ihres mageren Einkommens verlustig und wissen, da sie in der Regel mit einer starken Familie gesegnet sind, weder ein noch aus. Die Aufbesserung der Stellen im Regierungsbezirk Gumbinnen ist bisher noch frommer Wunsch geblieben; und deshalb war den dortigen Lehrern eine Theuerungszulage weit bringender nöthig, als den eigentlichen Staatsbeamten.

Ueberhaupt gehörten, um das hier beiläufig zu erwähnen, sowohl die Landschullehrer wie die kleinen Handwerker in Ostpreußen während des Nothstandes zu den verschämten Armen. Da sie ein Gefühl von Standesehre abhält, zu betteln, waren sie viel schlimmer daran als die Arbeiter und Tagelöhner, welche ihr Elend ungenirt zur Schau trugen und daß man sie unterstütze, wo nicht gar völlig ernähre, geradezu als ihr Recht geltend machten. Der Handwerker, welcher ohne Gesellen und Burschen arbeitet, und nicht zugleich etwas Kaufmann und Fabrikant ist, geht mehr und mehr zu Grunde, wird bald gar nicht mehr existiren. Deshalb war der vom Abgeordneten Kosch in der Kammer gestellte Antrag, die Darlehnskassen auch den Handwerkern zu öffnen, ein durchaus begründeter.

Im Rußdelta ist wegen der sumpfigen Luft eine Art von Wechselfieber endemisch, wenigstens müssen solches die Neuangezogenen mehrere Jahre durchmachen, bis sie sich endlich an das Klima gewöhnen; aber viele können es nie ganz ertragen und siechen, wenn sie sich nicht fortmachen, langsam dahin.

Der Damm auf der Südseite von Pokolna führt bis nach Ruß, und ebenso ziehen sich die an ihm stehenden Gehöfte und Kathen von jenem Dorfe bis nach diesem, wohl eine halbe Meile entfernten Marktflecken hin, welcher wieder von fast unabsehbarer Ausdehnung ist, so daß beide Orte eine fortlaufende Häuserreihe bilden, die im Ganzen gegen eine Meile lang ist. Ruß liegt an der Stelle, wo sich der gleichnamige Memelarm in 4 (früher in 13) Wasserläufe, nämlich in die Atmat, Polalna, Warruß und den Skirwith theilt. Von ihnen ist die Atmat die nördlichste und die Hauptmündung der Ruß, über 1000 Fuß breit; und sie allein ist für größere Fahrzeuge schiffbar. Dem Marktflecken Ruß fehlt zur Stadt nur der Name und eine geschlossenere Bauart; er zählt gegen 3000 Einwohner und ist gewissermaßen der Vorhafen von Memel. Von hier gehen Reisekähne, Vordinge und mächtige Holzflöße dorthin. Letztere, aus den Wäldern der Gouvernements Minsk und Volhynien herabkommend, und nur leicht gearbeitet, werden in Ruß auseinandergenommen und solider konstruirt, um den Wellen des Kurischen Haffs widerstehen zu können. Die Memeler Handlungshäuser haben hier ihre Factoreien und Spediteure, welche alljährlich Holzmassen im Werthe von $1\frac{1}{2} - 2$ Millionen Thaler anlaufen und weiter spediren. Ein großer Theil wird in Ruß wie in Memel zu Eisenbahnschwellen verarbeitet, und diese gehen nicht bloß nach den westlichen Ländern Europas, sondern selbst nach den südamerikanischen und ostindischen Häfen.

Doch mögen die Holztriften auch stärker verbunden werden, die Fahrt über das Haff bleibt immer mühevoll, langwierig und gefährlich. Zur Zeit des eigentlichen Transports, im Herbste, ist das Haff häufig durch Stürme aufgeregt, dann wird entweder die Fahrt wochenlang verzögert, oder die Flöße gehen in Trümmern; wobei das Holz, wenn es nicht, wie das schwere kostbare Eichen, untersinkt, weit weg über das östliche Ufer zerstreut wird. Besonders ist es die berüchtigte Windenburger Ecke, die allen Fahrzeugen, welche aus dem Memelstrom ins Haff wollen, ein wahres Kap der guten Hoffnung wird, alljährlich Dutzende scheitern läßt. Die schwach gebauten Wittinnen dürfen die gefährliche Reise schon gar nicht wagen, deshalb konnte auch der Getreidehandel in Memel bisher nicht aufkommen. Schon lange dachte man daran, das Kurische Haff, wie man es im Süden durch die Kanalverbindung zwischen Gilge und Pregel umgangen hat, auf ähnliche Weise auch in seinem nördlichen Theile zu umgehen, nämlich die Windenburger Ecke zu durchstechen und längs der Ostküste einen Kanal bis Memel hin zu ziehen. Und dieses Project ist nun endlich zur Ausführung gekommen; seit 1863 ist der **Minge=Drawöhne=Schmeltell=Kanal**, wie er nach den drei Küstenflüßchen heißt, die er mit einander verbinden wird, in Angriff genommen und geht seiner Vollendung entgegen.

Die Rußer fürchten von diesem Kanal eine Verminderung ihres Handels und Wohlstandes; aber gewiß ohne Grund. Nur die Art des Geschäfts wird eine andere werden, insofern als künftig die hiesigen Spediteure für eigene Rechnung Getreide, Holz und Rohprodukte aus Rußland ankaufen und in Memel verkaufen werden. So wird sich auch die Anzahl der Dampfschneidemühlen hier vermehren und diese den Etablissements in Memel eine größere Konkurrenz machen. Die Anlage von Fabriken mit Dampfmaschinen ist in Ruß um so leichter, als sich in der Umgegend Torfbrüche befinden, die zusammen über eine Quadratmeile umfassen und bisher noch wenig ausgebeutet worden sind. Andererseits wird aber auch neben der projektirten Schienenstraße von Tilsit nach Memel erst der Minge=Kanal dem Memeler Hafen seine volle Bedeutung geben.

Den Beschluß der großen littauischen Niederung macht im Norden gegen den Kreis Memel hin ein Landstrich, der einen grellen Gegensatz zu dem sonst so gesegneten Memeldelta bildet. Alte Dünenketten durchziehen ihn in weiten Bogen und umzirken wüstenartige Flächen, schon von ferne an ihrer weißen Farbe kenntlich. Es sind „todte Sande", weil sie weder Thon noch Humus führen, also auch keine Kulturpflanzen treiben können; die ganze Vegetation besteht aus Haidekraut, Bocksbart und spärlichen Kiefern. Die Landstraße nach Memel führt von Heydekrug bis Prökuls durch Kiefernwälder und Sandhügel, zwischen denen armselige Feldmarken und Torfbrüche eingestreut liegen. Entsprechend dem unfruchtbaren Boden dieser Gegend, die man mit der Lüneburger Haide vergleichen kann, ist die Bevölkerung eine sehr arme. Neben den Bauern findet sich eine bedeutende Anzahl von Häuslern und kleinen Parzellenbesitzern, die sich während der letzten dreißig Jahre auf früher fiskalischem Torf= und Haideboden angesiedelt haben.

Wenn selbst die Wohnstätten der Großbauern meist nur aus rohen Lehmwänden bestehen, so sind die Behausungen dieser Ansiedler oft noch im primitivsten Stil aus Torfstücken aufgebaut, die ziegelartig zu einer Wand übereinandergeschichtet, im Laufe des Winters allmälig entfernt und zur Feuerung benutzt, im Sommer aber wieder ergänzt werden. Wie schon gesagt, sind die Bewohner der Haide an Armuth und Entbehrung gewöhnt, aber sie bauten doch sonst Kartoffeln, mit denen sie den langen Winter hindurch ihr Leben fristen. Im letzten Jahr hatten sie jedoch keine Kartoffelernte, und so mußten sie ohne Gnade — hungern oder betteln.

VI.
Littauisches Leben und Wesen.

Von dem littauischen Hochland und der littauischen Schweiz, dem heiligen Rombinus und den schönen Laumen. — Wie die Ragainerinnen ihr Haar flechten, und wie die littauischen Mädchen sich kleiden; auch daß sie fein sticken und weben, tanzen und singen können. — Conterfei des littauischen Bauern und was sonst von ihm zu melden ist; insbesondere wie er sich sein Haus selber bauet, und daß er Vieles kann, was andre Leute nicht können. — Von der Klete und wozu sie dient; von der „Kranzabnahme" und den „Thränen der Braut". — Was der hochehrwürdige aber schon lange gestorbene Herr Theodorus Lepner von den Littauern erzählt und wie er ihnen eigentlich gar nicht grün ist, sie aber doch in manchen Stücken auszeichnet und belobt. — Die Littauer freien und leben nach der Patriarchen Weise, sind gegen den Mäßigkeitsverein und für den Kornus und Allaus. — Von der Littauer Gastfreundschaft und Frömmigkeit, und was sie von ihren Geistlichen verlangen. — Ganz zuletzt: katholische Kapläne, Teufelsbannereien und die Maldeningker.

Gleich der Niederung bildet auch der südliche Theil von Littauen, das sogenannte Hochland, eine durchaus flache Ebene. Es verdient diese Benennung nur im Gegensatz zu der etwas tiefer gelegenen Niederung; nicht seiner Erhebung wegen, die an und für sich eine sehr geringe ist. Gehört doch die ganze Provinz Preußen zu dem neuen Lande, das von der Ostsee aus gegen die Karpathen zu nach und nach angespült worden ist. Nur einige unbedeutende Höhenzüge durchstreichen sie in verschiedenen Richtungen, und von ihnen findet sich in Littauen nur Einer, am Ufer der Memel, eine Meile oberhalb Tilsit.

Wer diesen Strom im russischen Littauen gesehen, besonders seine steilen schönbelaubten Waldufer zwischen Kowno und Georgenburg, erkennt ihn bei seinem Eintritt ins Preußische kaum wieder; er strömt nunmehr in fast geradem Laufe durch weite Ebenen und weist nur gleichförmige niedrige Ufer. Nur noch einmal treten diese näher zusammen und erheben sich wieder, das linke bei Ober-

Eisseln bis gegen Tilsit, das rechte bei Schreitlaugken bis zum Rombinus hin, wo sie auf beiden Seiten sich bald zur Niederung verflachen. Diese Uferlandschaft ist die malerischste Gegend Littauens und erfreut sich deshalb einer großen Berühmtheit; von weit und breit wallfahren die Eingebornen nach der littauischen Schweiz und der Fremdling wird zuerst auf diesen Punkt aufmerksam gemacht, der nach der Meinung der Littauer in Bezug auf romantischen Reiz nicht seines Gleichen hat.

Der am andern Ufer schrägeüber sich erhebende Rombinus hat nur eine Höhe von 150 Fuß, gilt aber trotzdem, weil er eben in diesem Flachlande der höchste Punkt ist, den Littauern für einen hohen und heiligen Berg, an welchen sich ihre älteste Geschichte, zahlreiche Sagen und mancherlei Gebräuche und Vorbedeutungen knüpfen.

Er ist zunächst ein Wetterprophet. Vermöge der thon- und kalkartigen, jede Feuchtigkeit leicht anziehenden Bestandtheile wechselt der Berg an den nackten Außenwänden oft seine Farbe. Das helle Blaßgelb bei trockener Luft geht bei trübem Wetter, wo er sich wie in einen schwachen Nebel hüllt, in ein duftiges Dunkel= roth über, welche Veränderung ziemlich sicher auf Regen deutet. Auch auf den Gang der Gewitter scheint er, gleich einer Wetter= scheibe, seine Wirkung zu äußern: die meisten längs der Memel von Westen heraufziehenden Wetter weilen in dieser Gegend, oder vertheilen sich von hier aus. Vom Strom nur durch einen schma= len Rand getrennt, steigt der Rombin nackt und jäh auf, und ge= währt auf seinem Gipfel eine weite und anmuthige Umschau. Man erblickt in der Tiefe den rauschenden Strom, welcher das ausgedehnte grünende Wiesenthal in kühnen Bogen umschließt. Rechts liegt Tilsit mit dem Schloßberge und seinen Thürmen, links die prächtigen Gärten von Ragnit, Tusseinen und Ober=Eisseln. Und wendet man sich, so sieht man weit in die Niederung hinein, bis sie in blauer Ferne mit dem Horizont verschmilzt.

Hierher verlegten die alten Littauer den Sitz ihrer Götter. Einst umschloß undurchdringlicher Laubwald den heiligen Berg, versteinernde Quellen rannen von ihm nieder, und ein mächtiger

Granitblock schmückte seine Kuppe. Noch sind hier oben die doppelten Wälle kenntlich, welche ein geschlossenes Viereck bildeten, noch jetzt Pillis, Pillatis, d. i. Schloß genannt. Noch erkennt man die Opferstelle nach Süden zu; auf der östlichen Seite sollen die Priesterwohnungen und Tempelgebäude gestanden haben.

Hier wurde Potrimpos, der Schlachtengott, verehrt; hier ertheilten seine Priester die Orakelsprüche. Bis aus Smolensk und Moskau kamen Fürsten und Könige mit Weihgeschenken, die sie auf den Opferstein legten. Auch Kranke berührten den Stein und kehrten genesen nach Hause. Alljährlich vereinte der Berg ganz Littauen in einem religiösen Feste, das unter Gesängen und Tänzen dem obersten Gotte zu Ehren begangen wurde. Auch der Oberpriester residirte hier, und er war zugleich der oberste Richter im Lande. Wie das auf den Stein gedrückte Schwert anzeigte, wurde hier oben Gericht über Leben und Tod gehalten. Neben Potrimpos wurde auf dem Berg auch Laima, die Schicksalsgöttin und Helferin bei der Geburt, verehrt. Ihre Priesterinnen hießen Laumen, und ihren Altären durften sich die Frauen nur in reinlichen Kleidern und festlich geschmückt nahen. Brautleute pilgerten hinauf und flehten um eine glückliche Ehe; Wöchnerinnen dankten für ihre Genesung und baten um Segen für die Neugebornen.

Ringsumher waren zum Schutz des Heiligthums zahlreiche Burgen errichtet, auf der Seite des Berges selbst die Ramige und drüben am entgegengesetzten Ufer die Ragaina, von der die heutige Stadt Ragnit den Namen führt. Die Hügel, auf denen die Schutzburgen gestanden, heißen Schloßberge, und sind noch heute an der abgestumpften Kegelform und sattelartig eingebogenen Kuppe kenntlich. Oft findet man auf ihnen noch die Spuren von Wall und Graben, und der Spaten fördert altes Waffengeräth zu Tage. Doch die Bauern mögen ihre Aecker und Weiden nicht umwühlen lassen, sie sehen in den Alterthumsforschern nur Schatzgräber, und haben schon manchen Antiquarius mit derben Schlägen für seinen Forschungseifer gezüchtigt. Als das Ordensheer in das Littauerland einbrach und die Schutzburgen in Trümmer sanken, flohen die Priester des Potrimpos mit Zurücklassung ihrer reichen Schätze. Noch vor 50 Jahren grub man aus dem Rombin eine Menge goldener Ketten, Gürtel und Armringe, große silberne Becken und Schalen — wahrscheinlich Priesterschmuck und Opfergeräth. Noch erzählt man von dem „Rombinus-Zinn", das damals nach Tilsit verkauft wurde, säckeweis und den Sack zu 6 Sgr.; es war aber lauteres Silber und der schlaue Käufer wurde ein steinreicher Mann. Doch die meisten und kostbarsten Schätze ruhen noch in der Tiefe des Berges.

Die Priester des Potrimpos waren geflohen, aber die Laumen blieben, und das Volk hielt, auch nachdem es mit Feuer und Schwert zum neuen Glauben gezwungen, in heimlicher Treue zu ihnen. Zwar bei Tage durften sich die Laumen nicht mehr blicken lassen, aber nach Sonnenuntergang kamen sie aus dem Berge herauf, plätscherten im Wasser und klopften ihre Wäsche. Gar oft hörte man sie dabei hell lachen und lieblich singen. Den Guten und Frommen zeigten sie sich gütig und freundlich, beschenkten die Armen, trieben harmlosen Spaß mit den Einfältigen, entwandten ihnen etwas oder leiteten sie irre; nahmen schlechten Eltern die Kinder weg, die sie mit Zwergen und Wechselbälgen vertauschten. Noch zu Anfang dieses Jahrhunderts fuhr keine Hochzeit vorüber, ohne am Opferstein zu beten. Die Braut legte ihre zartgewebte Leinwand, schön gestickte Strumpfbänder und andere Gaben auf den Stein nieder. Noch immer wurden die Laumen befragt, und sie antworteten mit sinnigen Worten oder in verständlichen Zeichen.

Der Opferstein war ein länglich runder Block, mit schräg geebneter Oberfläche; er hatte 15 Ellen im Umfang, maß an der niedrigen Seite 5 Fuß, an der höheren 9 Fuß, und stat dabei noch tief in der Erde. Er lag mit dem niedrigen Ende nach Süden, so daß die Sonne ihn immer treffen mußte; daher glänzte die polirte Oberfläche beim Aufgang und Niedergang des Tagesgestirns durch den Reflex der schräg auf den Stein fallenden Strahlen wie ein goldener Wunderschein. Die Masse war harter roth-schwarzer Granit mit Hornblende, und soll dieselbe Steinart gewesen sein, aus welcher die kolossale Schale vor dem Berliner

Museum besteht. Ein Schwert in fast diagonaler Richtung war auf ihm eingegraben, weiter abwärts ein Tempel und eine Menge von Klauen der verschiedenen Opferthiere.

Erst als man vor sechszig Jahren den heiligen Stein zu sprengen beschloß, zogen auch die Laumen von bannen. Vergeblich hatten sie vor dem Frevel gewarnt und schwere Ahndung verheißen: sie wurden nicht gehört. In bangen Klageliedern nahmen sie vom Berge Abschied und standen festlich gekleidet und mit Kronen auf dem Haupte an den aufgehäuften Schätzen. Sie riefen einen Nachen herbei, stiegen hinein und als sie am jenseitigen Ufer landeten, prophezeieten sie dem alten Fährmann: Der heilige Berg werde mit seinem Gipfel in die Fluthen stürzen und Alle, die an den Stein Hand legen, ein rächendes Gericht treffen.

Und es geschah also. Schon beim Sprengen des Steins wurden die Arbeiter an Augen und Händen arg beschädigt und Alle, die sich mit ihm zu schaffen machten, verkrüppelten; die Anstifter fanden den Tod. So der Müller Schwarz aus dem benachbarten Dorfe Barben, der sich aus dem Hauptstücke einen Mühlstein fertigte und ihn in seine Mühle setzte. Er verarmte und ward eines Tages gefunden in's Kammrad geflochten und gräßlich verstümmelt. Erst seitdem hörten die Strafen auf; und nun wurden auch die übrigen Stücke theils zu Fundamenten benutzt, theils als Hauspalladium — gleich den Perkunosteulen, die gegen Gewitter schützen und Wunden heilen — von Jedem, der ihrer habhaft werden konnte, genommen und sorgsam bewahrt.

Der Platz, wo der Opferstein gelegen, ist nur noch zur kleinern Hälfte vorhanden, die größere liegt bereits in der Tiefe, und bald wird auch jene nachfolgen. Dann aber werden auch die übrigen Schätze zum Vorschein kommen: die Wiege, die Hacke, die Egge, die Pflugschaar und das Tischgeräth, Alles von Silber und Gold. Jetzt hausen auf dem Rombin die Apmainés, die den nächtlichen Wanderer necken und irre führen. Darum singen auch die Bursche, wenn sie in dunkler Nacht zum Liebchen schleichen, ein Lied, das in der Uebersetzung des Herrn Oberlehrer Gisevius in Tilsit also lautet:

Finſt're Nacht deckt Wald und Fluren,
Ich find' nicht des Weges Spuren;
Und der Mond ſcheint bleich,
Geiſter huſchen durch's Geſträuch.
Wo find ich den Weg,
Ach, zur Braut den grünen Steg!

Noch immer iſt der Rombinus ein heiliger Berg, den Alt und Jung nur mit Ehrfurcht betritt, und den man Nachts ängſtlich vermeidet. Auch die Laima lebt noch im Herzen der Littauer. Zwar ſpreitet ſie dem Kinde bei der Geburt nicht mehr das Laken unter; zwar läßt ſie, wenn den Anwohnern ein unerwartetes Schickſal bevorſteht, nicht mehr auf dem Rombin ihre Stimme hören:

„Die Laima rief, die Laima ſchrie,
Lief mit bloßem Fuß über den Berg;" —
aber ſie wird noch immer als die Schickſalsbringerin und die Göttin des Glücks genannt. Bei überraſchenden Ereigniſſen ſprechen die Littauer, welche alle ſtrenge Fataliſten ſind, noch heute: Taip Laima leme, So hat es die Laima gefügt! oder bei gewiſſen Unternehmungen: Su Laima laimesu, Mit der Laima werd' ich glücklich ſein! Auch ihre Linde beim Dorfe Barbehnen, am Fuße des Rombin, ein über 600 Jahre alter Baum, deſſen Wurzel drei Stämme trägt, ſteht noch heute in großem Anſehen. Ehemals waren alle Linden der Laima geheiligt und ihr Feſt wurde im Juli gefeiert, wenn die Linden blühten.

Und ſind die Laumen auch fortgezogen, überall finden ſich noch Spuren ihres Waltens und ihres Einfluſſes. Die Mädchen dieſer Gegend gleichen in Geſtalt und Geſichtsbildung den holden Prieſterinnen. Man findet unter ihnen Köpfe mit wahrhaft antiken Profilen, mit der von den Malern ſo geprieſenen Wellenlinie, und einen durchweg freien Wuchs mit edler Haltung. Sie haben von den Laumen die Kleidung und die Haartracht angenommen, und die Laumen haben ſie ſticken und weben, ſingen und tanzen und noch manches Andere gelehrt.

Besonders ausgezeichnet sind durch malerische Tracht und die Kunst, ihr Haar zu flechten, die Ragainerinnen (in der Umgegend von Ragnit). Sie flechten zwei breite 10—18 strahlige Zöpfe, welche in Form eines Ringes fest um den Kopf gelegt werden, nach jeder Seite einen Buckel bilden, und das übrige glattanliegende gescheitelte Haar gewissermaßen einrahmen. Die Arbeit erfordert nicht wenig Zeit und Mühe und sogar fremde Hülfe; weshalb die Mädchen auch nur alle acht Tage das Haar von Neuem flechten, und die Freundinnen in der Frühe des Sonntags zu diesem wechselseitigen Dienst und Auspuh einander besuchen. Doch wissen sie die Flechten die ganze Woche hindurch in der besten Ordnung zu erhalten, indem sie bei der Arbeit ein Tuch oder eine Binde um die Stirne schlagen. Die Kunst, das Haar in dieser zwar fremdartigen aber anziehenden Weise zu flechten, ist fast ein Geheimniß der Ragainerinnen, selbst für die andern Littauerinnen, die sich oft vergebens mühen, jene Zöpfe nachzuflechten.* Die Tilzenerinnen (in der Umgegend von Tilsit) tragen das Haar ungescheitelt, ihre Zöpfe sind nicht so zierlich, dafür aber mit bunten seidenen Bändern geschmückt, die lang und breit über den Nacken herabflattern. Verheirathete Frauen und gefallene Mädchen dürfen das Haar nicht flechten und müssen es mit einem Tuche bedecken.

Die Kleidung der Frauen wechselt ebenso wie die littauische Mundart fast mit jedem Kirchspiel. Nur ein Kleidungsstück findet sich überall, wo noch die Nationaltracht in Gebrauch ist — die Marginne; wahrscheinlich von merga, die Jungfrau, abzuleiten, indem es vorzugsweise von Mädchen getragen wird; oder auch von margas, bunt, weil es rothgestreift oder buntgewürfelt zu sein pflegt. Ursprünglich war es eine Art Shawl, etwa vier Ellen lang und mindestens eine Elle breit, der von der linken Schulter bis zu den Füßen herabhing, den rechten Arm unbedeckt ließ und an den Hüften von einem Gürtel zusammengehalten wurde. Jetzt ist diese luftige Bekleidung selten geworden und durch ein Röckchen von koketter Kürze verdrängt, das nur von der Hüfte bis zum Schenkel reicht. Es heißt gleichfalls Marginne, zeigt dasselbe

Muſter und dieſelbe Farbenmiſchung und beſteht gewöhnlich aus Wolle, nur ausnahmsweiſe aus Seide. Von der kurzen bunten Marginne hebt ſich ſchön das blendend weiße Hemde von feinem Linnen ab, das bis zum Halſe hinaufgeht und an der Achſel und dem Handgelenk mit Arabesken in ſchwarzer Farbe ausgenäht iſt; ſowie die feuer= oder blutrothen oder auch blauen Zwickelſtrümpfe, welche in Schuhen mit hohen Abſätzen ſtecken. Auch das Mieder iſt von heller, gewöhnlich rother oder grüner Farbe; und über die Marginne werden noch ein halb Dutzend leichter Schürzen gebunden, von denen die oberſte reich geſtickt iſt. Faſt an jedem Finger glitzern ein paar Ringe von Silber, Zinn oder Meſſing, auch wohl mit böhmiſchen Steinen eingefaßt; von dem Kopfe weht, aber ohne das Geſicht zu verdecken, ein Schleiertuch, wieder von weißem feinem Linnen und mit ſelbſtgewebten Spitzen beſetzt. An ihm, Slepeta genannt, läßt ſich ebenſo wie an der Haartour erkennen, ob die Perſon noch eine Jungfrau iſt oder nicht. Im erſteren Fall hängt nämlich der mittelſte Zipfel über den Haarknoten herab; bei Verheiratheten iſt er eingebunden. Zur Winterszeit tragen die Littauerinnen einen bis an die Knie gehenden Pelz, den ſie Pamusztinnis nennen. Er iſt dunkelblau, mit Goldtreſſen und gelben und grünen Schnüren beſetzt, gewöhnlich mit Lämmerfell gefüttert und mit Fiſchotterfell ausgeſchlagen. Von einem bunt ge= arbeiteten breiten Gürtel, an deſſen langen Enden ſtarke Quaſten hängen, zuſammengehalten, umſchließt er in großen Falten den Leib, während von den Schultern ein mit ſinnigen Stickmuſtern ſauber gewebter Linnenshawl herabfällt. Im Ganzen iſt die Tracht zu überladen, auch zu bunt= und grellfarbig, beſonders dieſſeits der Memel, als daß ſie für geſchmackvoll gelten könnte; doch macht ſie einen frap= panten und bleibenden, weil durchaus fremdartigen und vielfach an den Orient erinnernden Eindruck.

In dieſer ihrer Nationaltracht begrüßte Friedrich Wilhelm IV., als er, damals noch Kronprinz, nach Littauen gekommen war, eine Anzahl junger hübſcher Mädchen in Tilſit. Vorher hatten ſich ihm Tilſener Stadtdamen in littauiſchem Koſtüm vorgeſtellt, aber er verlangte echte Littauerinnen zu ſehen, und ſo erſchienen vor ihm schmucke Ragainerinnen, an denen er ein großes Behagen äußerte. Sie beschenkten auch seine Gemahlin mit einem kunstreichen Werk ihrer Hände: mit einer Schürze und einem Shawl, beides von ungebleichtem Linnen mit weißer Stickerei und gelben Borten. Auf das Paßband der Schürze waren die Worte gestickt: „Aus Liebe und Verehrung von treuen Littauerinnen dir geschenkt".

Die Laumen haben die Littauerinnen stricken und nähen, weben und sticken gelehrt, darum besitzen sie in diesen Dingen eine so hohe Kunstfertigkeit. In den niedrigsten Hütten findet man die Mädchen am Stickrahmen sitzen, und die ausgespannte Leinewand, auf welcher sie mit zugespitzter Kohle, oft ohne jedes Vorbild und ganz nach eigener Erfindung, die gefälligsten Zeichnungen entwerfen, mit aller Sauberkeit ausnähen. Sie weben die feinste Leinewand, klöppeln die feinsten Spitzen, mit welchen sie ihre Hemden und Röcke, Hand- und Taschentücher umsäumen; und stricken in ihren Leibfarben: Roth, Blau, Grün gar bunte und artige warme Handschuhe. Sie verfertigen schöne seidene Gürtel, Strumpf- und Hosenbänder, mit Blumen und Buchstaben von Gold und Silber durchwirkt, welche sie ihren Liebhabern und Beichtvätern, auch durchreisenden Fremden, verehren; auch wohl auf Bestellung arbeiten. Höchst überraschend ist es, in diesen Bändern oft französische oder englische Devisen eingestickt oder eingewirkt zu finden, deren Bedeutung die Bauermädchen natürlich nicht kennen, die aber in ihrer Familie schon seit Jahrhunderten nachgebildet werden. Die littauischen Mädchen, welche sich noch in ihre Nationaltracht kleiden, fertigen alle Stücke ihres Anzuges selbst und allein, indem sie die Stoffe nicht nur weben, sondern auch verarbeiten. Darum kommt ihnen die Kleidung jedoch nicht billiger zu stehen, als wenn sie selbige kaufen würden; im Gegentheil theurer. So kostet ihnen das Material blos zu einer Marginne bis 20 Thlr.; die Weste noch gar nicht mitgerechnet. Dafür sind diese selbstgearbeiteten Kleider aber auch dauerhafter und würdiger, und man legt einen eigenen Werth darauf, daß sie eben nicht gekauft sind. Die besten und kostbarsten Sachen, der volle Putz wird selbstverständlich nur an Sonn- und Festtagen getragen.

Allein, wie die Sprache, ist auch die Nationaltracht der Frauen sichtlich im Schwinden begriffen. In den Kreisen Insterburg, Gumbinnen, Darkehmen und Stallupönen ist sie fast verschwunden; aber auch in der Niederung, im Tilsitschen, Ragnitschen und selbst Memelschen, wo die Nationallittauer noch am dichtesten sitzen und gegen die Deutschen das Uebergewicht haben, macht sich immer mehr der deutsche Einfluß geltend; und viele Littauerinnen finden es schon bequemer und billiger, sich nach ihren deutschen Nachbarinnen zu tragen und wie diese die Stoffe zu ihren Kleidern in der Stadt zu kaufen.

Ist die Nationaltracht erst im Schwinden begriffen, so sind die Nationaltänze fast ganz verschwunden. Man tanzt, wie die Deutschen, Walzer und Galopp, Zweitritt und Schottisch; man bewegt sich wie die Deutschen, mit bäuerischer Schwerfälligkeit. Die Bursche juchzen nicht einmal, nur die Dirnen bringen etwas Abwechselung in diese Einförmigkeit, indem sie mit den hohen Absätzen ihrer Schuhe und Pantoffeln die Musik im Klipp-Klapp-Takt kastagnettenartig begleiten. Zuweilen wird bei einem Jaunimmis oder Tanzvergnügen noch der Keppurinnis oder Huttanz aufgeführt; dann erst kommt Seele und Leben in die wandelnden Statuen, dann entfalten die Tänzerinnen ihre natürliche Anmuth und Würde. Der Heppurinnis ist eine Art Contretanz, und er wird nur von Mädchen dargestellt. Vier Paare, die eine Hälfte mit Hüten versehen, führen unter gefälligen Pas die verschiedensten Touren auf, wobei sie bald die Hände in die Seite gestemmt, bald mit abgezogenem Hut einander grüßend, sich gegen- und durcheinander bewegen, sich fliehen und haschen. Der Tanz bewegt sich im $^3/_4$ Takt und gewährt ein naivartiges Bild.

Wenn es an Musik gebricht, sind die Tänzerinnen um eine Aushülfe nicht verlegen; sie singen dann zum Tanze. Alle Littauer sind als Natursänger wie Naturdichter bekannt. Die littauische Jugend übertrifft die deutsche in geschwinder Erlernung der schwersten Melodien, seien es weltliche oder geistliche, und man kann ihren wohlklingenden, taktfesten Gesang nicht ohne Bewegung hören. Wenn die Mädchen ihre theils erlernten, theils aus dem Stegreif gedichteten Liebeslieder und Liebesklagen singen, tönt ihre Stimme in einem weichen wollüstigen Schmelz, und derselbe Ausdruck lagert sich dann um Mund und Augen, so daß der Fremde, wenn er auch nicht die Worte versteht, doch den Sinn erräth. Indeß singen sie nicht nur Liebeslieder, sondern bei Festlichkeiten und Gelagen, an denen sie übrigens wacker theilnehmen, auch Trink- und Commerslieder. Es macht einen wundersamen Eindruck, bei einer Hochzeits- oder andern Feier die jungen Mädchen ein Trinklied anstimmen zu hören, wie es sonst von Studenten und lustigen Zechbrüdern gesungen wird. Z. B.*)

1. Nimm das Gläschen in die Rechte.
2. Trink es Liebster bis zur Hälfte.
3. Du mußt's leeren bis zum Boden.
4. Stülp' es um ohn' Einen Tropfen.
5. Wieviel Tropfen, soviel Gläser.
6. Gieb's zurück, wo's angefangen.

Bei der langen Schluß-Fermate auf der Dominante wird regelmäßig und nach dem Takt getrunken. Die Nagelprobe, das pro poena- und Zutrinken wird nicht anders gehandhabt wie bei einem burschikosen Commerce. Nach der letzten Strophe ertönt das Sweiks, Sei gesund! oder Gerksweiks, Trinket gesund! oder Ant Sweikatos, Auf Gesundheit! — das entweder Allen gilt, oder auch wie das Smollis an Einzelne gerichtet wird, deren Namen man nennt. Männer wie Weiber trinken Allaus, das littauische Bier, oder süßen Kirschbranntwein, sie reichen beim Zutrinken einander die Hand, oder küssen und umarmen sich.

Noch verwunderlicher ist's, daß auch diese lustigen Zechlieder sich in weicher Tonart bewegen, sich wie Trauergesänge oder feierliche Choräle anlassen. Da singen sie z. B., um das Allaus-Trinken einzuleiten: Gerkit, gerkit ir dainokit! — einen Chorus, dessen Inhalt an das bekannte Trinklied in Lucrezia Borgia erinnert, indem der Text in der Uebersetzung von Gisevius also lautet:

---

*) Uebersetzung von Gisevius.

Laßt uns trinken, laßt uns singen,
Froh sein, küssen, scherzen!
Wohlgebraut ist der Alluas,
Gäste hat' ich mir in's Haus,
Nehm sie auf von Herzen.

Aber diese Aufforderung zum Trinken und Frohsinn tönt düster und schwermüthig wie ein Grabgesang. Das Moderato herrscht bei allen Gesängen wie im geselligen Benehmen der Littauer vor; angeborenes Phlegma und ein resignirter Sinn lassen es, selbst wenn sie sich im trunkenen Zustande befinden, nicht leicht zu tumultuarischen Scenen kommen. Der Grundzug im Wesen der Frauen ist Ernst und Stille; die in Lebensfülle und Lebenslust prangenden jungen Mädchen erscheinen in Freude und in Schmerz von einer sanften Melancholie umflossen, die ihnen noch einen Reiz mehr verleiht.

Noch in einer andern Kunst sind die Littauerinnen geschickt; sie reiten vortrefflich, und was wohl nicht erst gesagt zu werden braucht, ganz nach Männerart. „Der Littauer wird, wie das Sprüchwort lautet, mit dem Zaume in der Hand geboren." Schon kleine Knaben von 4—6 Jahren sieht man ohne Sattel und Zaum, indem sie sich nur an der Mähne festhalten und so zugleich das Thier lenken, ihre Rosse tummeln. Der Littauer geht und fährt weniger, als er reitet; er schont die Pferde nicht so sehr wie der deutsche Bauer; selbst die kleinsten Wegstrecken legt er gern zu Pferde zurück; er reitet aufs Feld und in die Kirche, wie auf Besuch und nach der Stadt. Auch die Frauen reiten, so oft sich dazu eine Veranlassung bietet, besonders jenseits der Memel. Am Markttage sieht man junge und alte Weiber in Schaaren zu Pferde nach der Stadt ziehen, ihre Produkte, welche sie dort verkaufen wollen, hinten aufgeladen; und ebenso bepackt, nämlich mit allerhand Waaren versehen, traben sie nach Hause. Als Friedrich Wilhelm IV. nach Memel kam, holten ihn 24 erlesene junge Mädchen in littauischer Nationaltracht zu Pferde ein und führten ihn, den ganzen Weg entlang ihre Dainos singend, in die jubelnde Stadt. Gewiß die originellste und reizendste Garbe, die sich je einem Fürsten dargeboten hat.

Ueber so viel Künste und Fertigkeiten vernachläſſigen die Littauerinnen jedoch keineswegs ihre eigentlichen Berufspflichten. Sie arbeiten mehr und ebenſo ſchwer als die Männer, ſie beſchränken ſich nicht auf die Arbeiten im Hauſe und der innern Wirthſchaft, ſondern helfen auch auf dem Felde und auf der Scheune, beim Rudern und Fiſchen; ſie pflügen und dreſchen, fahren ein und ſpalten Holz. Man findet ſie nie ganz müßig; ſelbſt wenn ſie bei der Feldarbeit Mittagsruhe halten, nehmen ſie ein Strickzeug oder ihre Stickereien vor; und den langen ſchweren Tag wiſſen ſie nicht beſſer zu beſchließen, als indem ſie gemeinſchaftlich eine Daina anſtimmen. Wie ſie ſelber gegen Hitze und Kälte faſt unempfindlich ſind, gewöhnen ſie auch ihre Kinder ſchon frühzeitig an die härteſte Lebensart. Wenn dieſe erſt zwei oder drei Tage alt ſind, geben ſie ihnen ſchon Branntwein zu trinken, und laſſen ſie ſpäter bei jeder Witterung baarfüßig und im bloßen Hemde herumlaufen.

Ob die littauiſchen Frauen hingegen auch wirthſchaftlich, ordentlich und reinlich ſind, iſt nicht leicht zu ſagen. Die Urtheile darüber lauten aus älterer wie neuerer Zeit verſchieden, und was ich ſelbſt wahrgenommen, ſpricht ſowohl dafür als dagegen. Ich ſah ſchmutzige übelriechende Wirthſchaften, wo Menſchen und Thiere einträchtig bei einander wohnten, wo die Kinder in der Wiege faſt von den Fliegen aufgefreſſen wurden, und die Erwachſenen beiderlei Geſchlechts ſich vor Schmutz und Lumpen kaum ſehen laſſen konnten; ich fand aber auch ſaubere Häuſer und Inſaſſen, nicht anders wie bei den Salzburgern. Wahrſcheinlich ſtehen in dieſer Beziehung die Littauer in der Mitte zwiſchen den Deutſchen und den Slaven; ſie ſind nicht ſo ſchmutzig und ſo lüderlich wie die Maſuren, doch auch nicht ſo ſauber und wirthſchaftlich wie die Deutſchen; allein wie deutſches Beiſpiel und deutſcher Einfluß ſich nach allen Seiten immer mehr geltend machen, ſo zwingt beides auch ſichtlich die Littauer zu größerer Ordnungs- und Reinlichkeitsliebe.

Wenden wir uns nun zum männlichen Geſchlecht, ſo iſt dieſes durch ſchlanke muskulöſe Geſtalt und regelmäßige Geſichtsbildung nicht weniger ausgezeichnet. Die Littauer ſind eher groß als klein, und durch ihre straffe aufrechte Haltung erscheinen sie noch größer als sie wirklich sind. In der Regel haben sie dunkelbraune Haare, helle Augen und eine frische Gesichtsfarbe. Die Physiognomie ist ausdrucksvoll, ihre Züge sind oft etwas listig, aber im Ganzen angenehm. Sie lieben einen Schnurrbart und lassen das Haar gern lang über den Nacken herabfallen; nur die Jüngern und Diejenigen, welche im Heer gedient, schneiden es kurz ab. Wenngleich ihr Gang und ihre Bewegungen für gewöhnlich langsam und schwerfällig erscheinen, so können sie bei Gelegenheit doch flink und behend sein; sie sind in den meisten Leibesübungen geschickt und zu den verschiedensten Arbeiten und Geschäften anstellig.

Von einer eigentlichen Nationaltracht ist bei den Männern nicht mehr die Rede. Ihre Kleidung wird gleichfalls von den Weibern gesponnen, gewebt und meist auch geschneidert. Im Sommer tragen sie einen langen Leinenkittel von weißer, grauer oder dunkelblauer Farbe, ohne Knöpfe, nur mit Haken und Oesen und an den Aermeln mit einem kurzen Aufschlage versehen. Ein gelblederner Gürtel, oder von hellblauem oder hellgrünem Zeug, Paß genannt, schließt diesen Kittel fest um den Leib; Winters vertauschen sie ihn mit einem Rock von gleicher Farbe, aber von dickem, grobem, selbstgewebtem Tuch und gemeiniglich mit couleurtem Kragen und couleurten Aufschlägen besetzt. Die Kopfbedeckung ist im Sommer ein niedriger schmalkrempiger Filzhut, im Winter eine blaue sturmhaubenartige Tuchkappe, welche heruntergezogen auch Nacken und Gesicht bedeckt und nur Mund und Augen frei läßt, in die Höhe geschlagen aber das Aussehen derjenigen Kappen hat, welche sich auf Abbildungen der alten Schweizerbauern finden. Bei Schnee und Sturm ist die littauische Kapuze ein höchst praktisches Kleidungsstück. — Dieses Conterfei des littauischen Bauern sieht man in den umliegenden Städten vor vielen Schänken und Kaufläden aushängen; es schwelgt in grellen, dick aufgetragenen Farben, aber es ist dafür auch nicht zu verkennen und erfüllt seinen Zweck besser, als jede Inschrift, indem es das durch die Gassen irrende Original zum Eintreten verlockt, ihm einen nicht mißzuverstehenden Wink giebt, daß es hier seine ewig durstige

Seele erquicken oder seine Lischke, einen geflochtenen Bastkober, der ihm an einem Stricke um die Schultern hängt, mit Licht, Seife und andern in der Wirthschaft nöthigen Artikeln füllen kann.

Die knappe, ein= und gleichförmige Kleidung des Littauers giebt ihm einen militärischen Anstrich, und wenn die Bauern aus der Kirche kommen oder sich sonst in Menge zusammenfinden, glaubt man eine Abtheilung Soldaten zu sehen. Wirklich ist der Littauer ein ebenso loyaler Unterthan wie leichteinexercirbarer Soldat. Bei seinem gefügigen und willfährigen, fast willenlosen Wesen, bietet er ein Drillmaterial, wie man es nicht besser wün=schen kann; er hat sich auch in allen Schlachten mit Tapferkeit und Unerschrockenheit geschlagen; wer von ihnen Soldat gewesen, be= trachtet sich zeitlebens mit Stolz und einem Selbstgefühl, dem er bei jeder passenden oder unpassenden Gelegenheit mündlichen Aus= druck und handgreiflichen Nachdruck giebt.

Den Schuster läßt der Littauer nicht viel verdienen. Schuhe und Stiefel trägt er selten, und seine sonstige Fußbekleidung macht er sich selber, daher es auch früher hieß: Der König von Preußen besäße eine Provinz, darinnen lauter Schuster wohnten. Bei der Arbeit tragen die Männer Klumpen, das sind Schuhe ganz von Holz, oder Parresken, wie die Dzimken, die Weiber Schlorren, das sind Holzpantoffeln mit Lederkappen. Früher waren auch Strümpfe bei beiden Geschlechtern nicht gebräuchlich, sondern man umwickelte Füße und Waden mit leinenen Lappen; dies geschieht jetzt nur noch von den Aermeren. Dagegen sind die Parresken von Lindenbast in vielen Gegenden noch allgemein im Gange. Sie werden mit schmalen Riemen bis auf die Waden gebunden, halten warm und sind bequem und dauerhaft.

Auch ihre Häuser bauen und zimmern sich noch viele Littauer selbst, namentlich die in entlegenen Gegenden wohnen. Die Wohn= gebäude sind schmal und niedrig, oft wie ein Blockhaus von runden Baumstämmen errichtet, mit winzig kleinen Fenstern und nicht selten noch ohne Schornstein. Auf dem großen saalähnlichen Flur be= findet sich, häufig auf der platten ungedielten Erde, der Heerd, ge= wöhnlich nur in einer Ziegellage bestehend. Der Rauch streicht die

Decke entlang zu den Thüren hinaus, von welchen die vordere auf die Gasse, die hintere gerade gegenüberliegende auf den Hof führt. Der Rauch erfüllt den ganzen Raum mit dichtem Qualm, kämpft mit dem durch die gewöhnlich offen stehenden Thüren hereinströmenden Zugwind, belegt Decke und Wände mit einem glänzend schwarzen Ruß und räuchert auf seinem Wege die an der Decke hängenden Fische, Würste und Speckseiten gar. Dennoch ist der Flur im Sommer der gewöhnliche Aufenthaltsort für die Familie; man ißt und arbeitet hier, und wenn die Leute naß geworden sind, setzen sie sich um den Heerd herum und trocknen am Feuer und Qualm ihre Kleider.

Nur Winters logirt man in der Stubba, wie auch das ganze eigentliche Wohnhaus von dem aus dem Deutschen entnommenen Worte heißt. Hier ist das Hauptmöbel ein riesiger Ofen von rohen Ziegeln, bei Wohlhabenderen von grünverglaseten Kacheln. Abends erleuchtet eine Thranlampe oder ein brennender Kienspan den engen heißen Raum. Das jüngste Kind schaukelt in der Lopze oder Wiege, die mitten im Gemach von der Decke an zwei Stricken herniederhängt, leicht in Bewegung gesetzt werden kann und sich lange in der Schwingung erhält. Tische, Stühle, Bänke und alles andere Haus= und Wirthschaftsgeräth, wie Wagen, Schlitten, Eggen, Stränge, Siehlen und Zäume, fertigt der gemeine Mann sich selbst. Ueberhaupt ist der Littauer ein Tausendkünstler; er macht Alles nach, was er sieht, obgleich er nur die einfachsten Werkzeuge, wie Axt, Säge, Messer und Bohrer besitzt. An seinem Wagen und Schlitten sucht man, gleichwie bei den Fahrzeugen der Dzimken, oft vergebens das kleinste Stückchen Eisen. Daher das Sprüchwort sagt: „Der Littauer reitet in den Wald und kommt zu fahren heraus". Das heißt, er hat sich inzwischen einen Wagen oder Schlitten gefertigt.

Doch giebt es auch in der Niederung und in anderen wohlhabenden Gegenden große und stattliche Gehöfte; die Wohn= und Wirthschaftsgebäude sind dort zuweilen massiv aufgeführt und mit gebrannten Dachpfannen gedeckt. Gewisse Nebengebäude, wie Wasch=, Back= und Brauhaus, finden sich auch bei armen Bauern, die ihr Brod nicht nur selber backen, sondern auch das Mehl dazu selber mahlen, auf sogenannten Querlen, kleinen höchst einfach konstruirten Handmühlen.

Ich kann hier nicht eine Bemerkung unterdrücken, die über die Nahrungsweise des gemeinen Mannes in Ostpreußen aufklären wird. Bekanntlich hat Justus v. Liebig, angeregt durch den Nothstand, empfohlen, das Brodgetreide nicht zu mahlen, sondern nur zu schroten, indem durch Absonderung der Kleien 10—15 Prozent an Masse und wichtige Nahrungsbestandtheile verloren gehen. Diese Notiz ist von allen Zeitungen, merkwürdigerweise auch von ostpreußischen, nachgedruckt und eifrig zur Nachahmung empfohlen worden. Nun muß man wissen, daß der Bauer in Ostpreußen das nicht erst von Herrn v. Liebig zu lernen braucht, sondern stets ein Kleienbrod ißt, indem er nicht daran denkt, das Brodgetreide zu beuteln, sondern es einfach schrotet. Die Armen nehmen sogar zu ihrem Brode ungeworfeltes, noch mit Spreu vermischtes Korn; ja sie geben ihm noch einen besonderen Zusatz von Spreu und Hafer, welches Mischgetreide dann Mengsel heißt und ein Gebäck liefert, von dem ein älterer Schriftsteller sagt: „Es ist meistentheils so schlecht, grob und speilicht, daß es mancher Hund nicht fressen will." Was also von der Theorie als eine neue Entdeckung verkündigt wird, lebt schon seit Jahrhunderten in der täglichen Praxis! — Diesem oft 4—6 Wochen alten steinharten, erbschwarzen Speilenbrod verdankt unser Bauer auch seine festen weißen Zähne und einen Magen, der riesige Quantitäten verschlingen und fast gar nicht verdorben werden kann.

Früher hatten die Littauer neben jeder Haushaltung auch eine besondere Badestube, die sogenannte Pirt. Es war ein bunkler kaum mannshoher Ort, in der Mitte befand sich ein Haufen von Feldsteinen, ringsherum zogen sich hölzerne Bänke. Durch ein unterirdisches Feuer wurden die Steine erhitzt und dann mit Wasser begossen. Das ganze Gemach erfüllte sich mit heißen Dämpfen. Nun gingen die Leute nackend hinein, streckten sich auf die Bänke, und Einer bearbeitete den Körper des Andern mit kurzen Besen von Birkenreis, bis die Haut fast wund war, und in Folge der erstickenden Hitze der Schweiß in Strömen ausbrach. In dieser gleichsam kochenden Verfassung liefen die Badenden hinaus und stürzten sich in den nahen Teich oder wälzten sich zur Abkühlung im Schnee herum. Dieses Bad, vor dem selbst ein spartanischer Jüngling zurückgebebt haben würde, gebrauchten auch ohne Bedenken Mädchen und Frauen; wie die Männer, etwa alle vierzehn Tage. Waren die Kleider, wie es nicht selten vorkam, voll Ungeziefer, so hing man sie einfach in die Badestube, wo die sengende Hitze alsbald die unbequemen Thierchen tödtete. Außerdem wurde die Pirt zum Trocknen des Getreides und zum Darren des Malzes gebraucht. Leider ist diese Art von Dampfbad, die noch heute unter den russischen Bauern gang und gäbe ist, bei den Littauern abgekommen. Das jetzige Geschlecht ist schon weichlicher.

Dagegen findet sich in jeder littauischen Wirthschaft noch immer ein anderes Nebengebäude. Es heißt Kletis, welche Benennung etwa dem deutschen Speicher entspricht; doch dient es sehr verschiedenen Zwecken. Die Klete ist in der Regel ein kleines hölzernes Gebäude mit einem laubenartigen Vorbau, wo im Sommer die Großmutter sitzt und spinnt; aber ohne eigentliche Fenster, nur mit Luken oder viereckigen Oeffnungen versehen, die mit hölzernen Laden verschlossen werden. In der Kletis lagern die Schätze von Betten, Wäsche und Kleidern; bei den Aermeren auch die Getreide- und Mundvorräthe — die Wohlhabenderen besitzen hierfür besondere Gebäude. Weil die Klete das Werthvollste umschließt, was eine Familie besitzt, so pflegen einige Mitglieder derselben gleichsam zur Bewachung der Schätze hier zu schlafen. Desgleichen dient die Kletis auch zur Aufnahme von Gästen, und pflegt daher oft noch ein besonderes Gastzimmer zu enthalten.

Außer alledem hat dieser Ort noch eine tiefe Bedeutung für das Ehe- und Familienleben, für ein bereits begründetes wie für das neu zu begründende Hauswesen. Hier findet nämlich mit der Nutaka oder angetrauten Braut die wichtige Ceremonie der Kranzabnahme statt.

Am Morgen nach der Trauung begeben sich die neuen Ehegatten, alle ihre Verwandten und sonstigen Hochzeitsgäste, die sich wieder eingefunden haben, auf den Hof. Hier wird ein großer Kreis geschlossen, in diesem eröffnet der Eheherr den Ehrentanz mit der jungen Frau; sie tanzt der Reihe nach mit allen Männern. Zwei Frauen, von denen die Eine ein Tuch bereit hält, warten nur ab, bis sie mit dem Dewirs, dem Bruder oder nächsten Anverwandten ihres Gatten, tanzt. Geschieht dies, so eilen sie auf die Tänzerin zu und suchen sie zu erhaschen. Sie ergreift die Flucht, die Mädchen, einander an den Händen haltend, umtanzen sie, können sie jedoch nicht mehr schützen; die Verfolgte bemüht sich durch den Kreis zu kommen, der aber dicht geschlossen keinen Ausweg darbietet; sie muß sich endlich gefangen geben und wird von den Frauen, nachdem sie ihr sogleich das Tuch über den Kopf geworfen, in die Klete geführt, wo bereits die Anyta oder Schwiegermutter auf einem mit Kissen bedeckten Stuhl sitzt und sich erst nach vielen Vorstellungen bewegen läßt, den Platz der Nutaka einzuräumen. Hat diese sich gesetzt, so treten zwei Brüder oder Verwandte des jungen Ehemannes vor sie hin, nehmen ihr den Kranz ab, lösen das Stirnband und flechten die Zöpfe aus. Die Schwestern, Verwandtinnen und Freundinnen der jungen Frau stimmen ein Lied an, das im Ragnit'schen in der Uebersetzung von Gisevius also lautet:

Ach, wer löst die goldnen Flechten,
Und zerzaust Dein glänzend Haar,
Setzt Dir auf das zarte Häublein,
Schön zu seh'n, und doch so schwer!

Ach mit Schmerzen trägt das Köpflein
Diesen ungewohnten Schmuck;
Heiße Thränen weint die Tochter,
Von der Mutter jetzt getrennt.

Weine nicht, geliebte Schwester,
Stille Deinen bittern Schmerz;
Denn die Schwieger hat Dich gerne,
Und der Liebste ist Dein Schutz.

Die Mädchen singen und tanzen dabei um die Nutaka und schlagen den die Zöpfe lösenden Männern mit grünen Zweigen auf die Hände. Sind diese mit ihrer Zerstörung fertig, so ordnen die Frauen das Haar aufs Neue und legen ein Tuch darüber. Dies reißen die Mädchen sogleich wieder herunter, was sich dreimal wiederholt. Nun erst wird der jungen Frau die Moteris, das volksthümliche Wulstentuch von weißer Leinwand mit gestickten Enden, aufgesetzt, worauf der junge Ehemann sich zu ihr niederbeugt, ihr einen Kuß giebt und sie der Versammlung mit den Worten vorstellt: „Dies ist meine Frau!" Sogleich tritt der Oßwis oder Schwiegervater hinzu und hebt die junge Frau vom Stuhl, welche nun die neuen Eltern auf das Herzlichste begrüßt und ihnen die mitgebrachten Geschenke überreicht. Der Schwiegervater erhält ein Stück Leinwand, die Schwiegermutter eine vollständige Bekleidung von Kopf bis Fuß, die Schwägerinnen Marßkinelen oder gestickte Ueberhemden, und alle Mädchen, die während des Ausflechtens gesungen haben, schöne mit Spitzen besetzte Handtücher. Nach Vertheilung dieser Gaben werden den Herumstehenden die „Thränen der Braut" dargeboten, das ist eine mit Honig und Branntwein gefüllte Schüssel: Jeder genießt davon der Reihe nach ein paar Löffel, bis die Quelle versiegt ist. Dann führt der junge Mann die junge Frau in's Haus, wohin ihnen die Andern folgen.

Durch diese Ceremonie hat die junge Ehefrau die Hausweihe erhalten und ist in die Familie ihres Mannes aufgenommen. Doch legt die Schwiegermutter damit das Regiment nicht immer nieder, sondern sie führt es oft noch lange, wo nicht gar bis zu ihrem Tode fort, und die Schwiegertochter ist weiter nichts als die erste Magd des Hauses; ihr Mann, so lange der Schwiegervater die Wirthschaft behält, nur dessen Knecht. Es kommt vor, daß auf einem Bauernhofe mehrere verheirathete Söhne und Töchter mit ihren Männern und Frauen und Kindern sitzen, welche gemeinschaftlich wirthschaften, oder von den Eltern als Knechte und Mägde gehalten werden. Ein älterer Schriftsteller, Theodor Lepner, Pfarrer im Ragnit'schen, schreibt darüber, wiewohl er sonst ben Littauern gar nicht grün ist, Folgendes:*) „Es haben die Littauer aber einen sonderlichen Griff ihre Töchter zu versorgen, benn wenn der Vater siehet, daß ihm zu seinem Acker-Bau und Leistung des Schaarwerks ein Arbeiter fehlet, oder auch die Tochter nicht gesucht wird zur Freyschaft, so schickt er einen Freys-Mann in ein Hauß, und lässet um einen Schwiegersohn werben, erhält er abschlägige Antwort, welche nicht geachtet, oder von ihm vor einen großen Schimpf gehalten wird, so schickt er weiter. Bisweilen nimmt er auf die andre Tochter auch einen Schwiegersohn und schaffet ihm (sich) ruhige Tage, denn ein Schwiegersohn muß wie ein Knecht arbeiten, und bekommt davor keinen Lohn als nur Kleider und etzliche Plätzgen Haber und Lein zu säen. Öfters halten sie Söhne bei sich und geben ihnen Weiber, da wimmelt es von den Kindern dieser Söhne. Die Schwiegertochter muß gleich einer Magd arbeiten und bekommt davor nur ein Plätzgen Lein zu säen, davon bespinnt sie sich, ihren Mann und Kinder. Je mehr die Littauer Arbeiter im Hause haben, je besser stehet es um sie. Man muß sich aber verwundern über die Einträchtigkeit dieser Leuthe. Bey den deutschen Bauern gehet solches nicht an; da kan selten ein Vater mit einem Sohn in einem Hause leben; basern der Sohn dem Vater zur Hand gehet, so geschieht es doch nicht von der Schwiegertochter. So eine Beschaffenheit hat es nicht, wenn der Littauer einen Schwiegersohn in sein Haus nimmt; unter ihnen blühet die Einträchtigkeit und der Gehorsam. Sie erhalten durch zusammengesetzte Arbeit sich mit einander, die Kinder, insonderheit die Töchter, werden versorget, und dürffen nicht veralten."

Diese Schilderung, welche an die Patriarchenwelt erinnert, trifft noch heute zu. Wie Jakob dem Laban um Rahel sieben Jahre diente, also dienet noch heute unter den Littauern ein Bauerbursche bei dem Vater seiner Liebsten um die Braut; und ver-

---

*) Das um 1690 abgefaßte Büchlein führt den Titel: „Der Preusche Littauer", ist im Jahre 1744 in Danzig „bey Joh. Heinrich Rüdigern" erschienen, der Kurfürstin Sophie Charlotte gewidmet, und schon sehr selten geworden. Superintendent Jordan zu Ragnit, Vater des bekannten Dichters Wilhelm Jordan, hat davon eine neue Ausgabe veranstaltet, aber auch diese ist im Buchhandel bereits wieder vergriffen.

schiedene Dainos feiern den Bernytis oder das Knechtlein, welches um seiner Liebe willen sich einer langen Prüfung und Dienstbarkeit unterwirft; denn wiewohl die Sitte sich aus der Zeit der alten Preußen herleitet, wo die Braut durch dargelegtes Löse= geld erkauft werden mußte, so hat sie doch hauptsächlich den Zweck, den angehenden Eidam kennen zu lernen; und aus demselben Grunde wird auch, wenngleich es schon jetzt seltener geschieht, die Braut des Sohnes von den Eltern in's Haus und damit in Dienst genommen. Indeß dient das „Knechtlein" doch weniger aus Liebe und um die Person der Auserwählten, als weil er mit ihr eine Mitgift oder Erbschaft verhofft. Wie bei allen Bauern, ist auch unter den Littauern Freiwerbung und Heirath ein Geschäft, das von beiden Theilen vorsichtig und nach langen Verhandlungen über den gegenseitigen Besitz abgeschlossen wird. Die Verlobung geschieht nicht eher, bis der Braut oder dem Bräutigam das Grundstück verschrieben ist; und daß die Verlobung noch rückgängig wird, wenn sich plötzlich der eine oder der andere Theil in seinen Erwartungen getäuscht findet — ist ein Fall, der sich nicht selten ereignet. Einem jungen Bauer im Ragnit'schen war er, wie mir der be= treffende Pfarrer mittheilte, bereits dreimal passirt. Zu drei ver= schiedenen Malen war er, jedesmal mit einer andern Braut, auf= geboten worden, hatte sich aber immer wieder „besonnen", weil er die Aussteuer der Braut nicht genügend gefunden.

Die Verlobung geschieht sowohl in der Kirche wie im Kruge. Nach der Kommunion tritt das Brautpaar mit den beiderseitigen Eltern und Freunden vor den Altar, der Prediger hält eine kleine Anrede an die Liebenden, und sie geloben in seine Hand einander eheliche Treue, wechseln aber keine Ringe. Hierauf wird die Ge= sellschaft von den Eltern der Braut in den Krug geführt und mit Branntwein und Fladen (dünnen selbstgebackenen Kuchen) traktirt. Deshalb und weil der Branntwein bei der Feier die Hauptrolle spielt, sagt man: „Das Paar hat sich zusammengetrunken".

Der Littauer führt alle Unterhandlungen beim Glase; kein Handel, kein Geschäft wird ohne Branntwein abgeschlossen, jedem Vertrag muß der Schnaps erst das Siegel aufdrücken. Alles was man vom Littauer fordert, gewährt er für Branntwein eher als für Geld. Deshalb haben die Mäßigkeitsvereine nirgends mehr Entrüstung hervorgerufen und weniger Anhänger gefunden als unter den Littauern. „Wären wir anno 1814 ohne Branntwein bis Paris gekommen?" fragten sie. „Sind nicht unsere Väter beim Kornus steinalt geworden, und ist er nicht das beste Heilmittel gegen Erkältung, Fieber und zwanzig andere Krankheiten?" „Es ist eine Sünde und Tyrannei, daß man den armen Leuten nun auch noch ihre einzige Herzstärkung nehmen will!" — Wirklich haben sie nicht so Unrecht. Der Branntwein ist dem gemeinen Mann in Ostpreußen wegen des rauhen Klima's, bei seiner schlechten Nahrung und harten Lebensart ein wesentliches, fast unentbehrliches Bedürfniß; und nicht im Uebermaß genossen, gereicht er ihm auch keineswegs zum Schaden. Uebrigens wird sein gewohnheitsmäßiger Genuß dem Littauer selten so verderblich, wie z. B. dem Masuren. Zwar bringt auch Jener ein Viertel Hafer oder Gerste, ein Mandel Eier oder ein junges Huhn in den Krug, um es gegen Schnaps umzusetzen; aber nicht leicht wird er dem Trunk zu Liebe ein Stück Hausrath verkaufen, oder gar Haus und Hof vertrinken, wie es doch unter den Masuren ein gewöhnliches Vorkommniß ist.

Neben dem Kornus steht dem Littauer nichts höher als der Allus oder Allaus, wie er im Genitivus partitivus heißt. Er ist das ursprüngliche Nationalgetränk und unterscheidet sich vom Bier dadurch, daß er nicht aus Gerste, sondern aus einem Malz gebraut wird, das halb aus Hopfen und halb aus Gerste besteht und gelinder als das Biermalz gedarrt ist. Daher hat der Allaus eine blaßgelbe Farbe, die fast ins Weiße fällt, und einen süßlichen leicht berauschenden Geschmack. Die Littauer haben ihn zu allen Zeiten selbst gebraut; auch als es den „Königlichen Immediat-Bauern", um die städtischen Gewerbe in ihrer Nahrung nicht zu schmälern, verboten ward, thaten sie es heimlich; noch heute bereiten sie ihn zu allen Hochzeiten und Festlichkeiten; in jeder Wirthschaft findet sich eine Kammer oder ein kleines Nebengebäude zum Brauen des Allaus vor. Es sind mehrmals Verordnungen ergangen, um den Verbrauch zu beschränken; so wurde unter dem Großen Kurfürsten geboten, zu einem Verlöbniß nicht mehr als eine Tonne Allaus, zu einer Hochzeit vier Tonnen zu brauen und auszutrinken; aber solche Verbote sind selbstverständlich nie beachtet worden. Noch heute währen die Hochzeitsfeste drei bis fünf Tage, und die ganze ausgebreitete Verwandtschaft und Freundschaft der Braut und des Bräutigams nimmt daran Theil; an jedem Morgen stellt sich der Schwarm der Gäste von Neuem ein und zecht bis in die Nacht, ohne sich stören zu lassen, wenn etwa das junge Paar oder die Wirthsleute inzwischen einen Ausflug unternehmen. Sie weichen erst mit dem letzten Tropfen; erst wenn eine Schüssel hereinkommt, in welcher als Zeichen der völligen Ebbe der Krahn vom Allausfasse aufgetragen wird, erfolgt der allgemeine Aufbruch. Solch' eine Hochzeit, bei welcher nicht blos vier, sondern zehn und mehr Tonnen Allaus geleert werden, und außerdem noch jeder Gast ein Geschenk von Leinwand oder feiner Wäsche erhält, würde die Festausrichter arm machen, wenn nicht andererseits jeder Gast auch ein Gegengeschenk geben müßte; außerdem bringen noch die nächsten Freunde und Verwandte manches Fäßchen Allaus und mancherlei Eßwaaren als Beisteuer mit, sobaß die Wirthe gemeinhin auf die Kosten kommen. Am merkwürdigsten ist es wohl, daß es früher Sitte war, auch einen Sterbe-Allaus zu brauen. In derselben Stube, in welcher der Kranke lag, wurde ein Gebräusel angerichtet und noch vor seinen Augen von der Familie ausgetrunken. Kam er wieder auf, so half er nach Kräften dabei; und eine steinalte Wittwe hat, wie Lepner erzählt, ihr Sterbe-Bier wohl über zehnmal austrinken helfen, ehe sie wirklich von hinnen ging. Desgleichen gab man früher der Leiche einen Krug voll Allaus mit in den Sarg, damit sie auf ihrer langen Reise nicht verdurfte.

Vor 200 Jahren war der Branntwein in Littauen noch unbekannt; erst als die Regierung das Bierbrauen besteuerte, wandte man sich allgemein dem Branntwein zu und fing auch an, den Allaus mit diesem zu versetzen. Bis dahin war auch noch ein anderes Nationalgetränk, der Meth oder Midbus, im Schwange, der heute in Preußisch-Littauen schon selten geworden ist, aber in

Ruſſiſch-Littauen noch viel getrunken wird. Man bereitet ihn aus Honig und Waſſer, und er iſt ein berauſchendes Getränk; läßt man ihn alt werden, ſo übertrifft er an Gehalt den Ungarwein und wird als ſtärkende Arzenei gebraucht. Das dunkele Bier nennen die Littauer Pywas und ſtellen es ihrem ſelbſtgebrauten Allaus nach; für gewöhnlich trinken ſie Puspywe und Skinkis; jenes iſt ein Halbbier, dieſes iſt der dritte und letzte Aufguß, Schemper oder ſchlechtweg Trinken genannt, welches der gemeine Mann in ganz Oſtpreußen ſtatt des Waſſers genießt, das auch eher den Durſt ſtillt, und ihm, wenn er an heißen Sommertagen im Freien arbeitet, beſſer bekommt.

Gaſtfreundlich und dienſtfertig iſt der National-Littauer zwar in höherm Grade als der Salzburger, aber doch nur in beſchränktem Maße; dem Fremden gegenüber nur, wenn er auf einen Entgelt rechnet. Gegen den Fremden wie überhaupt gegen Deutſche zeigt er ſich argwöhniſch und zurückhaltend, hinterliſtig und voll übertriebenen Selbſtgefühls. „So dumm wie ein Deutſcher!" ſagt er ſprüchwörtlich, und ebenſo: „Die Deutſchen werden bald ſo klug wie die Littauer ſein!" Beim Handel iſt er nicht weniger verſchlagen als ein Ruſſe oder Jude; er macht ſich kein beſonderes Gewiſſen daraus, zu betrügen und aus der Verlegenheit Anderer Nutzen zu ziehen. Nicht mit Unrecht gilt er für einen geborenen Pferdedieb und Pferdetäuſcher, er übervortheilt beim Pferdehandel ſelbſt ſeinen Bruder. Auffällig iſt der Unterſchied zwiſchen den Littauern dieſſeits und jenſeits der Memel; je höher man nach Memel heraufkommt, deſto ſchlimmer werden die Sitten und deſto häßlicher auch merkwürdiger Weiſe die Frauenzimmer.

Trotzdem iſt der Littauer überall äußerſt kirchlich geſinnt. Er verſäumt keinen Gottesdienſt, wandert meilenweit und bei dem ſchlechteſten Wetter zu jeder Predigt und zu jeder religiöſen Verſammlung, und hält genau die Termine ein, welche zur Verabreichung des Abendmahls feſtgeſetzt werden. Wenn er als Kommunikant vom Altar wegtritt, reicht er Allen, die um und neben ihm ſitzen, die Hand zum Zeichen der Verſöhnung; wirklich iſt er auch gutmüthig und verſöhnlicher Natur, denn er hat in ſeiner

Sprache nicht einmal ein Wort für „hassen", sondern sagt dafür nur „nicht leiden können." Sobald eine Anzahl sich in der Kirche zusammengefunden hat, fangen sie sogleich an zu singen, und haben oft schon drei bis vier Lieder gesungen, bevor der Gottesdienst beginnt. Sie können nicht genug singen und beten. Der Predigt folgen sie mit der größten Aufmerksamkeit, besprechen sie hinterher untereinander und gehen auch wohl noch zum Geistlichen, um sich nähere Aufklärung zu erbitten, oder ihm darüber ihre Ansicht mitzutheilen. Bei besonders rührenden Stellen fängt Einer, gewöhnlich von den Alten, zu stöhnen und zu seufzen an, um dadurch theils seine eigene Andacht zu beweisen, theils Andere dazu aufzumuntern; alsbald stimmen die Uebrigen ein, ein bewegliches Stöhnen und Seufzen erfüllt das Haus und zwingt den Prediger nicht selten inne zu halten. Sie werden nicht leicht etwas unternehmen, ohne dafür auf der Kanzel bitten und nach glücklich beendigtem Geschäft dafür danken zu lassen. Je kräftiger und länger solche Fürbitten und Danksagungen vom Prediger gehalten werden, desto höher werden sie geschätzt, und die Geistlichen haben davon, besonders in den wohlhabenden Gegenden, eine gute Nebeneinnahme. Man läßt nicht nur für Menschen, sondern auch für das Vieh beten, um schön Wetter, gute Ernte und Erhaltung von Besitz und Vermögen.

Freigebig ist der Littauer nur gegen den Prediger. Das geistliche Amt und seine Inhaber stehen bei den Littauern in hohem Ansehen, sie geben ihren Seelsorgern gern und voll, was ihnen gebührt; Prozesse zwischen Pfarrer und Gemeinde, die in deutschen Distrikten nicht zu den Seltenheiten gehören, kommen im Littauischen fast gar nicht vor. Die Prediger sind in der Regel wieder Söhne von Predigern und heirathen gewöhnlich wieder Predigertöchter; die meisten sind nicht weiter als bis zur Universität, nie über Königsberg hinausgekommen, und oft befindet sich die Pfarre seit drei und vier Generationen in derselben Familie. Diesem Umstande ist es neben der Abgeschiedenheit von den Städten mit zu verdanken, daß sich Volksstamm und Sitten seit der Reformation fast unvermischt erhalten haben. Doch beginnt unter den jüngeren

Geiſtlichen die Fertigkeit, ſich in littauiſcher Sprache zu unterhalten, ſchon abzunehmen. Das aber iſt die erſte Forderung, welche die National-Littauer an ihren Pfarrer ſtellen. Sie pflegen gern mit ihm einen Privatverkehr und lieben es, auch von weltlichen Dingen mit ihm zu plaudern, was denn manchen Neuling in nicht geringe Verlegenheit ſetzt. „Wie kommt es, fragen ſie ihn, daß Du auf der Kanzel ſo ſchön und fließend ſprichſt, uns aber ſelber ſo ſchlecht verſtehſt und verkehrt antworteſt?" Die Urſache liegt auf der Hand. Der junge Pfarrer iſt gezwungen, die Predigt mit Hülfe von Grammatik und Lexicon ſchriftlich abzufaſſen und ſie auf der Kanzel einfach abzuleſen oder auswendig zu lernen. Ereignete es ſich doch in einer littauiſchen Kirche, daß ein Kandidat, ein geborener Maſure, die Kanzel beſtieg und die Einleitung ganz ruhig in littauiſcher Sprache hielt; alsbald ging ihm aber das Littauiſche aus, und er, nicht verlegen, wußte ſich zu helfen, ſprang ſchnell ins Polniſche über und fuhr darin bis zu Ende fort. Die Littauer meinten hinterher gegen ihren Pfarrer, der Herr habe wohl Franzöſiſch geſprochen.

Weil dem Littauer das kirchliche Ceremoniell die Hauptſache iſt, darf es nicht verwundern, wenn er zu katholiſchen Gebräuchen neigt. Beim Eintritt in die Kirche verneigt er ſich ſtets gegen den Altar, er macht jedem Crucifix ſeine Reverenz und verrichtet alle Gebete knieend. In einigen Gegenden iſt es ſogar Sitte, für verſtorbene Angehörige von Zeit zu Zeit eine Predigt, ſogenannte Lavonniſche, halten zu laſſen, was durchaus an die bei den Katholiken üblichen Seelenmeſſen erinnert. Noch mehr, der proteſtantiſche Littauer beſucht auch wohl katholiſche Kirchen, läßt, um ſicher zu gehen, Fürbitten und Danksagungen gleichzeitig auch von benachbarten katholiſchen Geiſtlichen abhalten und ſich von ihnen Reliquien und Hoſtien geben, namentlich am Johannistage ſich Johanniskraut einweihen, dem er eine gewiſſe Kraft zutraut. Was Wunder, wenn in den letzten zehn bis fünfzehn Jahren ſich längs der Grenze eine Menge katholiſcher Kirchen und Bethäuſer etablirt haben und die aus Polen herübergekommenen Kapläne zahlreiche Proſelyten machen!

Auch aus dem Heidenthum hängt dem Littauer noch mancherlei an, und der Aberglaube hat unter dem gemüthsreichen phantasievollen Volke einen fruchtbaren Boden. Sie haben noch immer ihre Haus-, Schutz- und Plagegeister, denen sie Libationen weihen oder Salz in das Feuer streuen; sie sind reich an Gespenstern, Ahnungen und Vorzeichen und halten viel auf gute und böse Tage; Zaubereien gelten bei ihnen für Glaubensartikel, und sie lassen nicht selten Hexen- und Teufelsbannereien vornehmen. Allein bedenklicher als solch' Aberglaube ist die Sekte der sogenannten Malbeningker, die über ganz Littauen verbreitet sind und zusehends an Anhängern gewinnen. Die Geistlichen wollen die Bezeichnung als „Sekte" zwar nicht gelten lassen, indem jene Pietisten noch innerhalb der evangelischen Kirche stehen und sich zu ihren Glaubensartikeln bekennen. Auch besuchen sie regelmäßig den öffentlichen Gottesdienst, aber dieser ist ihnen nicht genug, sie halten noch ihre eigenen und häufigen Versammlungen, Surinkimmen genannt, in welchen das Singen, Beten und Predigen kein Ende findet. Als Redner treten Inspirirte auf, welche die Bibel nach ihrer Weise auslegen, die ganze Provinz bereisen und überall, wo sie hinkommen, die Frommen zusammenberufen. Diese Reiseprediger gehören gewöhnlich den untersten Schichten an, sind arme Handwerker und Tagelöhner, welche nun ein bequemes Leben führen, indem sie aller Orte aufs Beste bewirthet und auch sonst noch beschenkt werden. Die Malbeningker sind voll geistlichen Hochmuths, der sich besonders darin äußert, daß sie nicht selten auch den Geistlichen belehren und zurechtweisen wollen. So erzählte mir ein Pfarrer, die Malbeningker in seiner Gemeinde hätten ihn aufgefordert, in der Kirche beim Beten des Vaterunser das Knieen einzuführen. Einem anderen Pastor stellten sie sogar vor, wie er um seines Amtes willen das Tabackrauchen aufgeben müsse; und wirklich hatte er's eine Weile eingestellt, bis er sich denn doch ermannte und wieder zur Pfeife griff. Sie laden auch den Geistlichen zu ihren Versammlungen, damit er sich dort mit ihnen erbaue. Ein Pfarrer, der solcher Einladung gefolgt war, mußte viele Stunden aushalten wußte es ihnen aber einzutränken. Verschiedene Inspirirte hatten endlose Betrachtungen und Ermahnungen gehalten, ein Dutzend Lieder war gesungen worden und Mitternacht herangekommen, bevor man daran dachte auseinanderzugehen. Aber nun erbat sich der Pfarrer das Wort, und ohne sich an die abgespannten Gesichter, an die müden Augen zu kehren, hielt er der Versammlung eine zwei Stunden lange Predigt, ließ dann noch ein paar Lieder singen und schloß um 3 Uhr Morgens. Diesen Pastor haben die Malbeningker nicht wieder eingeladen, auch an dem Orte, da er wohnt, keine Surinkimmas mehr gehalten.

Es ist keine Frage, daß die „Frommen" und ihre Reiseprediger den Geistlichen Konkurrenz machen und diesen deshalb im Herzen zuwider sind, aber sie dürfen sich's nicht merken lassen, sondern müssen sie mit aller Schonung behandeln, denn das Konsistorium hat die Malbeningker in seinen Schutz genommen, ausdrücklich sie zu hegen und pflegen geboten.

VII.
Littauische Sprache und Dichtung.

Wie der Herr Professor Schleicher nach Littauen reiset und mit den Littauern lateinisch spricht. — Daß die littauische Sprache bei den Gelehrten in großem Ansehen steht, und daß sie wirklich mancherlei Vorzüge und Schönheiten hat. — Von dem Epos, so einst Herr Christian Donaleitis verfasset und Herr Professor Rhesa in's Deutsche übersetzet hat. — Von den Dainos, so die Littauer noch heute aus dem Stegreif erdichten und sogleich in Gesang setzen. — Wie ein littauischer Platzmeister die Gäste invitiret und dabei mit seinem Pferd bis in die Stube und wieder hinaus reitet. — Wie weit die littauische Sprache noch heute gesprochen wird, und daß sie immer mehr verschwindet. — Zum Beschluß: Herr Oberlehrer Gisevius in Tilsit, der beste Freund der Littauer, und was er für sie gethan hat.

Im Sommer des Jahres 1852 reiste Professor August Schleicher, damals in Prag, jetzt in Jena, nach Littauen, um die dortige Sprache an Ort und Stelle zu studiren. Die Mittel dazu gewährte ihm die kaiserliche Akademie der Wissenschaften in Wien. In dem Vorwort zu seiner 1856 erschienenen „Littauischen Grammatik" spricht er von dieser Reise fast wie von einer Expedition an den Nordpol oder in das Innere Afrika's, indem er der „großen Entbehrungen und Mühsale" erwähnt, die er dabei zu ertragen hatte. Solche Aeußerungen sind nicht geeignet, den Ruf, in dem die entlegene Provinz nun einmal steht, zu verbessern; im Gegentheil müssen sie das über Littauen schwebende Vorurtheil, das doch allein in der Unbekanntschaft mit diesem Lande seine Quelle hat, bekräftigen und besiegeln. Und es bleibt unerfindlich, worin Herrn Schleicher's „große Entbehrungen und Mühsale" eigentlich bestanden. Von Professor Nesselmann in Königsberg an den liebenswürdigen Superintendenten Jordan in Ragnit und von diesem weiter über das ganze Land warm empfohlen, fand er, wie er in derselben Vorrede anerkennt, während seines fünfmonatlichen Aufenthalts überall die freundlichste Aufnahme und von den verschiedensten Seiten die hingebendste Unterstützung. Aber auch nach Abzug der „großen Entbehrungen und Mühsale" bleibt ihm immer das Verdienst einer gründlichen Erforschung der alterthümlichen, für die Sprachwissenschaft so hochwichtigen Sprache. Er kannte sie bis dahin nur aus Büchern, jetzt hörte und lernte er sie aus dem Munde des Volks selber, im Umgang mit dem gemeinen Mann, dem er, wie Luther es will, „brav auf's Maul sah". Er miethete sich bei littauischen Lehrern ein, er wohnte in der Hütte des Bauern, in Dörfern, wo er tage- und wochenlang kein deutsches Wort vernahm und gezwungen war, mit seiner Umgebung in littauischer Sprache zu verkehren. So wurde er ihrer Herr und Meister, und gab als der Erste ihr eine wissenschaftliche Grammatik.

Freilich mag sich der Professor aus Mitteldeutschland unter den noch immer etwas naturwüchsigen Littauern nicht ganz heimisch gefühlt haben. Manch kleines Abenteuer mag ihm auf seinen Wanderungen und bei seinen Besuchen passirt sein; wenigstens erzählen seine dortigen Bekannten noch heute gern folgendes Stückchen. Schleicher wohnte unter anderm auch bei dem Lehrer Marold in Kurschen, und pflegte mit diesem an Sonnabenden nach Pillkallen, der Kreisstadt, zu gehen. Pillkallen gilt für das littauische Abdera, eine Menge Schnurren und Schwänke sind von ihm im Schwange, ob mit Recht oder Unrecht, mag dahin gestellt bleiben; aber Schleicher sollte erfahren, daß dieser Ruf doch nicht so ganz ungegründet wäre. Die Pillkaller mochten noch nie einen leibhaftigen Universitätsprofessor gesehen haben, und die Kunde, daß ein solcher jetzt von Zeit zu Zeit unter ihnen erscheine, brachte die ganze Stadt in Bewegung. Jedermann wollte ihn sehen, und Niemand so recht an ihn glauben. Wo Schleicher stand und ging, sah er sich von verwunderten, zweifelnden Augen angestarrt und verfolgt. Einer der Neugierigsten und zugleich der ärgste Zweifler war ein riesiger Ackerbürger. Als dieser einst sich im Wirthshause und, wie es mit ihm gewöhnlich war, in angeheiterter Stimmung befand, zeigte man ihm einen Fremden: „Siehe, das ist der Professor!"

— Wo, wo? schrie er und stürzte vor.

Die Persönlichkeit Schleicher's, der still und bescheiden in einer Ecke hinter seinem Bierglase saß, mochte ihm nicht sonderlich imponiren. Er ließ einen Ausruf der Enttäuschung hören und näherte sich gewichtigen Schrittes und mit durchbohrenden Blicken dem Gelehrten.

— Wollen doch 'mal sehen, ob der Kerl auch Latein versteht, murmelte er. Und nun suchte er die einzige Reminiscenz hervor, über die er seit seinem Abgang von Quarta noch verfügen konnte.

— Ne sutor ultra crepidam! rief er dem Professor zu, der vor Erstaunen keine Antwort fand.

— Ne sutor ultra crepidam! donnerte Jener zum zweiten Male.

Aber Schleicher schüttelte nur den Kopf und blickte besorgt umher. Da wandte sich der Andere voll Verachtung von ihm ab und sprach höhnisch zu den Anwesenden:

— Der Kerl will Professor sein und versteht nicht 'mal, wenn ich Lateinisch zu ihm rede. Ein Brodfresser mag er sein, aber nie und nimmer ein Professor!

Erst hinterher erfuhr Schleicher, um was es sich denn eigentlich gehandelt habe, und als er wieder nach Pillkallen kam und wieder im Wirthshaus seinen Examinator traf, gedachte er sich bei ihm zu rehabilitiren, ging also auf ihn zu und redete ihn in elegantem Latein an.

Diesmal war es der Riese, der die Antwort schuldig blieb.

Der Professor fuhr fort, auf Lateinisch in ihn hineinzureden, aber der Andere, der heute zufällig nüchtern war, starrte ihn nur groß an, als begreife er nicht, was man von ihm wolle. Schleicher sah sich endlich genöthigt, zum Deutschen zu greifen, und fragte in dieser Sprache:

— Verstehen Sie mich denn nicht?

— Ganz und gar nicht! erklärte Jener ruhig.

— Aber Sie sprachen doch neulich Latein?

— Ja, sehen Sie, erwiderte der Pillkaller ohne eine Spur von Verlegenheit, Lateinisch sprechen wir hier zu Lande nur, wenn wir — betrunken sind.

Die littauische Sprache (lietuwiszka Kalba) gehört zum großen indogermanischen Sprachstamme. „Indisch und Persisch, Griechisch und Lateinisch, Slavisch, Littauisch und Deutsch, endlich die Celtisch genannten Sprachen", sagt Schleicher, „sind die Aeste (Familien) dieses Stammes. Slavisch, Littauisch und Deutsch sind besonders nahe verwandt und bilden ein Ganzes für sich; Slavisch und Littauisch aber gleichen sich in manchen Theilen der Grammatik und im Wortvorrathe so sehr, daß man geneigt sein könnte, sie für Glieder einer und derselben Sprachfamilie zu halten, doch besteht eine große Verschiedenheit in anderen Theilen des Sprachbaus. Das Littauische steht auf einer sehr alten Lautstufe, d. h. es hat sich von jenen lautlichen Veränderungen (Abschleifungen), welche im Laufe der Zeit an den Sprachen sich zeigen, größtentheils frei erhalten und überragt in dieser Beziehung namentlich seine slavische Zwillingsschwester: unter allen lebenden indogermanischen Sprachen zeigt es in seinen Lauten die bei weitem größte Alterthümlichkeit, daher seine hohe Bedeutung für die Sprachwissenschaft. In der Grammatik, wenigstens in der Konjugation, gebührt dagegen dem Slavischen der Vorrang."

Zu den Sprachfamilien, in welchen das Littauische die erste Stelle einnimmt, gehört das erst in der zweiten Hälfte des 17ten Jahrhunderts untergegangene Preußische oder Altpreußische, dessen Heimath der Küstenstrich zwischen Weichsel und Memel war. Es stand dem Littauischen sehr nahe, fast als Dialekt zur Seite; in seinem grammatischen Bau überragte es dasselbe sogar an Alterthümlichkeit. Zur Zeit der Reformation ließ Herzog Albrecht den lutherischen Katechismus und die Agende in's Altpreußische übertragen, weil die deutsche Sprache in jenen Gegenden damals noch gar nicht verstanden wurde. Wenn neuere Forschungen es als unzweifelhaft festgestellt haben, daß die alten Preußen mit ihren

Nachbarn, den Littauern, einerlei Abstammung und Religion, Kirchen- und Gemeindeverfassung hatten, so zeigt jene uns erhaltene Uebersetzung die größte Aehnlichkeit auch zwischen beiden Sprachen, so daß beide ohne Schwierigkeit sowohl von Littauern wie von Preußen verstanden werden mußten. Die Wortstämme sind fast immer dieselben, eine Verschiedenheit tritt nur in den Endungen hervor, z. B.

Gott, preußisch	Devvus, littauisch	Diewas;
Engel, =	Angol, =	Angelas;
Dorf, =	Caimo, =	Kiemas;
Tochter, =	Dockti, =	Dukte;
Vater, =	Tavve, =	Tewas;
Tag, =	Deyn, =	Diena.

Eine dritte Sprache dieser Familie ist das Lettische, eine in Laut und Grammatik jüngere Sprache, die sich zum Littauischen etwa verhält, wie das Italienische zum Latein. Sie wird gesprochen in Kurland und dem größeren Theil von Livland, außerdem vereinzelt, durch Ansiedler bei Memel und auf der Kurischen Nehrung.

Die littauische Sprache wird gegenwärtig vom Volke noch gesprochen im nördlichen Theil Ostpreußens, und in weiterer Ausdehnung in den angrenzenden Theilen Rußlands. Eine Linie von Labiau am Kurischen Haff nach Osten bis Grodno, von hier mit einer kleinen Ausbiegung nach Osten nordwärts bis in die Nähe von Dünaburg und von da westwärts zurück an die See, etwa nach Libau, dürfte das Gebiet im Ganzen und Großen umschreiben. Sowohl auf preußischem als russischem Gebiet theilt sich das Littauische in zahlreiche Dialekte, die wie beim Friesischen und Plattdeutschen mit jedem Kirchspiel, fast mit jedem Dorfe wechseln, sich jedoch sämmtlich unter zwei Hauptdialekte bringen lassen: Hoch- und Niederlittauisch, oder Littauisch im engern Sinn und Zemaitisch. Zemaitisch, abgeleitet von žemas, niedrig — braucht man gewöhnlich für jeden russischen Littauer, was jedoch nicht ganz zutreffend ist, denn auch auf russischem Gebiet scheidet man dem Libauer, im Süden, vom Zemaiten, im Norden; und auch das preußische Lit-

tauen ist nur im kleineren Theile seines jetzigen Gebiets, nämlich
südlich der Memel, hochlittauisch; der ganze Norden, jenseits der
Memel, spricht zemaitisch oder niederlittauisch. Der Uebergang vom
Hoch- zum Niederlittauischen ist ein allmäliger in der Richtung von
Süden nach Norden. Schon im Ragniter und Tilsiter Dialekte
finden sich, nach Schleicher, Spuren des Zemaitischen im Vokalis=
mus, bis endlich um Memel das letztere entschieden hervortritt.
Der Unterschied von Hoch- und Niederlittauisch vergleicht sich etwa
dem von Hoch- und Plattdeutsch. Die in Rußland erscheinenden
Bücher sind in verschiedenen Dialekten abgefaßt; für das ganze
preußische Gebiet ist ausschließliche Schriftsprache das Hochlittauische.
Wie littauische Sprache und Sitte sich noch am reinsten im Rag=
nitschen erhalten haben, so gilt auch die dortige Mundart für
klassisch.

Hinsichtlich der Flexion und des Satzbaues zeigt das Littauische
mancherlei Verwandtschaft und Uebereinstimmung mit dem Griechi=
schen und Sanskrit. Philip Ruhig, ein älterer Grammatiker,
wollte es geradezu aus dem Griechischen ableiten, wie er denn im
Littauischen gegen 400 griechische Worte entdeckte; aber seine Nach=
folger haben bewiesen, daß eine noch größere Verwandtschaft mit
dem Gothischen, Skandinavischen und Slavischen vorliegt. Dekli=
nation und Konjugation sind im Littauischen sehr ausgebildet; es
hat außer dem Singular und dem Plural auch den Dual und
einen zweifachen Ablativ, nämlich den Instrumentalis und Lokalis.
Es hat die Partizipialkonstruktion, welche schon kleine Kinder an=
muthig zu gebrauchen wissen, und die der Rede Schmuck und
Wohllaut, Kürze und Schlagfertigkeit verleiht; z. B. waikszcziodams
púle, gehend fiel er; Piktaudams imusze, indem er zornig war,
schlug er. Es ist reich an Wörtern für gewisse Begriffe, nament=
lich an Ausdrücken, welche sich auf Ackerbau, Zeiteintheilung und
Blutsverwandtschaft beziehen. So heißt z. B. laukas das ganze
Feld mit Acker und Wiesen; dirwa das Säeland; pelke das Un=
land; dumblyne schlammiges Land; pudims Brachacker; kretinys
Mistacker; palwa Weideland; drysze Grasland; piewa Wiese; klonis
eine kleine Wiese mitten im Acker; plike eine kahle Wiese, auf der

wenig wächst. Den Verwandtschaftsgrab können die Littauer weit genauer bezeichnen, als wir im Deutschen; beispielsweise heißt des Vaters Bruders dedis, dessen Weib dedene, des Vaters Schwester dede, ihr Mann dedens, der Mutter Bruder awynas, sein Weib awynene, der Mutter Schwester tetta, ihr Mann tettenas, des Weibes Vater ůszwis, des Weibes Mutter ůszwe, des Mannes Vater szeszorus, des Mannes Mutter annyta, des Mannes Bruder deweris, des Mannes Schwester mosza, des Weibes Bruder laigonas, des Weibes Schwester swaine. Auch die Geschlechtsnamen werden bei Weib und Kindern abgeändert, die auslautende Endung nämlich bei der Frau in ene, bei der Tochter in ikke, bei dem Sohne in uks verwandelt. Heißt der Name z. B. Kainys, so wird die Frau stets Kaynene, die Tochter Kaynikke, der Sohn Kaynuks angeredet.

Obgleich die Littauer kein eigentliches Ja haben, sondern dafür die Frage theilweise wiederholen, so sind ihre Antworten doch kurz und bündig: Ar atneszei? Hast du gebracht? At antwortet der Littauer kurz. Ar iszkůlei? Hast du ausgedroschen? Die Antwort ist, Isz. Ar nuejei? Bist du hingegangen? Die Antwort ist, Nu. Sie sind auch glücklich in der Zusammensetzung und Zusammenziehung von Wörtern; z. B. Szalt-mirrys ein Fröstling, von szalti frieren und mirti sterben; Gaist-dienys ein Tagedieb, von gaisti, zu nichts kommen und diena, ein Tag; Diewam padek, Gott helfe mir, ist aus drei Wörtern zusammengesetzt, aus Dicwas, Gott, man, mir und padek, Hülfe. — An höflichen Wendungen und Redensarten fehlt es den Littauern nicht. Wenn sie mit einem Vorgesetzten reden, so sprechen sie wohl: Praszau Jusů Loska, ich bitte Eure Gunst; oder; Jusů Sweikata noretu man padeti, Eure Gesundheit wolle mir helfen. Sie machen einen Unterschied zwischen geistlichen und weltlichen Personen; jene reden sie Kunnigas, diese Ponas an; wiewohl in neuerer Zeit diese Unterscheidung nicht immer beobachtet wird. Auch untereinander sind sie sehr ceremoniös und voller Komplimente; sie besitzen einen außerordentlichen Reichthum von Grüßen, Glückwünschen und Beileidsbezeugungen aller Art. Weil sie aber auch witzig und sehr beißend sein können, sind sie nicht minder reich an Spott-, Schelt-, Schimpf- und Lästerworten. Scharfe Beobachtungsgabe läßt sie leicht und schnell die Schwächen von Nachbarn, Fremden und Vorgesetzten aufspüren, und vermöge einer lebhaften Phantasie, der Bildungsfähigkeit ihrer Sprache, der Leichtigkeit, mit welcher sie diese handhaben, sind sie dann sehr erfinderisch und fast unerschöpflich an ironischen und satirischen Benennungen und Vergleichungen. Eine reizbare Person heißen sie Pukys, Kaulbarsch; einen Schmarotzer: Pilwete, Bäuchlein; einen untersetzten Menschen; Dranklys, der Kurz=Dicke; einen Heuchler: Weidmainys, Gesichtsveränderer; einen Schmeichler; Szunszudlega, Hundeschwanz; einen Schwätzer: Zwanas, Glocke; u. s. w.

Von Witz und Scharfsinn zeugen auch ihre Sprichwörter, deren sie gleichfalls eine Menge besitzen und die sie gern und häufig gebrauchen, z. B.:

Diewas dawe dantis, Diewas dus ir Dunas: Gott hat Zähne gegeben, Gott wird auch Brod geben.

Girts Penkeis, Szeszeis; Pagiroms ney Wienais: Betrunken (fährt man) mit Fünfen, Sechsen; nach dem Rausche nicht mit Einem (einzelnen Pferde).

Moteriszkês ilgas Rubas, trumpas Umas. — Lang (ist des) Weibes Gewand, kurz (doch des Weibes) Verstand.

Asz Póns, tu Póns; kasz nêsz Kaszcle? — Ich Herr, Du Herr; wer wird die Lischke (den Eß= oder Reisekober) tragen? (Nicht Alle können Herren sein).

Ligà raita atjój', pesczia atstój'. — Die Krankheit kommt geritten, zu Fuß geht sie davon.

Trotz des Wortreichthums ihrer eigenen Sprache mischen die Littauer doch mancherlei Fremdwörter in die Rede, theils gezwungen, um ihnen bisher fremde Begriffe zu bezeichnen, theils aber auch ohne Noth, in unbewußter oder bewußter Nachahmung. Wenn sie deutsch sprechen, lassen sie wie die Franzosen das H fort, wo es hörbar sein soll, und setzen es zu, wo es unnütz ist. Also sagen sie Aas statt Hase, und Haas statt Aas, Hochs statt Ochs, und And statt Hand. Das F, welches sie in ihrer Sprache nicht haben, können sie auch nicht aussprechen; daher sagen sie Peil statt Pfeil, und Perb statt Pferd; und übersetzen Franz durch Prancas, Fritz durch Priczkus, Fähnbrich durch Pendriks.

"Man bedauert", sagt Schleicher, "daß eine solche Sprache zu Grunde geht, ohne eine Literatur zu besitzen, die an Formvollkommenheit mit den Werken der Griechen, Römer und Inder hätte wetteifern mögen." — Nur Ein Werk ist vorhanden, welches aber derselbe Gelehrte ein Meisterwerk nennt, und das auch nach dem Ausspruch anderer Sachverständigen ein Nationalwerk genannt zu werden verdient. Es ist das "Jahr", ein ländliches Epos in vier Gesängen, von Christian Donaleitis, genannt Donalitius.

Der Verfasser, geboren 1714, starb 1780 als Pfarrer in Tolminglehmen bei Gumbinnen und war ein Mann von vieler Gelehrsamkeit und mancherlei Anlagen. Der griechischen, lateinischen, hebräischen, französischen, littauischen und deutschen Sprache mächtig, hat er in allen diesen zu dichten versucht, wovon mancherlei Bruchstücke unter seinen hinterlassenen Papieren sich fanden. Als Lieblingswissenschaften hatte er sich die praktische Mechanik, Optik und Physik erkoren. Im Schleifen optischer Gläser war er sehr geschickt, und die Barometer und Thermometer, die er fertigte, lange Zeit berühmt. Eine gleiche Geschicklichkeit besaß er in der Anfertigung musikalischer Instrumente, von welchen ein Flügelfortepiano, das zweite der Art in Ostpreußen, sehr geschätzt wurde. Das erste ging aus der Werkstatt seines Bruders hervor, der als Mechanikus und Goldarbeiter in Königsberg angesessen war. Mit dieser Beschäftigung verband Donaleitis die Liebe zur Musik und große Fertigkeit im Spiel. Was wenigen Dichtern zu gelingen pflegt, gelang ihm: er komponirte seine Gedichte selber und trug sie, wenn gute Freunde ihn besuchten, mit Feuer und Zartheit vor. Im Uebrigen frommen bescheidenen Sinnes, lebte er still und häuslich, ein echter Landpfarrer, seinem Amte und den Arbeiten seiner Mußestunden.

Donaleitis scheint auch sein Hauptgedicht gar nicht für den Druck bestimmt zu haben, sondern beschränkte sich darauf, einige

Partien daraus vertrauten Freunden vorzulesen und abschriftlich mitzutheilen. Erst nach seinem Tode brachte die Wittwe die Handschrift mit anderen Papieren zu einem jungen Freunde des Verstorbenen, dem Superintendenten Jordan in Walterlehmen bei Gumbinnen. Dieser, obwohl er den Werth der Arbeit nicht verkannte, wußte damit doch nichts anzufangen und übergab sie erst zwanzig Jahre später dem Professor Rhesa in Königsberg, welcher sofort die ersten Gesänge ins Deutsche übersetzte und sie dann dem Freiherrn Wilhelm von Humboldt vorlegte, der damals als Vorstand des Kirchen- und Schulwesens zu Königsberg lebte. Humboldt nahm großes Interesse daran und ermuthigte Rhesa zur Fortsetzung. Doch die inzwischen eingetretenen Kriegsstürme unterbrachen die Arbeit und erst um 1818 wurde sie vollendet. In diesem Jahre erschien endlich das Gedicht nebst der deutschen Uebersetzung von Rhesa und mit einer poetischen Widmung von diesem an Humboldt. Original wie Uebersetzung sind in Hexametern abgefaßt. Eine kritische Ausgabe des Textes nebst Glossar besorgte Schleicher 1865 auf Kosten der kaiserlich russischen Akademie der Wissenschaften.

Das „Jahr" ist zwar ein bidaktisches Epos, aber ein echtes Volksgedicht. Es schildert die Sitten und Gewohnheiten, das Leben und Treiben des littauischen Landmanns, vornehmlich seine Arbeiten und Ergötzungen im Verlaufe der vier Jahreszeiten. Die dialogische Form ist vorherrschend, nur selten tritt die rein epische Art des Vortrags ein. Alle Beschreibungen, Lehren und Erzählungen werden den sich unterredenden Bauern in den Mund gelegt; die Vergleichungen und Bilder sind alle aus dem Kreise des Landmanns hergenommen, nur selten kommen Anspielungen auf nordische Mythologie und auf die Geschichte der littauischen Vorzeit. Der Schauplatz ist ein Amtsbezirk in Oberlittauen, welcher mit ausländischen Kolonisten stark vermischt erscheint. Eine sanfte Trauer um die im Entschwinden begriffene gute alte Zeit, die Klage über das Hereinbrechen von Neuerungen, und über die unter den Landsleuten des Dichters stark herrschende Sucht, fremde Sitte und Tracht nachzuahmen — geht durch das ganze Epos und findet an verschiedenen Stellen kräftigen Ausdruck, namentlich in folgenden Versen, die in dieser Hinsicht wohl dem Ganzen als Motto dienen könnten:

>   Doch, seitdem die Welt auf Verschwendung sann und auf Großthun,
>   Und sich der Littauer Stamm mit dem deutschen Geschlechte vermischte,
>   War alle Tugend dahin, verschwunden auch jeglicher Anstand,
>   Daß nun die jungen Männer die Bastsohlenschuhe, die edlen,
>   Und die Jungfraun nicht die bunten Marginnen mehr leiden
>   Konnten; die Burschen vielmehr wie Herren mit zierlichen Stiefeln,
>   Und leichtfertig die Dirnen in kurzen Röcken sich zeigten.
>   Nicht mehr schämten sich diese, wie Fräulein geputzt zu erscheinen.
>   So ging leider, die Tugend des Littauer-Volkes verloren!
>   (II. Gesang, Vers 307—316; Uebersetzung von Rhesa.)

Außer dem „Jahr" hat Donaleitis noch Päsakos oder Fabeln, wieder in Hexametern, gedichtet, die gleichfalls von Rhesa übersetzt und im Jahre 1824 herausgegeben sind.

Von einer littauischen Literatur kann nicht gut die Rede sein, da die littauische Sprache erst Ende des 16. Jahrhunderts zur Schriftsprache erhoben wurde; nämlich durch eine littauische Uebersetzung des Katechismus, welche nur wenige Jahre später als die altpreußische Uebersetzung erfolgte. Haben es die Littauer aber nicht bis zu einer Literatur gebracht, so besitzen sie dafür eine alte Volkspoesie, und dieser Quell sprudelt noch heute frisch und ergiebig. Zahlreiche Dainos oder Volkslieder haben sich auf dem Wege der mündlichen Ueberlieferung von Geschlecht zu Geschlecht fortgepflanzt, und täglich entstehen neue. Derjenige, welcher sie zuerst der literarischen Welt empfahl, war kein Geringerer als Lessing.

„Es ist nicht lange, sagt er in den Literaturbriefen (Thl. 2, S. 241), daß ich in Ruhig's littauischem Wörterbuche blätterte und am Ende der vorläufigen Betrachtungen über diese Sprache eine hierher gehörige Seltenheit antraf, die mich unendlich vergnügte. Einige littauische Dainos oder Liederchen nämlich, wie sie die gemeinen Mägdlein daselbst singen. Welch ein naiver

Witz, welch reizende Einfalt! Man kann hieraus lernen, daß unter jedem Himmelsstriche Dichter geboren werden, und daß lebhafte Empfindungen kein Vorrecht gesitteter Völker sind."

Am Ende äußert Lessing den Wunsch, daß Ruhig doch mehr solcher Liederchen liefern möchte, aber der fromme Mann, dem diese Aufforderung nicht einmal zu Gesichte gekommen sein mag, hat es nicht gethan. Nach seinem Vorgang machte Herder in den „Volksliedern verschiedener Nationen" (Leipzig 1779) einige Dainos in der Uebersetzung bekannt. Die erste größere Sammlung, im littauischen Originaltext mit gegenüberstehender Uebertragung in's Deutsche, veranstaltete wieder Rhesa (Königsberg 1825; neue Auflage Berlin 1843). Außer ihm haben namentlich P. von Bohlen, Gisevius und Nesselmann zahlreiche Dainos, zugleich mit der Melodie, gesammelt, übersetzt und in den „Preußischen Provinzialblättern" mitgetheilt.

Die Dainos sind größtentheils erotischer Gattung. Sie besingen die Empfindungen der Liebe, schildern das Glück des häuslichen Lebens und stellen die Verhältnisse zwischen den Familiengliedern in einfacher Weise vor Augen. In dieser Hinsicht bildet die ganze Sammlung gleichsam einen Cyklus der Liebe, von ihrer ersten Veranlassung durch die verschiedensten Abstufungen bis zu ihrer Vollendung im ehelichen Leben. „Alle diese Verhältnisse sind in so mannigfaltigen Formen dargestellt", sagt Rhesa etwas überschwenglich im Vorwort zu seiner Sammlung, „daß ich nicht weiß, ob eine europäische Nation vorhanden ist, welche die Liebe der Bauernhütte in so vielseitigen Brautliedern ausgemalt hätte."

Das Erwachen der jungen Liebe, ihre Freuden und Leiden, heimliche Zusammenkünfte, verzehrende Sehnsucht, Flucht oder Entführung, Reue und Schande: alle diese Empfindungen und Situationen finden in den Dainos ihren Ausdruck. — Bei der Quirbel klagt das Mädchen:

> Rauschet, rauschet, ihr Mühlensteine!
> Mir däucht, nicht mahl' ich alleine.
> Warum verstellst Du, o schöner Jüngling,
> Auf mich, armseliges Mädchen?

Du wußtest ja wol, o Herzensjüngling,
Daß ich nicht im Hofe sitze.
Bis an die Kniee hinein in Sümpfe,
Bis an die Achseln hinein in's Wasser —
Armselig meine Tage!

Der Bursche reitet zur Braut und fröhlich singt er:

Lauf, o Hengstlein, du mein Brauner
Bis zu Schwiegervaters Höfchen.

Da kommt das Mädchen vom Rautengarten,
Das Kränzlein flechtend.

Sieh her betrachtend, Du zartes Mägdlein,
Wie mein Roß erzittert.

So wirst Du zittern, wann Du im Brautkranz
An meiner Seite stehst.

Wie rührend tönt die Klage der Waise:

Sie sandten mich zum Walde,
In's Wäldchen hin nach Beeren.
Die Beeren hab ich nicht gelesen,
Die Heidelbeeren nicht gepflücket.
Ich ging hinauf den Hügel,
Zu meiner Mutter Grabe.
„Wer weint um mich da oben?
Wer tritt auf meinen Hügel?"
„„Ich, ich, o liebe Mutter,
Einz'ge, die Verwaiste.
Wer wird mein Haar nun kämmen?
Wer meine Lippen waschen?
Wer reden Liebesworte?""

Eine wichtige Rolle spielt in den Dainos wie in den Gebräuchen der Littauer die Raute. Sie vertritt bei ihnen die Stelle der Myrthe und Rose. Beide sind wegen des rauhen Klimas selten; die Mädchen begnügen sich mit Raute, welche durch die Lebhaftigkeit ihres Grüns und die Dauer ihrer Farbe sich empfiehlt. Aus Raute flechten die Jungfrauen ihre Kränze. Sie ist das Bild der Liebe und Unschuld; der Jüngling beschenkt damit seine Geliebte, und in jedem Garten wird sie mit Sorgfalt gezogen. Von tiefer Bedeutung ist deshalb folgende Daina:

> Als ich ging in den Rautengarten,
> Sahen Fünfe, Sechse auf mich.
> Als ich kam aus dem Rautengarten,
> Hoben Fünfe, Sechse den Hut empor.
> Als ich tanzte mit meinem Gesellen,
> Trugen sie mich auf den Händen.
> Als ich tanzte mit frischen Gesellen,
> Ward mir das weiße Schürzlein zerrissen.
> Niemand fragte: Weß ist das Mägdlein?
> Warfen mich alsbald in den Winkel.

Beliebt ist die Gesprächsform, welche den Liedern dramatische Lebendigkeit und Bewegtheit giebt. Die Tochter erzählt der Mutter:

> Krieger zogen schmuck und schön,
> Riefen mich wohl mitzugehn.

Die Mutter antwortet:

> Geh nicht, Töchterlein,
> Du so jung und fein!
> Wo bleibt dann der Rautenkranz,
> Der so grün und schön von Glanz?!

Häufig ist auch der Refrain, der das Lied erst zum Liede macht, gleichsam zum Singen auffordert. Z. B.:

> Ein Reiter zog mit in den Krieg.
> Die Liebste ward traurig und siech.
> Steh auf, Geliebte, du Tiefbetrübte!
> Hast noch nicht ausgeruht?!
>
> Schon liegt auf der Bahre die Braut,
> Der Liebste ruft jammernd und laut:
> Steh auf, Geliebte 2c.
>
> Man senkt' in die Gruft bald die Braut,
> Der Liebste glaubt's nicht, er ruft laut:
> Steh auf, Geliebte 2c.

Was die Daino's besonders auszeichnet, ist der hohe Grad von Naivetät, der aus ihnen spricht und den eine Uebertragung nur sehr mangelhaft wiederzugeben vermag. Diese Naivetät kontrastirt oft nicht wenig mit unserer modernen Anschauung. So lautet eine Daina:

> Ich hatt' ein junges und muthiges Roß,
> Das trug mich durch Thäler und Höhen,
> Es sprang über's Bächlein, das reißend floß,
> Es schwamm hinüber die Seeen.
>
> Ich hatt' ein Mädchen jung und fein,
> Die konnte nicht spinnen noch weben,
> Die spann nicht zartig die Fädelein,
> Sie wob die Linnen nicht eben.
>
> Da hatt' ich ein Reislein aus Birkengrün,
> Das Reislein war schlankig und eben,
> Das lehrte mein junges Mägdelein
> Wohl feiner spinnen und dichter weben.

Doch findet sich trotz der schlichten Natürlichkeit nirgends ein unästhetisches Bild, ein Ausdruck, der den Geschmack beleidigt; vielmehr weht in allen Dainos die reinste Sittlichkeit, die Achtung für das Anständige und Schickliche, eine Zartheit und Innigkeit der Empfindung, die jedes Herz bezaubert. Dieser süße Reiz, dieses sanfte einschmeichelnde Wesen liegt theilweise auch in der Menge von Diminutiven, deren Häufung im Deutschen das Ohr beleidigen würde, und die deßhalb unübersetzbar sind. Nicht nur fast jedem Substantivum, sondern auch vielen Verben wird in der Daina die Diminutivendung gegeben, besonders deßhalb, weil es Rhythmus, Metrum und Reim erleichtert und die Sangbarkeit erhöht. Daher ist auch das Improvisiren im Littauischen nicht schwierig. Bei dem geringsten Vorfall erdichten Erwachsene und Kinder aus dem Stegreif kleine Lieder nebst der Melodie dazu. Ein Jeder aus der Gesellschaft muß der Reihe nach einen neuen Vers erfinden, und man sieht Niemand deßhalb in Verlegenheit gerathen.

Wie in der gewöhnlichen Rede des Littauers, blicken auch aus einigen Dainos Witz, Spott und Schalkheit auf, und in allen muß man die Präzision und Feinheit, ja Eleganz des Ausdrucks bewundern. Feine Anspielungen, treffende Vergleichungen, zierliche

Wendungen sind, Dank der Partizipial-Konstruktion, häufig; und dazu kommt oft ein lyrischer Schwung, ein Feuer der Empfindung, das um so mächtiger wirkt, als, wie schon gesagt, rührende Einfalt den Grundton bildet. Ein paar Beispiele werden das bestätigen. Die Mutter fragt ihre auf Besuch gekommene Tochter:

<blockquote>
Liebe Tochter, Simonene,
Wo erhieltest Du den Knaben?
</blockquote>

Und jene antwortet:

<blockquote>
Mutter, Mutter, meine Ehre,
Durch die Träume kam er.
</blockquote>

In der Daina, welche die Heimführung der Braut besingt, heißt es:

<blockquote>
„Warum lehnest Du Dich hin, mein Mädchen,
Warum aufgestützt, mein junges Mädchen?
Sind nicht holde Jugend Deine Tage,
Ist nicht leicht und frisch Dein junges Herze?"
</blockquote>

<blockquote>
„„Sind gleich holde Jugend meine Tage,
Ist auch frisch und leicht mein junges Herz noch:
Dennoch ist mir leid um diese Tage —
Heute geht zu Ende meine Jugend.""
</blockquote>

In einer andern spricht der Liebhaber:

<blockquote>
Und ich will pflücken zwei schöne Aepfel
Und will sie senden dem lieben Mädchen.
Nicht selber will ich sie tragen,
Auch keinem Andern geben;
Dem Südwind will ich sagen,
Daß er sie hinüberwehe.
</blockquote>

Und welch tiefergreifende Wirkung oft durch die einfachsten Mittel erreicht wird, dafür mögen folgende Verse sprechen:

<blockquote>
Da ließen sich hernieder
Drei weiße Schwäne
Dort auf des Jünglings Grab.
</blockquote>

Ein Schwan zu Füßen,
Ein Schwan zu Haupte,
Ein Schwan zur Seite.

Die Braut zu Füßen,
Die Schwester zu Haupte,
Die Mutter an der Seite.

Die Braut betrauerte
Ihn drei Wochen lang,
Die Schwester drei Jahre.

Und ach, die Mutter,
Die Hochehrwürdige,
So lang ihr Haupt am Leben war.

Eine dritte Eigenthümlichkeit der Dainos ist ihre sanfte Melancholie, jene süße und wehmüthige Sehnsucht, wie sie aus den Ossian'schen Gesängen ertönt. Die Liebe selbst hat kaum einen Namen und ist noch das heilige unaussprechliche Geheimniß der Natur. Von Kuß, Händedruck, verstohlenen Blicken ist hier nirgends die Rede; nirgends eine Schilderung der Schönheiten und Reize der Geliebten. Sogar die in der Umgangssprache üblichen Ausdrücke Melullis Liebhaber, Miclausas der Liebste, Jaunikkes Bräutigam — kommen in den Dainos nicht vor; statt dessen heißt es immer nur Bernytis das Knechtlein, und ihm, dessen Liebe so wahr und innig ist, daß er sich einer langen Prüfung, einer langjährigen Dienstbarkeit bei dem Vater der Geliebten unterwirft — nur ihm ertönen die Lieder. Desgleichen findet sich auch kein eigner Ausdruck für Gattin oder Ehefrau, sondern es wird dafür die weibliche Form von pat's — pati, d. h. selbst — gebraucht. Mithin nennt der Littauer die ihm Angetraute: sein Selbst, sein Ich.

Die Mehrzahl der Dainos ist erotischer Gattung; andere besingen den Frühling, die Lerche, den Garten, Ackerbau und Fischfang, das Roß; nur wenige sind Trink- und Kriegslieder.

Viele haben ein lokales Interesse und knüpfen sich an bestimmte Orte, die ausdrücklich genannt werden, z. B. an Ruß, Warruß, Pokalna, Klaipeda (Memel); oder lassen doch die Gegend errathen, wo sie entstanden sind. Seltener läßt sich dagegen die

Zeit ihrer Entstehung bestimmen. Eigentlich historische Lieder finden sich wohl bei den russischen Littauern, wo die Heldenthaten ihrer ehemaligen Großfürsten im Gesange leben; aber fast gar nicht unter den Bewohnern des preußischen Antheils. Nur ausnahmsweise heißt es in einer Daina:

> Heute trinken wir Alus;
> Morgen zieh'n wir wandernd
> In das Land der Ungarn.

In einer anderen: „Mein Sohn soll Hetmann werden." Und in einer dritten:

> Als wir zogen nach Danzigs Stadt,
> Erzitterten die Mauern Danzigs.
> Als wir zogen in Danzigs Stadt,
> Erzitterten die Herren Danzigs.

Doch scheinen die Befreiungskriege, die fast jedes europäische Volk in Begeisterung versetzten, auch auf die littauische Muse eingewirkt zu haben, und Dainos wie

> Was klagte der Vater, der Bejahrte?
> Er ließ den Sohn hinaus in's Feld zieh'n —

schreiben sich wohl aus jener Zeit her.

In vielen lebt noch das Heidenthum, die alte Mythologie. — Die Bekehrung der Littauer zum Christenthum fällt erst in den Anfang des 15. Jahrhunderts; und vor 200 Jahren fand Prätorius, wie er in seiner „Preußischen Schaubühne" meldet, noch viele heidnische Gebräuche in der Gegend von Insterburg. Kein Wunder, wenn die heidnischen Gottheiten noch heute in den Sprichwörtern und Liedern der Littauer auftauchen. — „Hat Perkun gedonnert, mit Blitzen geschlagen?" fragt eine Daina; und andere erwähnen Zempna's, der Erdmutter und des Wellengotts Bangputys. Desgleichen erscheint, wie in der Edda, auch in den Dainos die Zahl neun als eine charakteristische Zeitbestimmung; wogegen die Eintheilung von sieben Tagen und von Wochen gar nicht vorkommt.

Sehr merkwürdig, weil sie einerseits unzweifelhaft dem ältesten Heidenthum entstammt und andererseits eine auffallende Aehnlichkeit mit dem bekannten Gedicht von Heine zeigt, ist folgende Daina:

Es nahm der Mond die Sonne,
Da war der erste Frühling.

Die Sonne stand schon früh auf,
Der Mond verbarg sich scheidend.

Der Mond wandelte einsam,
Gewann den Morgenstern lieb.

Darob ergrimmte der Donnergott,
Zerhieb ihn mit dem Schwerte.

Die Versart, in welcher die Dainos abgefaßt sind, ist sehr verschieden. Einige haben ein jambisches, andere ein trochäisches, noch andere ein daktylisches, die meisten ein gemischtes Metrum, und die Versart steht immer in genauer Verbindung mit der Melodie.

Im vorigen Jahrhundert war unter den Littauern noch viel die Kanklys verbreitet, eine Art von Harfe, die sie selbst anfertigten, und auf der sie ihre Lieder begleiteten. Jetzt ist sie selten geworden, von der Geige verdrängt. Diese ist in den meisten Häusern anzutreffen und wird bei Gesang und Tanz stets hervorgesucht und von den Burschen nach Bauernmanier gespielt.

„Die Melodie", sagt Rhesa, „ist der schwierigste Theil bei Darstellung des littauischen Volksliedes, weil sie sich gar nicht in die Fesseln der Kunst fügen will. Bei der Aufzeichnung und Abfassung in Noten geht das Schönste verloren. Gleich dem Vogelgesange entschlüpfen die plötzlichen Aufsteigungen, die schnellen Abfälle, die sanften Verschwebungen. Es ergehet dem Sammler der Volkslieder bei Aufzeichnung der Melodie ebenso, wie beim Aufsetzen des Textes. Der Vorsingende ist in dem Augenblicke, wo der Aufzeichnende ihn absichtlich anhört, wie gelähmt. Schüchternheit und Zurückhaltung bewirken, daß man aus seinem Munde nur triviale Sachen erhält. Viel glücklicher geht die Gewinnung von Statten, wenn man das fröhlich singende Volk unbemerkt belauscht, an ihren festlichen Versammlungen, ohne die Absicht zu

erkennen zu geben, Theil nimmt und das Gehörte nachher aufzeichnet."
— In der That hat Rhesa, obgleich ein geborener Littauer und aus dem Volk hervorgegangen, es nicht besonders verstanden, an der Quelle zu schöpfen, mit den Bauern unbefangen zu verkehren, und seine Aufzeichnungen beruhen größtentheils auf den Mittheilungen Dritter. In dieser Hinsicht überragt ihn namentlich Gisevius, auf den ich zum Schluß zurückkomme.

Eine besondere Art der Dainos, aber in Ton und Metrum ihnen gleich, bilden die Mysles oder Räthsellieder. Eins davon ist in der freien Bearbeitung von Rhesa sehr bekannt geworden; es heißt Wintermai und Sommerschnee und lautet wie folgt:

Als die Mutter*) jüngst mich schalt,
Sprach sie: geh hinaus zum Wald,
Hole mir bei Wohl und Weh,
Wintermai und Sommerschnee.

    Trauernd irr' ich auf den Höh'n,
    An den Wäldern, an den Seen.
    „Kluger Hirt, o sag' mir an,
    Wo ich beides finden kann!"

„„Willst Du gut und treu mir sein,
Deinen Ring zum Pfande weih'n,
Lehr' ich dieses Räthsel Dich,
Frommes Mädchen, höre mich.""

    „Gut und treu will ich Dir sein,
    Diesen Ring zum Pfande weih'n.
    Sprich, wo find ich auf der Höh'
    Wintermai und Sommerschnee?"

„„Geh zum grünen Tannenhain,
Brich Dir ab ein Zweigelein,
Sprich zur Mutter ohne Scheu:
Tannengrün ist Wintermai.

    Geh zum bernsteinreichen Strand,
    Schöpfe Dir mit Lilienhand
    Wellenschaum von blauer See:
    Wellenschaum ist Sommerschnee.""

---

*) Die böse Stiefmutter.

Von den Dainos unterscheiden sich die Giesmes oder religiösen Lieder, wie die Zeitwörter dainóti: weltlich singen und gedóti: geistlich singen. Die Giesmes bezwecken theils Belehrung — weshalb zu ihnen auch die Meto-Laikai oder Jahreszeiten des Donaleitis, sowie die Pasàkos oder Fabeln gerechnet werden; theils wollen sie erbauen. Im letzteren Fall sind sie Giesmes im eigentlichen Sinne; werden von den Szwentejis oder Frommen gedichtet und athmen den Geist der evangelischen Kirchenlieder. Sie weichen deßhalb in Metrum, Stil und Melodie ganz von den Dainos ab, aber es finden sich auch unter ihnen originelle und poetische Stücke.

Am seltensten ist eine dritte Gattung der littauischen Volkslieder, die Raubos oder Todtenklagen, welche die Sehnsucht nach geliebten verstorbenen Personen ausdrücken. Es klagt z. B. die Verwaiste auf dem Grabe der Mutter:

> Wer wird mir nun wärmen Hände und Füße,
> Wer wird das Haupthaar mir kämmen?
> Wer wird die Lippen mir waschen.
> Wer zu mir reden Wörtlein der Liebe!

Oder die Dorfmädchen betrauern den Tod ihrer Freundin:

> Warum bist Du gestorben,
> Hattest Du nicht eine liebe Mutter?
> Warum bist Du gestorben,
> Hattest Du nicht eine geliebte Schwester? u. s. w.

Diese Gattung, mit den alten Begräbnißfeierlichkeiten aus dem Heidenthum herrührend, scheint sich, durch die christlichen Gebräuche verdrängt, fast ganz verloren zu haben. Daß die alten Preußen ähnliche Klagelieder bei ihren Begräbnissen hatten, erzählen die meisten Chronisten; es ist das wieder ein Beweis, wie viel Verwandtes und Gemeinsames in Sprache, Religion und Sitte zwischen den Littauern und den alten Preußen obwaltete. Beide Bruderstämme sind überhaupt von einander nicht zu trennen.

Endlich besitzen die Littauer auch noch sogenannte Sprüche. Es sind theils Trinksprüche, theils Einladungen zu Familien- und anderen Festlichkeiten; entweder in Prosa oder in Versen abgefaßt, entweder hergebrachte Reden oder auch Improvisationen. In ihnen spiegelt sich gleichfalls der poetische Sinn dieses Volkes, sein terniger Witz und seine blühende Laune. Eine Probe mag genügen.

Die Einladung zur Hochzeit wird gewöhnlich durch den nächsten Verwandten oder besten Freund des Bräutigams überbracht. Der Platzmeister, wie er in Ostpreußen überhaupt heißt, da ihm die Oberleitung des ganzen Festes obliegt — ist stets beritten; Reiter und Pferd mit langen bunten Bändern aufgeputzt. Wo er nun hinkommt, da wartet er nicht, bis ihm das Heck- oder Hofthor aufgemacht wird, sondern er setzt mit dem Pferde hinüber und ebenso über die untere Hälfte der Hausthür; er reitet bis in die Wohnstube, wo sich die ganze Familie sammt dem Hausgesinde lachend aber doch erwartungsvoll um ihn schaart, und vom Sattel herab bringt er jetzt seinen Spruch an: Z. B. *)

„Guten Tag, guten Tag, meine lieben Freunde! Nehmt nicht übel, daß ich so dreist ins Haus geritten, nicht nur in's Haus, sondern auch in die Stube. Ich junger Platzmeister und mein junges Pferd; das Pferd hat vier Füße und stolpert, und meine einzige Zunge verfehlt und erholt sich auch wieder. Ich grüße Euch vom Bräutigam und der Braut und lade zur Hochzeit auf Freitag. Den Martin zum Marschall, die Anna zur Brautjungfer, und die Uebrigen alle zum Abende; wer einen Löffel und eine Gabel aufheben und einen Krug Allaus austrinken kann. Wir werden reisen aus des Hochzeitsvaters Hause ins Haus Gottes, aus dem Gottteshause in des Königs bunten Krug (Wirthshaus); dort werden wir tanzen und froh leben, Jeder für seinen Groschen. Aber beim Zurücklehren in des Hochzeitsvaters Haus finden wir weiße Tische, bunte Krüge, umflochten, verziert und mit Allaus gefüllt. Dort finden wir Gekochtes und Gebratenes, Essen und Trinken; für unsere Pferde Brücken von Eschen und Krippen von Eichen, mit Hafer angefüllet. — Nicht weit bin ich gereiset, nicht viel hab' ich gelernet; wenn ich werde weiter reisen, werde ich auch mehr lernen. Für mich jungen Platzmeister ein Hemde; wenn nicht ein Hemde, dann ein Handtuch; wenn nicht ein Handtuch,

---

*) Mitgetheilt vom Lehrer Döhring aus Nesballen bei Mehlaugken; in den „Neuen Preuß. Prov.-Blättern", Band 5. (Jahrgang 1848).

dann ein Paar Beinkleider; wenn nicht ein Paar Beinkleider, dann ein Hosenband; wenn nicht ein Hosenband, dann ein junges Mädchen; wenn nicht ein junges Mädchen, dann ein Blümchen an den Hut. Mit Gott, mit Gott, meine lieben Freunde!"

Der einladende Platzmeister wird nämlich in jedem Hause nicht nur mit Speise und Trank bewirthet, sondern außerdem noch beschenkt, gewöhnlich mit einem Stück Leinwand oder mit langen Handtüchern, die er sofort um den Bauch oder Hals des Pferdes windet. Er steigt gar nicht ab, sondern ißt und trinkt im Sattel, nimmt auch dort die Geschenke in Empfang und sprengt jauchzend und singend von dannen, wie er gekommen ist.

— — —

Im preußischen Littauen sind Sprache und Nationalität schon tief herabgedrückt und fast ausnahmslos auf die unteren Volks= schichten beschränkt. Besonders im Süden des Sprachgebiets ist das Littauische in raschem Aussterben begriffen. Die Kreise Inster= burg, Gumbinnen, Darkehmen, zu Ende des vorigen Jahrhunderts fast noch durchaus littauisch, sind nunmehr beinahe gänzlich deutsch geworden. In den Kreisen Stallupönen, Pillkallen, Tilsit, Ragnit, Niederung und theilweise auch Labiau, sind ebenfalls die wohl= habenderen Leute und die Bewohner der Pfarrdörfer meist schon deutsch, die Bevölkerung im Ganzen jedoch noch vorherrschend littauisch. In den Kreisen Heydekrug und vor allem Memel ist das littauische Element am stärksten vertreten. Die Städte sind sämmtlich deutsch.

Nach den in Rußland erscheinenden littauischen Büchern, be= sonders nach dem littauischen Kalender zu urtheilen, muß dort die Sprache noch die wohlhabendere und theilweise gebildete Bevölke= rung umfassen. Im Preußischen werden in littauischer Sprache nur die gewöhnlichen Religionsbücher und Erbauungsschriften ge= druckt; außerdem erscheinen zwei Wochenblätter: der konservative „Keleiwis" (Pilger), herausgegeben von Prediger Kurschat in Königsberg; und seit 1863, um diesem die Wage zu halten, der in liberalem Sinne redigirte „Lietuwininkû Paslas" (Littauer

Bote) zu Heydekrug. Beide Blättchen werden viel gelesen und namentlich übt das erstere großen Einfluß.

Mit der Sprache schwindet auch die Tracht und das Wesen der Littauer. Die Zahl derjenigen, welche ihrer Muttersprache noch treu geblieben sind, sie noch ausschließlich oder, doch hauptsächlich reden, mag zur Zeit im Preußischen kaum 150,000 betragen; und dieses Häuflein schmilzt, wie das der Nordfriesen, sichtlich zusammen. Mit jedem Jahr bringt das Deutsche weiter vor und gewinnt unter den Littauern neue Anhänger. Der Ursachen dafür giebt es mehrere. In den Schulen wird nur der Religionsunterricht in littauischer Sprache ertheilt; alle Kinder müssen auch deutsch lernen, es lesen und schreiben, wenigstens es sprechen und verstehen lernen. Eben so sehr wie die Schule arbeitet die Militärpflicht dem Deutschen vor; jeder Littauer, der zum Heere eingezogen wird, kehrt mit einer mehr oder weniger ausreichenden Kenntniß deutscher Sprache und deutschen Wesens zurück, er ist fortan seinen Landsleuten gegenüber stolz darauf, dünkt sich darum gescheiter und vornehmer als sie. Und selbst wenn der Littauer seine Heimath nie verläßt, er kann sich gegen deutschen Einfluß und deutsche Eroberung doch nicht absperren. Schon in der nächsten Stadt, wo er seine Einkäufe macht und seine Produkte zu Markte bringt, umschwirren ihn auf Schritt und Tritt deutsche Worte; schon aus Mißtrauen, um im Verkehr und Handel wie vor Amt und Gericht nicht übervortheilt zu werden, sieht er sich gezwungen, Deutsch zu erlernen. Selbst in sein Dorf bringen deutsche Kolonisten; es giebt schon keinen Ort mehr, der ausschließlich von Nationallittauern bewohnt ist; überall haben sich Deutsche eingenistet, und namentlich von den größeren Bauerhöfen geht, zum Segen der Landwirthschaft, einer nach dem andern in den Besitz von Deutschen über, die mit mehr Kapital und Intelligenz an die Stelle der verschuldeten und durch ihre sprüchwörtliche Prozeßsucht ökonomisch zurückgekommenen Ureinwohner treten. Selbst mit seinem Pastor und Schulmeister kann der Littauer nicht immer in seiner Muttersprache verkehren; denn wie schon früher angeführt, sind Geistliche und Lehrer, die das Littauische wirklich beherrschen, auch außerhalb ihrer Amtsverrichtungen fließend zu sprechen vermögen, nur noch selten anzutreffen.

Die littauische Sprache und Nationalität ist in raschem Untergehen begriffen; und die Littauer haben das Bewußtsein davon, sie kennen ihr Schicksal und ergeben sich darin. Es ist fraglich, ob man nach hundert Jahren im preußischen Antheil noch eine Predigt in littauischer Sprache vernehmen, ob dann noch ein Kind littauisch unterrichtet werden wird. Darum ist es hohe Zeit, das untergehende Volk zu studiren und von ihm zu sammeln, was noch vorhanden ist. Das aber hat sich Ein Mann gewissermaßen zur Lebensaufgabe gestellt, und von ihm will ich jetzt sprechen.

―――――

Schon ehe ich nach Tilsit kam, hatte man mich an verschiedenen Orten auf den dort lebenden Oberlehrer Gisevius als auf den gründlichsten Kenner des littauischen Volksthums aufmerksam gemacht, und mir bringend empfohlen, ihn aufzusuchen; selbstverständlich zögerte ich nicht, mich ihm vorzustellen.

Es war im August an einem Nachmittage, als ich zu Herrn Gisevius ging. Er wohnt am Ufer der Memel, in dem alten verwitterten Pauperhause, als dessen Inspektor er fungirt. Die Oekonomin der Anstalt wies mich in ein Zimmer, das sofort meine ganze Aufmerksamkeit fesselte. Groß und geräumig, bestand seine hauptsächlichste Ausstattung in einem alten Klavier und in einer Unzahl von kolorirten Zeichnungen, die, nur zum kleinsten Theile unter Glas und Rahmen, sämmtliche Wände von unten bis oben bedeckten: dermaßen, daß nirgend auch nur eine Handbreit Zwischenraum geblieben war. Selbst auf Tischen und Stühlen, ja auf dem Fußboden lagen haufenweise ähnliche Abbildungen, und als ich sie durchmusterte, erkannte ich, daß sie sämmtlich theils littauische Landschaften, theils Scenen aus dem littauischen Volksleben darstellten.

Meine Betrachtungen wurden durch die nach und nach hereinkommenden, aus der Schule heimkehrenden Pauperes unterbrochen, und dann erschien auch ihr Lehrer und Aufseher. Nimmer hätte ich dem beweglichen, lebhaften Mann angesehen, daß er, wie er mir später mittheilte, schon mehr Jahre zählte als das Jahrhundert. Seine sanften blauen Augen, seine originellen Bewegungen verkündeten heitere Frische und rüstige Kraft. Und nun seine Ueberraschung und Freude, als ich ihm den Zweck meines Besuches nannte!

— O, wie freue ich mich! betheuerte Herr Gisevius, indem er wohl an zwanzig Mal meine beiden Hände ergriff und sie herzlich drückte. Ist es denn wahr, ist es denn möglich, rief er wie in fast kindlicher Ekstase, daß Sie allein der Littauer wegen hierher kommen, daß Sie von ihnen erzählen wollen, damit die Welt an meinen Littauern Interesse nehmen könnte! — O, sie verdienen es, meine edlen Littauer! — Ich schwöre es Ihnen, sagte er feierlich, sie sind dessen nicht unwerth! Aber ich hatte nicht mehr darauf gerechnet, und darum freue ich mich, freue ich mich so sehr!

In der That, er glühte und funkelte vor Freude! Nur mit Mühe konnte er mir auf dem kleinen Sopha eine Ecke frei machen, indem er die umherliegenden Bilder und Bücher wegräumte. Er selber nahm mir gegenüber auf der Kante ein Stuhles Platz, rieb sich vergnügt die Hände und betrachtete mich mit liebevollen Blicken. Es litt ihn aber nicht lange, still zu sitzen, nach wenigen Augenblicken sprang er auf und lief, um seiner Erregung Luft zu machen, im Zimmer auf und nieder. Dann begann er zu erzählen und zu zeigen, und es ward des Erzählens und Zeigens kein Ende, denn er sprach von dem Thema seines Herzens.

— Was Sie hier sehen, sagte er, ist Alles meiner Hände Werk. Ich habe Alles selber gesehen, Alles miterlebt, Alles nach der Natur selber gezeichnet. Seit fast vierzig Jahren habe ich alle meine Ferien dazu verwandt, um ganz Littauen die Kreuz und die Quer zu durchstreifen. Ich habe mit den Littauern gegessen und getrunken, an ihren Tänzen, Spielen und Festen theilgenommen. Ich habe ihre Sitten und Gebräuche, ihre Märchen und Sagen, ihre Lieder und Sprüchwörter gesammelt. Ich kenne sie wie irgend Einer!

Er sprach damit nicht zu viel. Schon aus den „Preußischen Provinzial-Blättern" kannte ich ihn als einen emsigen Forscher und Sammler; aus den Schilderungen und Mittheilungen, die er dort theils unter seinem wahren Namen, theils unter dem bezeichnenden Pseudonym „Kielauninkas", das ist der „Wanderer", gegeben hat. Und jetzt sah ich seine Wohnung, die in Wahrheit einem littauischen Museum glich. Außer den Bildern besaß er an Büchern so ziemlich Alles, was über Littauen und seine Bewohner erschienen ist; ferner sorgfältig angelegte Herbarien, Sammlungen der einheimischen Gesteinarten, merkwürdige Funde und Petrefakten, ausgegrabene Waffen, Schmucksachen und Geräthschaften; überhaupt die zahlreichsten und verschiedenartigsten Belege zur Kunde Littauens, sowohl was die Vorzeit als Gegenwart anlangt.

Mit erklärlichem Stolze wies er mir diese Schätze, die ihm um keinen Preis feil sind, denn sie bilden die Ausbeute seiner Mußestunden und das Glück seines einsamen Alters.

— Wären Sie doch ein paar Wochen früher gekommen, ehe die Schule wieder angefangen! meinte er. Dann hätte ich Sie auf Ihrer Reise begleitet, ich selber hätte Sie umhergeführt. Ich bin über ganz Littauen bekannt, überall habe ich Gastfreunde, die mich zu den Ferien herausholen, oder mich's wissen lassen, wenn's bei ihnen eine Festlichkeit giebt. Ich bin nämlich nirgends so gerne, fühle mich nirgends so wohl und heimisch als unter meinen Littauern. Es ist mir bei ihnen stets so, als ob ich in die Zeiten der Homerischen Welt zurückversetzt wäre, als ob das klassische Alterthum wiedergekommen sei.

— Und es ist wirklich, fuhr er eifriger werdend fort, ein klassisches hochbegabtes einziges Volk. Was auch die Gelehrten dagegen sagen mögen, ich bleibe dabei, die Littauer entstammen nicht nur dem Orient, sondern sie sind auch mit Egyptern, Griechen und Römern in Berührung gekommen. Wann und wie? kann ich allerdings nicht nachweisen, aber die Thatsache ist mir aus der littauischen Nationaltracht und aus verschiedenen Sitten und Gebräuchen des räthselhaften Volkes unzweifelhaft. — Betrachten Sie nur die Gesichtsbildung der jungen Mädchen. Sie finden fast in jedem Dorfe antike ideal=klassische Profile. Erinnert die Haartracht der Ragainerinnen nicht an die egyptischen Ammons=hörner= oder trojanischen Kreusaflechten? Sind ihre breiten Stirn=bänder nicht ähnlich den Kopfbinden der Vestalinnen, zeigen ihre buntgestickten Hemden nicht ganz den griechischen Schnitt? Und lebt nicht unter den Littauern selbst noch die Sage, daß sie einst aus Persien vertrieben wurden, ausgewandert sind, wo die Sonne aufgeht, und die Gottheit ihnen geheißen hat, so lange zu wan=dern, bis sie an ein Meer kommen würden? — Mein theurer Herr, was sagen Sie dazu? fragte Herr Gisevius, und faßte mich eindringlich an einem meiner Rockknöpfe.

Ich sagte dazu nichts, dachte aber bei mir, daß der alte Herr durch seine unbegrenzte Vorliebe zu den Littauern sich doch zu etwas gewagten Konjekturen und Hypothesen verleiten lasse. Da ich indeß schwieg, fuhr er guten Muthes fort:

— Wenn ich unter den Littauern bin, kommen mir immer wieder diese Gedanken, und ich kann mich ihrer nicht entschlagen. Sehe ich die Frauen in ihrem reichen Festputz, so glaube ich am Hofe des Prusias von Bithynien zu sein. Als ich zum ersten Mal einer Hochzeit beiwohnte und die Mädchen mir als Gastgeschenk gestickte Taschentücher überreichten, mich mit Gürtel und Strumpf=bändern schmückten, kam ich mir wie auf einem altrömischen Bei=lager vor. Und als man vor der mit ihrem Gefolge ankommen=den Nutaka (jungen Frau) das Hofthor verschloß und sie fragte: wer sie sei? und was sie wolle? — mußte ich unwillkürlich der bei den Römern üblichen Sitte gedenken, wo bekanntlich die caja genau in derselben Weise empfangen oder vielmehr zunächst in dieser Art zurückgewiesen wurde. Mein bester Herr, ich bitte Sie: ist solche Uebereinstimmung in den Ceremonien bei Römern und Littauern bloße Zufälligkeit, oder darf man mit Rücksicht hierauf nicht vielmehr auf einen inneren Zusammenhang zwischen beiden Völkern schließen?

Herr Gisevius schlug mit der flachen Hand triumphirend auf sein Knie, und da ich ihm nicht zu widersprechen wagte, ging er noch weiter.

— Mehr als dies Alles, sagte er, beweist die Musik der Littauer, ihre Sangweise, die einen durchaus altgriechischen Charakter trägt, insofern der Tonfall ein mehr recitativer und deklamatorischer als melodiöser ist. — Hören Sie nur!

Er setzte sich vor das Klavier und sang mit seiner alten zitternden Stimme, aber voll Begeisterung eine Daina.

— Achten Sie auf diese düstere Tonart! Sie ist ganz dorisch. — Und jetzt eine lydische, bemerkte er, einen Uebergang machend. — Da haben Sie eine phrygische Weise. — Nun eine ionische. — Und endlich eine äolische. — Was meinen Sie, verehrter Herr, sind das nicht Beweise genug, und starke überzeugende unumstößliche Beweise?

Ich antwortete ihm, daß ich leider von der Musik der alten Griechen nicht viel verstände, und da inzwischen mehrere Stunden verflossen, wollte ich mich verabschieden. Aber er litt es nicht, er bat mich so bringend, zu bleiben, indem er mir noch verschiedenes mitzutheilen habe und in diesen Mittheilungen das höchste Vergnügen finde, daß ich ohne ihn zu kränken, nicht gut gehen konnte. Und ich blieb gerne und durfte es nicht bereuen.

Eine alte Dienerin trug einen Imbiß auf, und nachdem wir gegessen, setzten wir unsere Stühle auf den Balkon vor die Thüre. Die Vögel spielten und zwitscherten in den Bäumen, die vor dem Hause standen, Segelfahrzeuge zogen auf der breiten Memel an uns vorüber, ein Dampfer legte mit schrillem Pfeifen an der nahen Landungsbrücke an, zu unsern Füßen jagten sich lachend und jauchzend kleine Knaben und Mädchen, Lehrjungen trieben am Wasser ihre Späße, junge bralle nacktarmige hochaufgeschürzte Dienstmädchen kamen mit ihren Eimern und plauderten und scherzten mit blauröckigen sporenklirrenden Dragonern — aber Herr Gisevius sah und hörte von dem Allen Nichts, er erzählte immerfort von seinen Littauern, und er bemerkte es nicht, daß die Sonne Abschied nahm, das schönste Abendroth hinterließ und allmälig die Schatten der Nacht tiefer und tiefer herabsanken und uns dicht einhüllten.

Aus seinen Erzählungen, aus allen seinen Reden klang es heraus: er hatte die Littauer nicht blos aus wissenschaftlichem Interesse, sondern um ihrer selbst willen, mit Liebe und Begeisterung studirt; er sah nicht mit der Miene eines Forschers auf sie herab, sondern mit Verehrung und Bewunderung zu ihnen hinauf. Obgleich von Geburt ein Masure, war er im innigen Verkehr mit diesem Volk selbst zum Littauer geworden. Er fühlt und denkt wie ein Littauer und — hat das einst in einer Weise bewiesen, die wohl erwähnt zu werden verdient.

Vor zwanzig und mehr Jahren regierte zu Gumbinnen ein eifriger Schulrath, Namens Rettich. Dieser hatte der littauischen Sprache den Tod geschworen, er wollte sie in den Schulen mit Stumpf und Stil ausrotten und erließ deshalb Ukas über Ukas an die Lehrer seines Reiches. Durch ganz Littauen ging ein Schrei des Unwillens und der Verzweiflung, die Eltern klagten und jammerten, aber es half ihnen nichts, alle Vorstellungen und Bitten blieben vergeblich. Das schnitt Herrn Gisevius ins Herz und er beschloß sich an den König selbst zu wenden, er richtete also an Friedrich Wilelm IV. ein Schreiben, das etwa folgendermaßen lautete:

Euer Majestät, als erhabener Freund und Beschützer von Kunst und Wissenschaft, lassen Burgen und Schlösser restauriren, die Denkmale der Vergangenheit konserviren. Euer Majestät werden nicht zugeben, daß ein ganzes Volk vertilgt werde, daß man den Littauern ihre Sprache und Nationalität nehme ꝛc. ꝛc.

Bald darauf erging ein Rescript des Kultusministeriums an die Gumbinner Regierung, ihrem Eifer Einhalt zu thun, und der Status quo wurde wieder hergestellt; zum Jubel der Littauer, zum Aerger des gestrengen Schulraths, der vergebens nach dem Urheber forschte. Einige Jahre später kam der König nach Tilsit, wo ihm, als er das Gymnasium besuchte, auch Herr Gisevius vorgestellt wurde. Sobald er den Namen vernahm, äußerte Friedrich Wilhelm gegen den Träger desselben, er müsse ihn schon früher einmal gesehen oder von ihm gehört haben; aber wann und wo? — Doch Jener war zu bescheiden und zu ängstlich, um an sein damaliges Schreiben zu erinnern und schwieg davon.

Herr Gisevius hat weder Weib noch Kind; ich glaube, er hat nicht einmal mehr einen Verwandten: — seine Familie sind die Littauer, und darum sieht er mit Trauer und Wehmuth das schnelle Hinschwinden dieses merkwürdigen Volks.

Anhang.

Durch die Ostpreußische Sahara.

1. Der Eintritt in die Wüste.

Kurisches Haff und Kurische Nehrung. — Weißleuchtendes Dünengebirge. — Todtenstille und Sonnenbrand. — Memel. — Gatt. — Gefährliche Einfahrt, Strandungen und Schiffbrüche. — Strandrecht und Stranddieberei. — Hauptdüne, Vordüne, Nebendüne. — Die Nomaden der Wüste. — Reichstagswahl im „Sandkrug". — Zwei Welten.

Wer heute nicht wenigstens in Paris, London, Rom oder Neapel gewesen, darf in gebildeter Gesellschaft gar nicht mitreden. Selbst auf den Pyramiden ein Frühstück verzehrt, in Sibirien einen Zobel gejagt, im Wigwam des Indianers mit diesem eine Pfeife geraucht zu haben — gilt nicht mehr für etwas Besonderes. Immer weiter schweift der Schwarm der Touristen, immer tiefer bringen die Reisenden von Profession in das Innere der entlegensten und nur mit Todesgefahr zugänglichen Länder vor. Bald, so verkündet triumphirend die Wissenschaft, wird uns kein Fleck auf der Erde mehr unbekannt sein!

Allein über dem Schweifen in die nebelhafte Ferne wird nur zu oft die Erforschung der Heimath vernachlässigt. Es giebt im deutschen Vaterlande, es giebt in der preußischen Monarchie noch mancherlei Gegenden und Eilande, die kaum dem Namen nach bekannt sind und doch des Seltsamen, Fremdartigen und Interessanten nicht weniger bieten als meinetwegen die märchenhaften Gestade, an welche einst Robinson Crusoe oder gar der ehrliche Schiffskapitain Gulliver verschlagen wurde.

Schon auf der Schulbank träumte ich in der Geographiestunde von der ostpreußischen Sahara, von der mich damals nur wenige Meilen trennten. Schon damals dachte ich daran, sie zu durchwandern; aber Lehrer und ältere Freunde verwarfen diesen Plan als ein thörichtes Abenteuer, von dem ich nur Strapazen, Gefahren und Langeweile zu erwarten hätte. So unterblieb es, bis ich im vorigen Sommer besuchsweise nach meiner Heimath zurückkehrte.

Der Dampfer durchrauschte die grünlich blühenden Wasser des Kurischen Haffs, zur Rechten hatte ich die flache Küste der littauischen Niederung, zur Linken begleitete das Schiff ein langes weißleuchtendes Gebirge, bald von den Sonnenstrahlen rosig angehaucht, bald in bläulichen Duft sich hüllend, und überhaupt in allen Farben des Regenbogens schillernd. Es war das Ziel meiner langjährigen Sehnsucht, es war die Kurische Nehrung, welche das Haff von der Ostsee trennt, die zuweilen, wenn die Bergreihe sich senkte, und ich mich auf die Spitzen meiner Füße stellte, jenseits des Gebirges herauffunkelte.

Die Kurische Nehrung ist eine etwa 15 Meilen lange, aber nur durchschnittlich $^1/_4$ Meile breite Landzunge, die vom Badeorte Kranz nach der Seestadt Memel läuft, wo das Haff durch eine schmale Oeffnung in die Ostsee abfließt. Diese Landzunge bildet eine nur von wenigen Oasen unterbrochene Sandwüste, denn sie besteht in der Hauptsache aus einer Kette von Dünenbergen, die sich bis 200 Fuß erheben.

Während der Dampfer unter der Nehrung hinsegelt, läßt sich die Form und Beschaffenheit der Dünen deutlich erkennen. Sie fallen mit steiler Böschung ab zu einer schmalen, bald ganz kahlen, bald dürftig begrasten Ebene; oder es sind völlig senkrechte Sturzdünen mit sanft abgerundeter Kante, von der man den Sand fast beständig, bald leise, bald ruckweise in das den Fuß bespülende Haff abfließen sieht. Zuweilen treten sie ein wenig zurück und lassen einen schmalen Streifen von Ufer frei, wo unter dem mächtigen Druck der kolossalen Sandmassen der blaue, vielfach muschelreiche Mergel des Haffbodens aufquillt. Wo solche Streifen breiter werden, kündigt sich ein bereits vom Dünensande verschütteter Teich an, springen teil- und halbkreisförmig sogenannte Haken in das Haff vor, mit kärglicher Weide bestandene Flächen.

Von dieser Entfernung aus gesehen, zerfallen die Dünen zunächst in einzelne ziemlich runde Kuppen; weiter nordwärts wird der Zug weniger unterbrochen, erscheint bald höher aufschwellend,

bald als sanft eingekerbter Kamm. Oft ist auf Meilenweite kein
Mensch, keine Hütte, kein Baum zu erblicken, nicht einmal ein
Vogel oder ein Grasbüschel zu entdecken — nur der feine glatte,
weiße, die Augen blendende Sand, über welchem der blaue wolkenlose
Himmel brütet; oder ein paar Fußstapfen, die vielleicht schon acht
oder vierzehn Tage alt sind. So sehr fehlt es der Oberfläche des
Sandes an jeder Unebenheit, und so stark markirt sich bei gün=
stiger Beleuchtung auch die leiseste Unterbrechung; jede Abhangs=
ebene färbt und schattet sich von der unter einem andern Winkel
niedersteigenden scharf und deutlich ab.

Todtenstille und Sonnenbrand. — Plötzlich erscheint auf der
Höhe der Düne in einer schwachen Einsattlung ein Pferd, ein
zweites, ein drittes, eine ganze Heerde, und hinter ihr der berittene
Hirte; lauter riesenhafte Gestalten, die sich fast in die Himmels=
decke bohren. Wie die Pferde aber den Berg hinabsausen, werden
sie kleiner und kleiner, geradezu zwergartig; und ebenso schrumpft
auch der Goliath von Hirte zu einem kleinen Knaben zusammen.
Jetzt stehen sie alle in ihrer natürlichen Größe dicht gedrängt am
Ufer des Haffs und stillen, unbekümmert um den Schaum der
Wellen, ihren brennenden Durst.

Mit dem sich entfernenden Dampfer verweht auch das bewegte
Bild. Wieder haftet der Blick an der in schreckhafter Ruhe auf=
steigenden völlig kahlen Sturzdüne, die nur von Zeit zu Zeit wie
ein sammetglänzender Mantel ihre Beleuchtung ändert. Wieder
zieht die Dünenkette in trostloser Oede, in endloser Ausdehnung
an den müden Augen vorüber; nur in langen Zwischenräumen er=
scheinen kleinere und größere Weidenbüsche, ein vereinzelter krüppel=
hafter Baum, ein dünnes halbverschüttetes Kieferngehölz, oder gar
ein Trupp Fischer, Männer und Weiber, die ihren Fang auf das
Land bringen oder die Kähne längs dem Ufer ziehen. So ver=
rinnt Stunde auf Stunde, bis dann endlich ein armseliges Dorf
auftaucht; nur zwei oder dreimal wird die todeswüste Einöde von
einem Waldstück oder einer wirklichen Oase unterbrochen. Je
weiter nach Norden, desto mehr verflachen sich die Sandhügel, und

deſto näher tritt auch die jenſeitige Haffküſte heran, bis ſie an der Spitze der Nehrung dieſe faſt berührt.

Damit haben wir Memel, die nördlichſte Stadt in Deutſchland, erreicht, und ſchon am andern Morgen trug mich die Fähre über das nur 100 Ruthen breite Tief oder Gatt nach der Nehrung hinüber. Mit mir fuhr eine Anzahl von Herren und Damen aus der Stadt, um, wie es die Memeler während des Sommers täglich thun, am dortigen Seeſtrande zu baden. Wir landeten unweit des ſogenannten Sandkrugs; außer ihm befindet ſich auf dieſem Theile der Nehrung nur noch die Wohnung des Förſters und ein paar Fiſcherhütten. Von dem Förſter ſollte man auf eine Forſt, mindeſtens auf ein Wäldchen ſchließen dürfen, aber es ſind ringsum nur wenige ganz vereinzelt ſtehende Bäumchen und etwas Geſträuch zu erblicken. Jener Beamte iſt mehr eine Art von Gärtner, denn er hat die Anpflanzungen in den Dünen zu leiten und zu beaufſichtigen, welche die Memeler Kaufmannſchaft mit großen Koſten anlegen laſſen. Sie beſtehen vornämlich aus Sandgräſern und werden mit der äußerſten Sorgfalt gehegt und geſchont; weder Menſchen noch Thiere dürfen bei hoher Strafe ſie betreten. Durch ſie will man dem Wandern der Dünen Einhalt thun, dieſe zum Stillſtehen zwingen, und ſo der Verſandung vorbeugen, die fortwährend Tief und Hafen bedroht.

Weil alſo der Eintritt in die Dünen verboten iſt, mußte ich meinen Weg längs dem Haffufer nehmen und ebenſo wenig durfte ich mich den Fortificationswerken nähern, die unweit der Spitze, um im Kriege Einfahrt und Hafen zu vertheidigen, angelegt worden. Die 15 Meilen lange Landzunge endigt mit einer Mole, welche mit weißflockiger Wolle oder zartflaumigem Schnee bedeckt ſchien. Näher und näher kommend, ſah ich, daß es ein Heer von Möwen war, die alle dicht gedrängt am Boden kauerten. Erſt als ich faſt unmittelbar vor ihnen ſtand, erhoben ſich dieſe Tauſende und abermal Tauſende von Möwen und umſchwirrten mich mit ſo entſetzlichem Geſchrei, daß mir die Ohren gellten, mit ſo heftigem Flügelſchlage, daß ich fürchtete, ſie würden ſich auf mich ſtürzen und mich verſpeiſen. Sie vereinigten ſich über mir zu einem Schwarm, der fast die Sonne verdeckte, und ließen sich dann in nächster Nähe von Neuem nieder.

An den mächtigen Steinen der Mole fließen die Wogen des Haffs und der Ostsee zusammen. Die Ausströmung des Haffs ist so stark, daß die Meerenge nur süßes Wasser enthält, welches auch noch eine ziemliche Strecke in die See hinein sich durch seine dunklere Färbung von dem Meerwasser unterscheidet. Noch zu Anfang dieses Jahrhunderts betrug die Breite des Gatts 3000 Fuß, seither hat es sich, indem heftige Eisgänge Stücke von der Nehrung fortrissen und in die Fahrbahn spülten, bis auf 1200 Fuß verengt und bedrohlich verflacht. Die eigentliche Fahrstraße ist kaum noch 100 Fuß breit und nur mit großer Vorsicht zu passiren, so daß in der stürmischen Herbst- und Frühlingszeit hier manches Schiff scheitert. Deshalb bietet man Alles auf, um durch Bepflanzung der Dünen und Anlegung von Buhnenwerken, das sind geflochtene Zäune, in welchen der Sand sich fängt und anhäuft — die Nehrungsspitze zu befestigen und vor weiterer Zerstörung zu schützen. Trotzdem bleibt die Gefahr, daß das Tief in Folge irgend eines gewaltigen Sturms völlig versandet, worauf das Haff einen andern Ausweg suchen, die Nehrung durchbrechen und dann die schon lange gefürchtete Vereinigung mit der Ostsee vollziehen würde.

Auch die hiesige Rhede ist wegen der vielen Klippen und Sandbänke berüchtigt, und es vergeht kein Jahr, wo sich nicht zehn und mehr Schiffbrüche vor den Augen der Memeler und der Nehrungsbewohner zutragen. Die Mannschaft wird meistens gerettet, aber Schiff und Waaren gehen entweder ganz zu Grunde oder verderben wenigstens. Das auf den Strand gerathene Schiff wird gewöhnlich an den Meistbietenden verkauft, der nun auf eigene Kosten den Versuch wagt, Fahrzeug und Ladung zu heben. Gelingt ihm dies, so hat er freilich großen Gewinn; wo nicht, ist das Geld weggeworfen. Sind die Waaren nur zum Theil verdorben, so behält sie entweder der Eigenthümer selbst, oder er verauktionirt sie ebenfalls. In beiden Fällen verliert er ansehnlich; allein eine einzige, glückliche Fahrt bringt alles mit Zinsen wieder ein.

Ein alter invalider Matrose, mit dem ich ein Gespräch anknüpfte, erwies sich als eine lebende Chronik der Schiffbrüche und Strandungen. Unter Anderm erzählte er zwei Fälle, die sich im letzten Jahre ereignet und ein grausiges Interesse boten. Ein englischer Schoner trieb auf die Nehrung, blieb sitzen und barst mitten durch. Während die eine Hälfte sofort versank, rettete sich die ganze Mannschaft auf den andern Theil und hielt hier so lange aus, bis ihr der Lootsenkutter zu Hülfe kam. — Auf dem Wrack eines andern gescheiterten Schiffes fand man, als man nach 48stündigem Orkan sich endlich ihm nähern konnte, drei Menschen. Der Eine war an den Mastbaum gebunden, bereits eine Leiche und von seinen Kameraden angefressen. Der Zweite lag in tiefer Ohnmacht und genas erst nach langwieriger schwerer Krankheit. Der Dritte, welcher sich bisher mit dem Fleisch der Leiche das Leben gefristet hatte, war und blieb frisch und gesund.

Wenn zur Zeit der Tag- und Nachtgleichen die großen Stürme herrschen, ist der unheilvolle Strand der Nehrung mit Schiffstrümmern und Schiffsgütern oft wie übersäet, und nicht selten spülen auch die Leichen von Menschen und Thieren an. Dann halten, ehe die Beamten dazu kommen können, die Nehrunger eine goldne Ernte. Früher galt, wie anderwärts, auch an dieser Küste das aller Menschlichkeit Hohn sprechende Strandrecht, welches den Schiffbrüchigen alles Eigenthums, selbst der Kleidung beraubte und ihm nur das nackte Leben ließ. Noch heute erzählt man von dem Strandvogt von Rossitten, der in dunklen stürmischen Nächten eine Laterne aushing und so die Schiffe auf den Strand zu segeln verlockte, worauf er die Mannschaft ohne Erbarmen tödtete und ausplünderte. Jene böse Zeit ist vorbei, aber auch noch heute treiben die Nehrunger, wenn sich dazu eine günstige Gelegenheit bietet, wenigstens — Strandbieberei.

Vom Sandkruge auf der Spitze der Nehrung sind es volle drei Meilen, bis man erst wieder auf eine feste Ansiedelung trifft. Der Weg über die ganze Landzunge führt meist längs dem Seestrande; und so lange in Ostpreußen noch keine Chaussee existirte, war dies auch die große Poststraße von Königsberg nach Rußland.

Wie oft haben höchste und allerhöchste Herrschaften diese einförmige und ermüdende Fahrt machen müssen! Trotz der besten Pferde und zahlreicher Relais ging es in dem tiefen Sande immer nur Schritt vor Schritt und zur Erleichterung der Thiere stets halb in der Seeschälung, so daß die salzigen Wasser in den Wagen spritzten. Auch die russischen Czaaren und Großfürsten sind hier öfters gefahren, am häufigsten die preußische Landestochter, die Kaiserin Alexandra, wenn sie ihre hohen Verwandten in Berlin besuchte; und auf der Nehrung leben noch ein paar greise Postillone, die sich freudig der erlauchten Frau und der ihnen von dieser gespendeten reichen Trinkgelder erinnern. Von der alten Poststraße aber zeugen noch die morschen schwanken Pfähle und die vereinzelt stehen gebliebenen halbverschütteten Weidenbäume längs dem Seestrand und in den Dünen, oft auf Meilenweite die einzigen Spuren menschlicher Thätigkeit.

Der Strand oder die Uferbank, welche bei stürmischer See die Wellen überfluthen, hat eine durchschnittliche Breite von 100 bis 200 Schritten; sie erhebt sich von der See allmälig bis etwa 5 Fuß, um sich dann nach dem Innern der Nehrung um 1 bis 2 Fuß wieder zu senken. An dieser Grenze legen die Wogen ihre Bürde nieder: Knollen von Quarz und Feldspath, Korallen und Gruppen von Muschelschalen, auch Reste von Dorschen und andern Fischen, einige Planken und Balken. Von Lebendem sieht man gewöhnlich nur kleine Krebse, die aus ihren senkrechten Sandröhren herauftrieben und zu Hunderten und Tausenden herumspringen; bis sie etwa um 10 Uhr Vormittags wegen der stärker wirkenden Sonnenstrahlen ihr Spiel aufgeben und in ihre Behausung zurückkehren.

Auf den Strand folgt eine unregelmäßige Reihe kleiner, nur 15 bis 20 Fuß hoher Vordünen und weit hinter ihnen die Hauptdüne, der die ganze Nehrung durchziehende 100 bis 200 Fuß hohe langwellige Sandrücken, von welchem sich in unregelmäßigen Intervallen rechtwinkelig abstrebende Nebendünen nach der Haffseite hinziehen; einige zungenartig und abgeflacht ins Haff hinauslaufend, andere kurz vor dem Haffufer steil abfallend. Das

Ganze hat den Character der Wüste, der sich weiterhin noch kräftiger und wilder ausprägt. Abgesehen von dem Reiz, den Witterung und Beleuchtung einer jeden Seeküste verleihen, ist diese Strecke mit die einförmigste und öbeste der ganzen Nehrung, da des vorliegenden Kupstenterrains halber nicht einmal der majestätische Dünenzug überall zur Ansicht kommt.

Erst eine starke halbe Meile vom Sandkruge folgt wieder eine kleine Abwechselung. Von den Vorläufern der Dünenberge längst erreicht und vom kahlen Flugsande rings umstarrt, erscheint ein kleines Ellerngebüsch mit daran sich schließendem und ins Haff verlaufendem Rohrbidicht und etwas sumpfigem Wiesenboden, der aber bei 2 bis 3 Zoll Tiefe auch nur klaren hellen Sand zeigt. Es ist der einzige grüne Fleck auf der drei Meilen langen Strecke vom Sandkrug bis Schwarzort, dem nächsten Dorfe. Es ist die Hirschwiese, die nur in dieser Wüste auf den Namen „Wiese" Anspruch machen darf. Hirsche, Rehe und Hasen, alles Wild ist längst auf der Nehrung ausgerottet, weil es den Dünenanpflanzungen großen Schaden that; selbst die Weidehut für das Vieh der armen Nehrunger ist aus dem gleichen Grunde auf gewisse dürre Flecke eingeschränkt. Statt der Hirsche und Rehe weideten hier jetzt etliche Kühe und Pferde. Es ist das Vieh der Schwarzorter, das täglich 2 ½ Meilen weit hierher wandert, oder auch tage- und wochenlang ohne Aufsicht eines Hirten hier weidet. Ein Verlaufen ist nicht zu befürchten, denn ringsumher starrt das Sandmeer, in das sich die Thiere schon aus Instinct gar nicht wagen.

Schon war ich über eine Meile gewandert, ohne eine Menschenseele zu entdecken. Da, nach der Haffseite hinüberbiegend, erblicke ich plötzlich, ganz dem Character der Wüste entsprechend — ein Lager von Zelten. Es sind die Nomaden der Nehrung, Fischer aus Sarkau, die sich jetzt von ihrer Heimath wohl 12 Meilen befinden. Die Zelte sind aus den Segeltüchern ihrer Kähne und mit Hülfe einiger in den Sand gestoßenen Stangen errichtet und mit der Oeffnung nach dem Winde gestellt. In jedem Zelt wohnt eine Familie, Mann und Weib mit Kindern und Hausthieren, darunter vornämlich Hunde und Katzen, Schweine und

Hühner. Im Frühling haben sie ihre Hütten in Sarkau vernagelt und sind auf ihren Kähnen davongezogen. Sie befischen die ganze Nehrung, indem sie von Zeit zu Zeit ihre am Haffufer aufgeschlagenen Zelte abbrechen und immer weiter hinauf ziehen. Je nachdem es Wind und Wetter erlauben, fahren sie von ihrem zeitigen Lagerplatz täglich auf den Fischfang, und bringen ihre Beute nach Memel oder nach der Niederung entweder selbst zu Markt, oder verkaufen sie an jüdische Fischhändler, die sich bei ihnen einfinden. Erst mit dem Eintritt des Spätherbstes kehren sie in ihre Heimath zurück und leben nun den Winter hindurch von ihrem Sommerverdienst, theils von dem eingelösten baaren Gelde, theils von dem Brodgetreide, das sie bei den Niederungern gegen ihre Fische eintauschen.

Ihre Hauptnahrung besteht natürlich auch in Fischen, die sie oft gar nicht kochen, sondern ganz roh oder nur an der Sonne gedörrt verspeisen. Es sind blutarme aber sehr genügsame und mit ihrem Leben durchaus zufriedene, weil von Kindesbeinen daran gewöhnte Leute. Nur der Schnaps darf nicht ausgehen, das stört ihr Behaglichkeitsgefühl sehr empfindlich. So eben waren ein paar Böte heimgekehrt, und ich ließ mir von dem Fange ein Gericht Flunber bereiten, die, obwohl nur in Salz, ohne jede andere Zuthat gekocht, gar nicht übel schmeckten. Als ich meine Schuld bezahlen wollte, meinte die nur mit einem kurzen Unterrock von rothem Fries bekleidete Frau: es wäre ihr lieber, wenn ich statt des Geldes ihrem Manne einen Tropfen Branntwein geben könne; er habe seit gestern keinen gesehen. Leider konnte ich damit nicht dienen.

Gern hätte ich meine Wanderung noch bis Schwarzort fortgesetzt, allein die Fischer riethen mir dringend davon ab, indem sie mich an das Gespenst der Nehrung, an den Triebsand, erinnerten. Gerade zwischen hier und Schwarzort gebe es gefährliche Stellen und als Fremdling dürfe ich die Tour ohne Führer nicht wagen. Weil diese Warnung nur zu begründet war, kehrte ich also um und erreichte, bei der glühenden Hitze aus allen Poren schwitzend und in dem brennenden Sande vor Müdigkeit fast umsinkend, um die Mittagszeit wieder den Sandkrug.

Hier traf ich eine laute Gesellschaft. Es war gerade der 31. August, und auch in diesem Gasthaus sollte die Wahl eines Reichstags-Abgeordneten stattfinden. Sie mußte jedoch unterbleiben, denn außer dem Gastwirth waren nur noch drei Wahlberechtigte erschienen, während das Gesetz die Gegenwart von mindestens 5 Personen verlangt, bevor sich der Wahlvorstand constituiren kann. Weil man also nicht wählen konnte, fing man an zu trinken und schließlich sich zu zanken. Es entspann sich ein heftiger Streit zwischen dem Förster und dem hier zur Verhütung des Schmuggels stationirten Zoll-Controleur einerseits und dem kleinen dicken zinnoberrothen Fährpächter andererseits. Die beiden Beamten behaupteten, dieser sei durch seinen Contract verpflichtet, sie und ihre Familien jederzeit gratis nach Memel überzusetzen. Der Fährpächter nahm die Behauptung als eine persönliche Beleidigung und schwur mit heiserer Stimme: das habe er nicht nöthig und das werde er nicht thun; denn er sei sein freier Herr und keineswegs der Diener der beiden — — —

Die Furcht, mich einer Beamtenbeleidigung schuldig zu machen, hält mich ab, die nun folgenden Ausdrücke des ergrimmten Fährpächters wiederzugeben. Ich weiß auch nicht, was seine Gegner erwiderten, denn, da der Streit eine handgreifliche Wendung zu nehmen drohte, ging ich hinaus, um von der Höhe des Hügels, auf welchem der Sandkrug gelegen, noch einmal die Gegend zu beschauen.

Man übersieht hier gewissermaßen zwei Welten: eine fertige und eine erst entstehende oder auch vielleicht schon im Untergang begriffene — darüber sind die Gelehrten nicht einig. Vor mir erhebt sich Memel, ein kleines London, mit seinen saubern geräumigen Gassen, mit den seit dem großen Brande von 1854 zum größten Theil neuerbauten meist nur ein- und zweistöckigen schmucken und soliden Häusern; mit dem schönen bequemen Hafen, in welchem ein Wald von Masten schaukelt; mit der hohen schlanken Säule des Leuchtthurms, mit der grünen Plantage, aus der weiße Land- und Lusthäuser hervorblicken, und welche es geschickt verbirgt, daß auch Memel eigentlich in einer kahlen, wenig fruchtbaren Gegend liegt. Aber es ist doch immer von Aeckern, Wiesen und Gehölzen umschlossen; während wir jetzt, uns wendend, in die Sandwüste der Nehrung hineinschauen, wo der Mensch wie eine verfrühte Erscheinung sich ausnimmt, denn der Boden vermag ihn nicht zu ernähren; ihm nicht einmal Schutz und Sicherheit gegen das feindliche Element des Meeres zu gewähren. Werden die Fluthen diese armselige Landzunge vollends wegspülen; oder wird sie noch einmal werden, was sie vor Jahrhunderten schon war, — ein grünes schattiges Waldparadies??

2. Eine Waldparadies-Trümmer.

Der Hochwald von Schwarzort. — Herbstliche Badegäste. — Pastorat und Fischerkirche. — Kurische Fischerhäuser und ihre Bewohner. — Im Hochwald. — Linnea borealis. — Der Reactionair par excellence — Schlachten zwischen Cormorans und Fischreihern. Wie die Düne über den Hochwald wandert. — Begräbniß und Auferstehung der Bäume. — Im Baumstamm ertrunken. — Drei Wälder über einander. — Memento mori!

Was zu Lande mit großen Mühseligkeiten verbunden war und ohne Gefahr kaum auszuführen gewesen, ließ sich zu Wasser leicht und bequem erreichen. In etwa anderthalb Stunden brachte mich der Dampfer von Memel nach Schwarzort, wo er mich absetzte und dann seine Tour verfolgte.

Man glaubt zu träumen, indem man, wie das Schiff um die Ecke biegt, statt der endlosen kahlen Dünenberge, an denen wir seit drei Meilen vorübergefahren — nun plötzlich einen prächtigen Hoch= wald erblickt. Es sind die Trümmer des Waldparadieses, das einst die ganze Nehrung bedeckte. Hart am Ufer des Haffs ziehen sich in langer malerischer Reihe kleine schornsteinlose Fischerhütten und drei moderne Logirhäuser hin; während die seitlichen Ausläufer des Dünenkamms, zum Theil nach dem Wasser steil abfallend, reizende Waldschluchten zwischen sich einschließen. Es ist Schwarzort, eines der fünf Dörfer, welche sich auf der ganzen 15 Meilen langen Landzunge befinden; seit einigen Jahren ein namentlich von Memelern be= suchter Badeort.

Auf der Hinreise nach Memel schmückte die lange schmale Landungsbrücke ein Flor junger lachender Damen, die die neuan= kommenden Gäste auf das Anmuthigste bewillkommneten, während sie uns, die wir weiter fuhren, mit ihren weißen Tüchern schel=

mische Grüsse nachsandten. Heute blieb der Platz still und leer, denn es war ein kalter nebliger Morgen, und kaum hatte ich das Ufer betreten, da begann es sacht zu regnen. Im größten Logirhause fand ich den Wirth mit seinen Gästen beim Kaffee, den sie gemeinsam einnahmen; Herren und Damen noch im Negligé, und Alle bildeten gewissermaßen eine Familie. Je weiter die Jahreszeit vorgerückt war und je mehr Gäste sich bereits verloren hatten, desto enger rückten die übrigen zusammen. Es war ein fast melancholischer Anblick, dieses Häuflein zu sehen, das bei dem draußen hartnäckig niederrieselnden Regen nicht recht wußte, was es mit der Zeit anfangen sollte.

Trotz des Regens ging ich hinaus, um den Pfarrer aufzusuchen, von dem man mir sagte, daß er am Ende des Dorfs wohne. Es war ein weiter beschwerlicher Weg; der feuchte Sand und noch mehr der zähe Schlamm am Haffufer hing sich an meine Stiefel, welche stecken zu bleiben drohten, und die himmlischen Wasser wuschen mich weidlich aus. Von unten bis oben mit Koth bespritzt, mit triefenden Haaren und Kleidern langte ich vor dem Pastorate an. In dem Flur, dessen Thüren offen standen, saßen zwei junge Damen mit einer Handarbeit beschäftigt und schauten mich, ob meines sonderbaren Aufzugs, halb ängstlich halb lächelnd an. Es waren die Frau Pfarrer und eine Freundin, die auf Besuch gekommen. Meine stammelnden Entschuldigungen wurden freundlich aufgenommen, und ebenso freundlich und gefällig bewies sich auch der junge Pfarrer, mit dem, wie es sich später herausstellte, ich noch zusammen studirt hatte.

Das Pfarrhaus ist klein und bescheiden, wie man es von der Nehrung erwarten kann, aber sonst wohnlich eingerichtet. Vor ihm befindet sich eine Art eingezäunter Wiese, in welcher ein paar kümmerliche Obstbäumchen stehen. Sie bildet die ganzen Dienstländereien des Pastors, und hier weidete eine Kuh, welche seinen ganzen Viehstand ausmacht. Um sie den Winter durchzuhalten, kaufte er so eben eine Kahnladung Heu, die ihm 23 Thlr. kostete.

— Das ist für mich eine große Summe, sagte er; mehr nehme ich im ganzen Jahr nicht an Stolgebühren ein.

Seine Gemeinde beschränkt sich auf das Dorf, auf die hier wohnenden Fischer; sein ganzes Einkommen beläuft sich auf etwa 600 Thaler jährlich, und es fließt, wie bei den andern Pfarrern auf der Nehrung, zum größten Theil aus der Staatskasse. Um den armen Insulanern, wie man sie wohl nennen darf, die Wohlthaten von Kirche und Schule zu gewähren, bringt der Staat ein verhältnißmäßig großes Opfer.

Der Pfarrer ist zugleich Schulmeister; er unterrichtet täglich die Dorfkinder in den üblichen Gegenständen. Früher war ein besonderer Lehrer angestellt, ein ehemaliger Schneider, der noch heute als Emeritus in dem kleinen Schulgebäude lebt. Nachdem er in Ruhestand gesetzt worden, zog die Regierung die Stelle ein und übertrug das Lehramt dem Pastor, um diesem, zumal seine Geschäfte als Seelsorger nicht groß sind, noch eine kleine Nebeneinnahme zu verschaffen.

Sobald der Regen etwas nachgelassen, gingen wir nach der Kirche, die einen Steinwurf weit vom Pastorate und mit diesem in einer reizenden Waldschlucht liegt. Nimmer hätte ich aus dem Aeußern des Gebäudes seine Bestimmung errathen, ich hielt es vielmehr zunächst für eine Scheune, aber das Innere befriedigte mich vollkommen. Es ist eine wahre Fischerkirche, ohne jeden Schmuck; allein gerade ihre Armseligkeit macht einen rührenden feierlichen Eindruck. Die ganze Ausstattung besteht in etlichen rohen vom Alter geschwärzten Holzbänken, in einer morschen Kanzel und einem kleinen Altartisch. Eine Orgel ist nicht vorhanden, der Pfarrer intonirt, und die Gemeinde fällt sicher ein. An den kahlen Wänden hängen grüne und vertrocknete Votivkränze; sie gelten in der Regel Fischern, die auf der See oder im Haff ertranken. Der Gottesdienst findet an jedem Sonntag sowohl in deutscher als in littauischer Sprache statt; und auch die Confirmanden werden in beiden Sprachen unterrichtet; wiewohl ihre Gesammtzahl eine sehr geringe ist, im letzten Jahre z. B. — drei.

Wir machten auch Besuche in den Fischerhäusern, die, wie erwähnt, alle keinen Schornstein haben, und gemeinhin im sogenannten Gehrsaß, von vierkantig behauenen Holzstämmen erbaut sind. Das Fehlen des Schornsteins deutet keineswegs auf Armuth, oder auf eine niedrige Culturstufe der Bewohner, sondern es ist, wie diese behaupten, für jedes ordentliche Fischerhaus eine umgängliche Nothwendigkeit, eine probate Einrichtung.

Der geräumige ungedielte Flur ist auch hier der gewöhnliche Aufenthaltsort für die ganze Familie. Die übrigen Gemächer werden nur im Winter oder zum Schlafen benutzt, und die ganze Haushaltung zeigt mehr Ordnung und Reinlichkeit als man sonst in Fischerhütten zu finden gewohnt ist. Außer dem buntbemalten irdenen und weißen Geschirr, außer den Tellern und Schüsseln, die jedes an der Rückseite mit einer Oese zum Durchziehen eines Fadens versehen, in Reih und Glied an den Wänden hängen, erblickt man öfters manch befremdliches Möbel, z. B. eine Bank mit mächtiger reich verzierter Rücklehne, recht artig aus den Arabesken vom Spiegel einer gestrandeten Brigg zusammengesetzt, oder den Kopf und halben Leib einer Seenymphe, einen Cajütendivan u. dgl. m.

Wir trafen meistens regelmäßige und intelligente Gesichter, und wurden überall zuvorkommend empfangen. Die Tracht der Frauen ist vorherrschend ein Schwarz oder Dunkelblau, von welchem sich die weiten weißen Hemdärmel hübsch abheben; die Männer lieben eine schwarz und weiß getigerte Wollenjacke, über welche sie beim Ausgehen eine blaue Tuchjacke mit blanken Knöpfen ziehen. Der Pfarrer sprach mit seinen Beichtkindern Littauisch; unter sich sprechen die Bewohner der nördlichen Nehrungshälfte jedoch einen Lettischen Jargon, und man meint, daß sie aus Kurland oder Livland herstammen, weshalb sie denn auch nebst den Fischern an der östlichen Haffküste im Munde des Volks noch heute Kuren heißen. Das Deutsche verstehen sie nicht immer und sprechen es noch seltener.

Wie alle Insassen abgelegener armseliger Gegenden zeichnen sich auch die Nehrunger durch Gottesfurcht, kirchlichen Sinn und Anhänglichkeit gegen ihren Geistlichen aus. Im Uebrigen sind sie äußerst sparsam, geradezu geizig, schlau berechnend und seitdem Badegäste zu ihnen kommen, gewohnt, sich jede Handreichung mit Geld aufwiegen, sich ihre Produkte übermäßig bezahlen zu lassen.

Doch nun in den Hochwald hinauf, der die Hauptdüne etwa bis zur Hälfte erklimmt. Hohe Kiefern werden streckenweise durch jungen Aufschlag von Ebereschen angenehm unterbrochen, und hin und wieder prangt selbst eine kräftige Eiche. Am Boden wuchert üppig die in Deutschland so seltene, sonst nur im hohen Norden vorkommende Linnea borealis, ein ausdauerndes immergrünes Kraut, im duftigen Blüthenflor; daneben Büsche von Weidenröschen und die zarten Blätter des Hasenklee. Noch belasten sie alle schwere Regentropfen, aber schon regt sich unter und auf ihnen ein geschäftiges Leben. Eine Nonnenraupe kämpft unter heftigen Krümmungen mit einem Ameisenlöwen, diesem Reactionair par excellence, da er in seinem ganzen Leben auch nicht einen Schritt vorwärts thut — und der Reactionair bleibt Sieger. Weiterhin sitzt an dem Aste eines Brombeerstrauchs eine grüne Heuschrecke und ist eben dabei, Toilette zu machen, nämlich ihre Puppenhaut abzustreifen. Eine große Libelle sieht ihr neugierig zu und vergißt darüber, das wehrlose Thier zu fangen. Hoch über uns ziehen Falken ihre spurlosen Kreise, Reiher fliegen schweren Flugs seewärts hinüber, und einzelne Möven durchfurchen mit ihren zackigen Flügeln das Luftmeer. Dazu das magisch wechselnde Licht im Walde, wenn den hervorbrechenden Sonnenblick ein neuer Wolkenschauer verjagt, und umgekehrt.

Vom Kamm der Hauptdüne laufen durch den Wald etwa fünf oder sechs Seitendünen nach dem Haff hin, deren höchste Firsten wohl noch 100 Fuß über dem Wasserspiegel liegen mögen; zwischen ihnen sind breite schluchtige Thäler, die entzückende Blicke auf die Hütten des Dorfs und das von Dampfern und Segelkähnen belebte Haff gestatten. Und seitwärts ein andres Schauspiel! Auf der höchsten baumreichen Kuppe einer dieser Nebendünen haben sich Cormorans angesiedelt. Früher war dieser Berg der Brüteplatz der Fischreiher, die wohl meinen mochten, der Mensch sei ihr einziger Feind. Da kam vor ungefähr 12 Jahren, vielleicht von den dänischen Inseln, vielleicht auch von der skandinavischen Küste, ein Dutzend Cormorans und begann eine heftige mehrtägige Schlacht mit den Reihern, die den starkschnäbeligen Fremdlingen endlich weichen und ihre mühsam gebauten Nester preisgeben mußten. Schwarzort schien den Cormorans zu gefallen, denn im nächsten Jahr kam die fünffache Zahl an, und seitdem vermehrten sie sich von Jahr zu Jahr. Während einige beschäftigt sind, die schreienden Jungen zu füttern, sitzen andre neben den Nestern, bös auf uns herabschauend, und noch andere umschwärmen unruhig den Berg. Wegen des kräftigen Hakens, in den der Oberschnabel ausläuft, und des weit ausdehnbaren kropfartigen Schlundes ist der Cormoran ein Verwandter des Pelikan; ein paar abstehende Federn am Hinterkopf und die meergrünen Augen geben dem Thiere ein teckes unheimliches Ansehen. Er ist ein überaus geschickter Segler, Schwimmer und Taucher; im Mittelalter wurden an der englischen Küste Cormorans zum Fischfang abgerichtet, eine Kurzweil, mit der sich vornehme Herren belustigten.

Neuerdings haben sich auch wieder einige Rehe, Hasen und Füchse im Schwarzorter Walde eingefunden, aber der Förster wird sie unerbittlich vertilgen, sie dürfen um des Waldes willen nicht am Leben bleiben. Und auch die armen Schwarzorter, wenngleich sie mitten im Waldparadiese leben, die Früchte desselben sind ihnen verboten, ihr Vieh darf es nicht betreten. Ein hartes aber nothwendiges Verbot; denn die Existenz des kostbaren Waldes, von dem nichts weniger als die Erhaltung der Nehrung abhängt, würde in Frage gerathen, wenn der Staat den Anwohnern auch nur die geringste Weidegerechtigkeit bewilligen möchte.

Der stolze Hochwald führt eine beredte Sprache; er giebt uns ein Bild der Nehrung, wie sie vor Zeiten gewesen, ehe des Menschen Hand, nicht ahnend die furchtbaren Folgen, die schützende Waldung zu vernichten begann und so die zerstörende Kraft der Natur entfesselte. Ist doch der Boden, der Sand der Berge und Schluchten um Schwarzort, kein anderer als überall auf der Nehrung, und es bedürfte kaum der Tradition oder des augenscheinlichen Beweises, den der vielfach in den kahlen Dünen freigewehte alte Waldboden mit seinen Stubben und verrotteten Baumstämmen liefert, um einzusehen, daß die ganze Landzunge einst solchen Wald hervorgebracht hat. Ja, die ganze Nehrung war noch im Mittelalter ein einziges Waldparadies; der Hochwald von Schwarzort ist nur eine Trümmer davon, und auch er geht, trotz des peinlichsten Schutzes, den man ihm angedeihen läßt, bereits mit Riesenschritten der Vernichtung entgegen.

Noch in der Mitte des vorigen Jahrhunderts stand die nördliche Spitze mehr als 1 ½ Meilen vom Dorfe ab — im Jahre 1800 nur noch um 1400, heute kaum noch um 400 Ruthen. Während des siebenjährigen Krieges haben die Russen arg in dem schönen Walde gehauset, ihn theils ausgehauen, theils niedergebrannt. Das Uebrige thaten die Dünen.

Der Wald wird von zwei Seiten angegriffen, oben am Kamm der Düne und unten am Fuß derselben. An der oberen Grenze kämpfen Vegetation und Dünensand einen ungleichen Kampf; der Wald duldend, ausharrend; der fliegende Sand unaufhörlich angreifend, bis ein Stamm nach dem andern erliegt. Zuerst wird der Vorposten, die alte Rinde, stückweise abgerieben. Bäume, welche in dieses Stadium getreten sind, haben in ihrem hellbraunen Unterkleide zwar ein frisches Ansehen, doch sind sie bereits dem Tode geweiht. Denn bald werden auch die Blätter der jungen Rinde abgerissen und dadurch die Lebensschicht des Baumes blos gelegt. Er stirbt ab und verliert beim ersten Sturm den Wipfel, oder er bricht auch wohl nahe an der Wurzel ab. Beim Vorrücken der Düne wird der Stumpf allmälig verschüttet. Eine neue Reihe von Bäumen wird auf dieselbe Weise angegriffen, getödtet, begraben. Die fußlangen Bartflechten, von denen selbst die jungen Kiefernstämme in regelmäßigen Spiralwindungen umzogen sind, vertreten hier die Stelle der Kränze und Gewinde, mit welchen man die Schlachtopfer zu schmücken pflegte.

Ganz anders der Zerstörungsprozeß an der unteren Grenze des Waldes. Von dem Cormoranberge sieht man durch das Geäst eine lange kahle Düne durchleuchten. Sie ist die mächtigste der Seitendünen und begrenzt gegen Norden hin das Revier des heutigen Waldes. In der Richtung ihrer Länge geht sie langsam gegen das Haff vor, schreitet dagegen seitlich schnell fort und wird **einst Wald und Dorf begraben.** Oberlehrer Dr. J. Schumann aus Königsberg hat berechnet, daß sie in jedem Jahr um 36 Fuß vorrückt; daß sie, sobald sie den Hochwald erreicht, noch schneller vorrücken und in längstens 80 Jahren das Dorf angreifen wird. Einige Jahrzehnte später wird Schwarzort nur noch in der Erinnerung existiren, wie so manches andere verschüttete Dorf auf der Nehrung.

Es mag befremden, daß nach Dr. Schumann's Behauptung, der Wald das Vorrücken der Düne nicht aufhalten, vielmehr beschleunigen solle. Der Grund dafür ist der, daß die vom Dorf kommenden Winde durch den Wald gehemmt, ohne Einwirkung auf den Dünensand bleiben, während die Nordwinde ihre volle Geltung behalten. Der nach dem Wald gerichtete Abfall der Düne ist eine rein ausgeprägte schiefe Ebene; man sieht, selbst bei völliger Windstille, unaufhörlich Sand über die scharfe Kante fliegen. Auf diese Weise gehen die Bäume allmälig zu Grunde. An der obern Grenze des Waldes sterben sie in Folge der Einwirkung des Flugsandes ab, werden vom Seesturm zerbrochen und ihr Stummel allmälig mit Sand überschüttet. Hier unten beginnt die Zerstörung umgekehrt mit dem Begräbniß und endet mit dem langsamen Tode. Man findet Bäume, die 5 bis 10 Fuß bereits verschüttet sind, und scheinbar doch ungestört weiter vegetiren. Namentlich ertragen Kiefern und Tannen eine starke Versandung, allenfalls auch Birken, weniger junge Erlen. — Trotz des steilen Abfalls läßt sich die Düne leicht ersteigen, und man gelangt so in die Kronenäste alter Bäume und schreitet weiterhin über die Wipfel fort!! — Während einige Bäume erst eben vom Fuß der Düne erreicht werden, sind die davor stehenden bereits bis zur Hälfte des Stammes begraben; und etwas weiter, den kahlen Dünenberg empor, ragen nur noch die Zopfenden der mächtigen Kiefern als kleine auf dem nackten Sande unmotivirt erscheinende Büsche hervor. So unglaublich es auch zunächst klingt, es ist dennoch buchstäblich wahr: Die Düne wandert gleich unerbittlich über den Rasen einer kleinen Waldwiese wie über die höchsten Bäume des Forstes weg.

Aber auch hier folgt dem Begräbniß die Auferstehung, allerdings eine gespenstische und schreckhafte. Mit dem Ueberschreiten der Düne befindet man sich in der Welt dieser unheimlichen Auferstehung. Wie der Baum auf der Südseite in die wandernde Düne eintritt, so tritt er nach etwa zehn Jahren auf der Nordseite wieder heraus. Aber sofort werden die in der Zwischenzeit ausgedörrten Aeste, sobald nur der Sand von ihnen abgewehrt ist, zerbrochen, zerrieben und atomenweise verstreut; und dasselbe geschieht später mit dem verrotteten Stamme. Nur festere Bäume halten Stand und erheben sich 5 bis 10 bis 15 Fuß über die geneigte Düne. Den meisten fehlt indeß oberhalb des Bodens der Splint, allen die Rinde, die aber unter dem Sande stets vorhanden ist. Ja, manchmal bleibt die Rinde fast allein übrig, eine äußerst lockere Holzmasse und etwas herabgefallenen Sand umschließend. Diese unterirdischen Bäume markiren sich nur durch einen kaum bemerkbaren Rindenring. Daher warnt man auf der Nehrung den Wanderer: er möge sich hüten, nicht in einen Baumstaum zu fallen und darin zu ertrinken! Und wirklich ist das schon öfters geschehen, und die Förster von Schwarzort und dem nächsten Dorfe, Nibben, haben bereits zu wiederholten Malen Verunglückte aus dieser schauerlichen Todesgefahr errettet.

Auf der Nehrung, dieser wüsten Landzunge, häufen sich die Wunder. Noch wunderbarer als der Prozeß von Begräbniß und Auferstehung, aber aus ihm erklärlich, weil mit ihm zusammenhängend, ist die auf geognostischen Forschungen beruhende Thatsache, daß der Hochwald von Schwarzort auf einem andern älteren Walde steht, ja, daß sich unter diesem wieder ein dritter, der eigentliche Urwald der Nehrung, befindet, hier also drei Wälder sich übereinander thürmen. Der ältere Wald bestand durchweg aus Eichen und andern Laubhölzern, wie das seine Ueberreste bekunden. Einen Theil derselben bilden die bis über 600 Jahre alten, jetzt meistens schon hohlen Eichen von Schwarzort; der andere und hauptsächlichste Theil findet sich unter einer $2\frac{1}{2}$ Fuß tiefen zunächst grauen und dann grünlichen Sandbede, und er besteht aus einer sechszölligen Humusschicht mit Holzkohle gemengt. Der Urwald enblich liegt noch tiefer begraben, auch über ihm lagert wieder eine ebenso mächtige und ebenso beschaffene Sandschicht, die ihn von dem älteren Walde trennt; er selbst ist in eine wohl 5 Fuß tiefe kaffeebraune Sandmasse verwandelt. Jedes einzelne dieser kaffee=braunen Sandkörnchen zeigt sich unter der Lupe mit braunen Blätt=chen und Brocken derartig bedeckt, daß von dem Mineral selbst nur wenig zu sehen ist. Behandelt man sie mit kochendem Wasser, so erhält man einen förmlichen Kaffeeaufguß; die dünne braune Hülle löst sich von den Körnern ab und ihre mikroskopische Be=trachtung lehrt, daß auch der Urwald aus Laubhölzern bestand.

Urwald wie älterer Wald ziehen sich unter den sie belagern=den Dünen über die ganze Nehrung hin. Oft tritt der ältere Wald mit der von ihm übrig gebliebenen Humusschicht offenbar zu Tage; an einzelnen Stellen, wo die Düne thalartig ausgeweht ist, zeigen in sich zurückkehrende Kreise und Ovale die ehemaligen Hügel und Rücken des alten Waldes an; in der Regel sieht der Beobachter aber nur lange bogen= und schlangenförmige Streifen, über denen der neuere, unter denen der ältere Dünensand liegt.

Der Hochwald von Schwarzort ist nur eine Trümmer des jüngsten und dritten Waldes, der mit seinen Hauptpartieen auch bereits untergegangen ist. Wo die Düne zum Stillstand gezwun=gen ist, wo sie sich mit einer Grasnarbe bedeckt hat, findet man unter einer Lage von Dünensand zunächst eine Schicht humosen Sandes und dann erst die Ueberreste des älteren Waldes und die des Urwaldes, die mit Holzkohle vermengte Humusschicht und die kaffeebraune Sandschicht. Jene oberste etwa 3 Zoll mächtige Schicht humosen Sandes ist eben das Residuum des jüngsten, des dritten Waldes; und wenn nach etwa einem Jahrhundert die tückische Düne über den heute noch so stolzen Hochwald von Schwarz=ort hinweggegangen sein, ihn zerbrochen, erstickt, zerrieben haben wird, wird auch von ihm nichts weiter zu entdecken sein als ein solcher Bodensatz. Memento mori!

3. Kalifornien.

Etwas „Reelles". — Wie man Millionair wird. — Eine Flottille von Dampfbaggern.
— Paternosterwerk. — „Keine Ruh bei Tag und Nacht". — Vorweltliche Bäume. —
Vorweltliche Insecten im Bernsteinhaus. — Vorweltliche Künstler. — Bernsteinlager. —
75,000 Pfund jährliche Ausbeute. — Was der Staat und die Provinz dabei gewinnt.
— Schichtenwechsel. — Polizei-Stubien. — Bernsteinwerthe. — In der Bernstein-Colonie.
— Hölzerne Kasernen. — In der „Berghalle". — Illumination des Haffs.

Leser und Leserinnen, welche meinen Schilderungen bisher gefolgt sind, werden mir vielleicht zugestehen, daß die Natur der Nehrung eine großartige, wechselvolle und abenteuerliche ist; aber trotzdem meinen: es sei und bleibe doch immer ein wüster unfruchtbarer armseliger Fleck Erde, und er biete thatsächlich nichts — Reelles.

Um so mehr wird man sich verwundern, wenn ich jetzt zeige, daß er, ganz widersprechend dieser Meinung, ein wahres Kalifornien umschließt, reiche Schätze, die fast unerschöpflich fließen. Zwar wird hier nicht Gold gegraben, wohl aber ein Mineral, das unter Umständen dem Golde an Werth und Kostbarkeit wenig nachsteht. Es ist ein der preußischen Ostseeküste eigenthümliches Produkt, das ihr seit Jahrtausenden Weltruf verschafft hat, mit einem Worte — der Bernstein.

Seit Jahrtausenden wirft die Ostsee diesen geheimnißvollen Stein an die Küste, besonders reichlich auf der Strecke von Danzig bis Memel, also auch an den Strand der Kurischen Nehrung, aber gerade hier war die Ausbeute keine besondere. Schon seit Jahrhunderten begnügten sich die Anwohner nicht mehr mit dem, was das Meer ihnen freiwillig in den Schooß warf, sondern man fing an, den auf dem Rücken der Woge herantreibenden Bernstein zu schöpfen, ihn vom Seegrunde loszustechen, und namentlich an der Küste und im Innern des Landes auszugraben; Alles mit dem besten Erfolg, oft mit überraschenden großartigen Resultaten. Ein Spatenstich brachte oft Stücke von vielen Pfunden, im Werthe von 1000 bis 40,000 Thaler zu Tage. Alle diese Funde wurden aber verdunkelt, als man vor sechs Jahren ein neues Bernsteinlager am Fuße der Nehrung entdeckte, das reichste und ergiebigste seit Menschengedenken.

Schon vorher hatte man an der jenseitigen Haffküste bei Prökuls nach Bernstein gegraben, aber die Ausbeute war so wenig lohnend, daß man die Gruben immer wieder eingehen ließ. Da kamen zwei Memeler auf den Gedanken, den Grund des Haffs selber erforschen zu wollen; sie theilten ihn den Fischern von Schwarzort mit und stellten diesen das Anerbieten, sich mit ihnen zur Hebung der verhofften Schätze zu verbinden; Unkosten und Gewinnst sollten dann gemeinschaftlich gehen. Aber die Schwarzorter scheuten die Kosten und versprachen sich keinen Erfolg. Nun setzten die Beiden ihren Plan allein in's Werk, und bald sahen sie ihre kühnsten Erwartungen übertroffen. Es waren ein Kahnschiffer, Namens Stantien, und ein jüdischer Händler, Namens Becker; beide befanden sich damals in sehr heruntergekommenen Vermögensverhältnissen: — heute gelten sie schon für Millionaire.

Eine gute Viertelstunde nördlich der letzten Häuser von Schwarzort, idyllisch am Rande des Hochwalds gelagert und längs dem Haffufer sich hinziehend, finden wir die Colonie des ostpreußischen Kaliforniens. Sie nimmt sich einfach genug aus, denn sie besteht nur aus etlichen Baracken, Schuppen, Werkstätten und Comptoirs; Alles von Holz schlicht und roh aufgeführt, lauter Nothbauten, nur um das erste Bedürfniß zu befriedigen. Um so imposanter erscheint die Flottille von Dampfbaggern, die kaum tausend Schritt vom Ufer entfernt, sich in voller Arbeit befinden.

In Begleitung des Pfarrers und seiner beiden Damen kam ich in der Bernstein-Colonie an. Wir meldeten uns bei dem Geschäftsführer, einem Verwandten und Namensvetter des Unterneh=

mers Stantien; und dieser ertheilte nicht nur auf das Bereitwil=
ligste die erbetene Erlaubniß, sondern er ließ auch eine schmucke
Jolle bemannen und uns auf dieser nach den Baggern hinaus=
rudern.

Es sind gegenwärtig 12 an der Zahl, etliche größer, andere
kleiner; und auf jedem arbeiten 10—25 Mann. Wir hielten
bei einem Hauptbagger und kletterten hinauf. Der alte Werk=
meister, der hier als erster Beamter fungirt, führte uns selber
umher. Er kommt, wie er sagte, höchst selten an's Land; er ißt
und schläft auf dem Fahrzeug, wo er seine eigene Kajüte hat und
ein eigens dazu angestellter Koch ihm die Speisen bereitet. Unter
ihm stehen: 1 Maschinenmeister, 2 Baggermeister und die eigent=
lichen Arbeiter.

Betrachten wir jetzt die Baggermaschine. Es ist ein sogenann=
tes Paternosterwerk, eine Kette von Eimern, die im Kreise auf=
und niedersteigen, den Haffgrund aufwühlen und ein Gemenge von
Erde, Sand, Schlamm, Sprockholz und Bernstein heraufbringen
und selber ausschütten. Der Bagger rückt dabei nur um wenige
Fuß vor und zur Seite, wird allmälig tiefer gestellt und bildet
so eine grabenförmige Rinne. Man baggert bis 22 Fuß unterm
Wasserspiegel; gewöhnlich nur 4 Fuß, bisweilen auch 10 bis 15
Fuß im Haffgrunde. Schon bei 1 bis 2 Fuß Tiefe bringen die
Eimer vereinzelte Bernsteinstücke und Sprockholz, die stets zusam=
men vorkommen, zu Tage; je tiefer sie graben, desto größer wird
die Ausbeute. Sind sie auf der Grenze der bernsteinhaltigen
Sandschicht angelangt, so beginnt erst die eigentliche Arbeit. Die
Eimern gehen von nun an leer in der gebildeten Rinne, erzeugen
in derselben einen lebhaften Wasserstrom und schöpfen so Sprock=
holz und Bernstein, während der Sand zu Boden fällt. Zu diesem
Zwecke sind zweierlei Arten von Eimern angebracht; gewöhnliche
dichtgeschmiedete wechseln mit gegitterten durchlöcherten ab; beide
Arten graben zunächst die Rinne und bringen den Sand herauf;
ist jene fertig, dann erzeugen die dichten Eimer vornämlich die
Strömung, während die gegitterten vermöge des hindurch gehenden
Stroms den Bernstein auffangen.

Sand, Sprodholz und Bernstein werden aus den Eimern auf einen Steg ausgeschüttet und gleiten von diesem auf ein Eisensieb, das den Deckel eines kastenartigen Prahms ausmacht. Der Sand fällt durch die erbsengroßen Löcher des Siebs in den Prahm, Sprod und Bernstein bleiben zurück und werden von den Arbeitern in ein Faß geschaufelt, und später von einander gesondert und ausgewaschen. Das ist im Großen und Ganzen das ebenso einfache wie rationelle und bewährte Verfahren bei der Bernsteinbaggerei.

Anfangs war nur ein einziger kleiner Handbagger vorhanden; er ist längst außer Gebrauch gesetzt, aber die Unternehmer bewahren ihn noch immer dankbar als eine Reliquie, denn er ist das Fundament ihres Glücks, er hat ihnen die Mittel erworben, ihr Werk fortzusetzen und ihm allmälig seine jetzige Ausdehnung zu geben. Im Laufe der Zeit kam ein Handbagger nach dem andern hinzu, wurden endlich alle in Dampfbagger umgewandelt. Die größten sind jetzt mit zwei Paternosterwerken versehen, und zu beiden Seiten derselben schwimmt ein Prahm. Alle Prähme haben unter dem Verdeck große Luftkasten, so daß sie nie, wie es früher geschehen, sinken können. Man öffnet den Prahm ohne Gefahr unten am Boden und läßt den Sand herausfallen.

Das Baggern ist eine schwere rauhe Arbeit, namentlich bei Regen und Sturm, wo die Leute beständig von den heraufschlagenden Wellen bespült werden. Sie erhalten jedoch einen ziemlich guten Lohn, der Mann für eine sogenannte Schicht von 8 Stunden $22\frac{1}{2}$ Sgr. Es wird nämlich vom ersten Frühjahr bis in den späten Herbst, so lange das Wasser offen ist, Tag und Nacht ohne Unterbrechung gebaggert. Alle 8 Stunden wird die Mannschaft abgelöst und durch eine andere Schicht ersetzt; sie hat nun 8 Stunden Ruhe und kommt erst dann wieder an die Reihe. Jeder Arbeiter ist also binnen 2 mal 24 Stunden 3 mal 8 Stunden beschäftigt, und sein Verdienst stellt sich auf etwa 1 Thlr. 4 Sgr. pro Tag, was für ostpreußische Verhältnisse hoch genug ist.

Der alte Werkmeister ließ uns von dem gewonnenen Bernstein verschiedene merkwürdige Stücke sehen. Sein Werth richtet sich bekanntlich nach der Größe, Farbe, Durchsichtigkeit und Rein-

heit. Er kommt in den kleinsten Brocken wie in Stücken bis zu
mehreren Pfunden und fast in allen Farben vor. Von dem durchsichtigen behauptet der ganz helle ziemlich wasserklare den höchsten
Preis, von dem undurchsichtigen aber der wolkige sogenannte kumst-
farbige oder milchweiße. Sehr geschätzt ist auch derjenige, welcher
Insecten und andere kleine Thiere umschließt.

Solche Stücke lassen es zweifellos, daß der Bernstein ein
vorweltliches Produkt ist; und auch die Naturwissenschafter glauben
jetzt mit Sicherheit annehmen zu dürfen, daß er seine Entstehung
einem Harz verdanke, das, äußerst dünnflüssig und schnell erhär-
tend, sich einst aus einem Baume ergoß, der, als noch Preußen
ein dem Tropischen sich näherndes Klima hatte, hier und in einem
großen Theile des heutigen Ostseebettes ungeheure Wälder bildete,
welche zerbrochen und vergraben wurden, als von Norden her
mächtige Fluthen, vielleicht mit Eismassen vermischt, hereinbrangen
und gleichzeitig unser warmes Klima in ein kaltes umgewandelt
wurde. Dieser Baum, wahrscheinlich eine Konifere, ist ebenso
wenig mehr vorhanden als die in seinem Harze begrabene Thier-
welt. Wenn das Harz unseres heutigen Nadelholzes Insekten
umschließt, so sind deren Leiber verbogen, ihre Füße eingezogen
und ihre Flügel zusammengerollt; während die im Bernstein ein-
geschlossenen Thiere bis in die zartesten Theile wohl erhalten sind.
Man sieht Springkäfer und Cicaden im Fortschnellen, Mücken in
der Paarung, Spinnen, wie sie den Fliegen nachsetzen. Die Kata-
strophe muß also eine außerordentlich jähe, das Ausströmen und
die Erhärtung des Harzes im Nu geschehen sein, bevor die gefangenen Thierchen von ihrem Schicksal noch eine Ahnung hatten.

Unsere höchste Verwunderung erregt aber die Thatsache, daß
unter dem hier gebaggerten Bernstein auch zahlreiche schon bearbeitete Stücke vorkommen. Und zwar unterscheiden sich diese
Artefacte von allen sonst irgendwo gefundenen durch größere Kunst-
losigkeit, also durch höheres Alter. Viele Stücke sind nur der
Länge nach durchbohrt, als ob sie auf eine Schnur gereiht gewesen; andere ähneln in ihrer flachen scheibenartigen Form großen
Knöpfen und sind an der Hinterseite mit einer Art von Oese ver-

sehen; noch andere, wahrscheinlich Brustverzierungen, sind von dreieckiger oder ovaler Form und zuweilen schon durch punktirte Linien ausgeschmückt. Alle diese Gegenstände sind bereits möglichst glatt geschabt und theilweise durch langem Gebrauch völlig polirt. Auch flache Ringe wurden vereinzelt gefunden; das Merkwürdigste aber waren zwei menschliche Figuren in kurzer Jacke, wahrscheinlich Götzenbilder und als Amulet getragen, wofür die Größe, 3 $\frac{1}{2}$ Zoll, und vier passend angebrachte Löcher sprechen. Noch auffallender ist die **große Menge halbfertiger** Artefacte, die häufig eine von beiden Seiten erst begonnene Bohrung zeigen und im Uebrigen erst aus dem Gröbsten geschnitzt sind. — Es drängt sich die Vermuthung auf, daß dieser verarbeitete Bernstein einem vorweltlichen Geschlechte entstammt, und daß auch die vorweltlichen Künstler, vielleicht mitten in ihrer Arbeit, von der gedachten Erdrevolution ereilt wurden.

Doch kehren wir von solchen Vermuthungen zu unserm Gegenstande zurück. Die Hauptarbeit der Bagger bewegt sich nunmehr seit bereits fünf Jahren auf ein und derselben Stelle, und noch ist keine wesentliche Abnahme zu spüren. Das reiche Bernsteinlager befindet sich auf dem sogenannten Korning'schen Haken, einer sanften Bodenanschwellung in dem überhaupt flachen Haff. Falls es aber auch nächstens erschöpft werden sollte, werden die Unternehmer darum nicht in Verlegenheit gerathen, indem aller Wahrscheinlichkeit nach in diesem Gewässer noch mehre solcher Lager existiren.

Was nun die Ausbeute betrifft, so werden auf die größeren Dampfbagger 30 Pfund, auf die kleinern 20 Pfund Bernstein für eine achtstündige Schicht gerechnet. Ist diese Pfundzahl von einem Bagger überschritten, so erhält die Mannschaft eine kleine Prämie. Die Gesammtausbeute von allen zwölf Baggern betrug während des vergangenen Jahres, nämlich innerhalb etwa 30 Arbeitswochen, gegen 75,000 Pfund.

Wie groß indeß auch der Gewinn der Unternehmer sein mag: der Staat findet bei der Bernsteinbaggerei gleichfalls seine Rechnung, und auch der Provinz kommt sie mehrfach zu Gute. An den

Staat zahlen die Herren Becker und Stantien eine Pacht, die bis zum letzten Frühjahr 25 Thaler täglich betrug, seitdem aber wesentlich erhöht worden ist. Ferner haben sie es übernommen, täglich einen Mann zu den Culturarbeiten im Schwarzorter Walde zu stellen und das Fahrwasser im Haff offen zu erhalten, eine Sache, die sonst der Regierung in jedem Jahr eine bedeutende Ausgabe kostete. Endlich schütten sie mit dem ausgebaggerten Sand zwei große Dämme ins Haff hinein, die als Winterhafen für ihre Bagger dienen und auch schon andern Fahrzeugen Zuflucht gewährten; und wodurch der Nehrung ein Vorland gewonnen wird, das selbstverständlich, ebenso wie der Grund und Boden, auf dem die Etablissements der Colonie errichtet sind, Eigenthum des Fiskus bleibt.

Die Bernsteinbaggerei giebt wohl 500 Menschen Beschäftigung und Verdienst; die Arbeiter recrutiren sich von der Nehrung und über ganz Littauen; eine neue Quelle des Nationalreichthums fließt und verbreitet sich über die ganze Umgegend. Besonders ist das auf der Nehrung zu merken, wo der Wohlstand sich durchgängig gehoben; die guten Schwarzorter sind fast etwas übermüthig geworden, und überschreiten in den Anforderungen für ihre Produkte und Leistungen zuweilen die Grenze des Erlaubten.

Der Tag neigte sich, da wir heimruderten. Die Sonne versank bereits hinter den Dünenbergen, und die breite Wasserfläche des Haffs erstrahlte in ihrem Wiederschein. Die jenseitige fast eine Meile entfernte littauische Küste erscheint wunderbar nahe gerückt, in dem dort längs dem Ufer sich hinziehenden Dörfchen ist jedes Haus durch den Reflex seiner Fensterscheiben zu erkennen, jeder Baum zeichnet sich in rothgelber Beleuchtung am Horizont ab; und mitten auf dem Spiegel des Haffs schaukelt und dampft die Flottille der Bagger, an welchen jede Stange, jede Kette, jeder Eimer wie durchsichtiges Bernsteingold erglänzt.

Bald nachdem wir gelandet, erschallen vom Haff herüber die hellen Klänge einer Glocke. Sie wird auf dem Hauptbagger angezogen und giebt das Signal zum Schichtenwechsel. Fast in demselben Augenblick stoßen von sämmtlichen Baggern und gleichzeitig vom Lande, hier wie dort, zwölf Boote ab. Jene führen die abgelöste, diese die neue Mannschaft. Auf der Mitte des Weges begegnen sie sich und grüßen einander mit lautem Hurrah! Schon ist die Dunkelheit eingebrochen, als jene die Dampfer erreichen, diese dem Ufer sich nähern, wo sie bereits die Aufsichtsbeamten mit Laternen in den Händen erwarten. Alle Boote müssen an einer bestimmten Stelle und immer eins nach dem andern landen. Die heraussteigenden Arbeiter werden sofort in Beschlag genommen und Mann für Mann bis auf die Haut visitirt. Das Resultat ist gewöhnlich ein vergebliches, nur selten wird bei einem der Leute ein Stück Bernstein gefunden; trotzdem aber und obgleich jede Unterschlagung sofortige Entlassung nach sich zieht, wird, wie mich der Geschäftsführer leise versichert, täglich und regelmäßig gestohlen. Es giebt gewisse Verstecke und Manöver, die auch der strengsten Visitation spotten, und die Gelegenheit ist zu verlockend. Nachdem alle Leute durchsucht sind und sich bereits entfernt haben, wird das Ufer der Landungsstelle noch Schritt für Schritt und bis ins Wasser hinein abgeleuchtet und durchforscht, ob nicht irgendwo ein Stück Bernstein zu entdecken ist, das Hans oder Kunz etwa weggeworfen hat, um es sich später zu holen. Eine halb komische halb peinliche Praxis, werth des gewitztesten Polizeibeamten.

Der Pfarrer hatte sich inzwischen mit den Damen nach Hause begeben, ich aber durchwanderte an der Seite des Geschäftsführers noch die verschiedenen Gebäude. Im Magazin fanden wir die Arbeiter theilweise wieder. Jeder Bagger lieferte jetzt seine Ausbeute, sein Säckchen mit Bernstein, ab, der sofort gewogen wird, damit die betreffende Mannschaft weiß, ob sie die Prämie erreicht hat oder nicht.

Im Magazin steht Faß an Faß, alle mit Bernstein gefüllt. In Zweischeffelsäcke gepackt, befördert ihn ein den Unternehmern gehöriges Dampfboot, das auch zum Transport der leeren und vollen Prähme dient, nach Memel, wo er in die Sortiranstalt kommt. Dort sind an langen Tischen 22 Sortirer hinter ihren Wagschalen beschäftigt, jeden Posten eingelieferten Bernsteins, der nach und nach aus einer Hand in die andere geht, in 85 Sortimente zu sondern. Jedes Sortiment enthält nur Stücke von gleicher Farbe, gleicher Größe und gleichartiger Masse. Die Bernsteinfabrikanten sind hiernach in den Stand gesetzt, genau dasjenige Sortiment zu wählen, was ihnen für die betreffenden Artikel am passendsten dünkt; während sie früher das Material in Stücken kaufen mußten, wie sie gerade vorhanden waren, und oft bis 50 Prozent davon für ihre Zwecke gar nicht brauchen konnten. Beispielsweise kostet ihnen jetzt:

ein Sortiment zu Pfeifen- oder Cigarrenspitzen
A. in feiner wolkiger Farbe

ein Pfund von 9 Stück . . . . 22 Thaler,
     =   =   = 18   15   =
     =   =   = 40   = ... 10   =
     =   =   = 60   = ... 6½ =
     =   =   =100   = ... 4   =
     =   =   =200   = (zu Aufsätzen auf amerikanische, sog. Bruyère-
Holz-Pfeifen) . . . 3   =

B. klar (durchsichtig), dieselben Sorten um 40 Prozent billiger;

Sortimente rund, zu Korallen
A. in feiner Farbe (meist nach England)

ein Pfund von 30 Stück . . . . 10 Thaler,
     =   =   = 60   = ... 6   =
     =   =   =100   = ... 4   =

B. Dieselben Sorten klar (meist nach Afrika) um 40 Prozent billiger.

Die lange Reihe der übrigen Sorten geht hinab bis zu 4 Sgr. das Pfund (meist nur zum Räuchern und zur Bereitung von Bernsteinfirniß und Bernsteinöl verwandt); während sich der Werth von ungewöhnlich großen und zugleich feinfarbigen, sogenannten Kabinetsstücken gar nicht berechnen läßt, da solche bei ihrer Seltenheit oft mit 400 bis 10,000 Thlr. bezahlt werden. Ueberhaupt giebt es wohl kaum ein anderes Rohprodukt von so großer Werthverschiedenheit als den Bernstein.

Ebenso großartig wie die Baggerei betreiben die Unternehmer auch den Absatz des Bernsteins. Sie verkaufen ihn direct an in- und ausländische Fabrikanten bis nach Konstantinopel, Kalkutta, Hongkong, Bombay, Mexiko ꝛc., wo sie überall Commanditen und Agenten haben. Dadurch erzielen sie einen Mehrertrag von durchschnittlich mindestens 50 Prozent, der bei dem sonst üblichen schwerfälligen Zwischenhandel an dritte Personen und meistentheils sogar noch an das Ausland verloren geht.

Doch wir sind noch in der Bernstein-Colonie. An die Büreaux und das Bernsteinmagazin stoßen andere Schuppen zur Aufbewahrung von Vorräthen und Geräthschaften aller Art, sowie verschiedene Werkstätten, als Schmiede, Schlosserei, Drehstube, Tischlerei ꝛc. Fast alle Utensilien und Reparaturen werden an Ort und Stelle gefertigt, mit alleiniger Ausnahme der Maschinentheile aus Eisenguß.

Wir kommen zu den Baracken oder Schlafstätten der Arbeiter. Es sind vier rohe lange Holzschuppen, in zwei Etagen und lauter Kämmerchen, für je zwei Mann, abgetheilt. Man muß billig erstaunen über die robuste Natur dieser Leute. Sie liegen wie die Hunde in engen halbdunkeln Löchern, wo sie nur sehr unvollkommen gegen Kälte und Nässe geschützt sind; sie liegen theilweise auf einer Schütte Stroh, theilweise auf der nackten Erde und bedecken sich mit ihren Kleidern.

Gegenwärtig kochen sie vor den Thüren an verschiedenen Feuern, die malerisch durch die Nacht flackern, ihr Abendbrod, das meist aus einem Topf mit Kartoffeln besteht. Als „Zubiß" wird ihnen täglich $1/4$ Quart Schnaps geliefert, und was sie sonst an Getränken und Lebensmitteln brauchen, können sie in der „Berghalle" kaufen.

— Es herrscht bei uns eine strenge Disciplin, sagte der Geschäftsführer, und sie ist geboten; wie sollten wir sonst wohl diese Rotte von 4 bis 500 Mann im Zügel halten! Jedes Versehen, jedes Vergehen wird unnachsichtlich bestraft; Ungehorsam, Faulheit, Betrunkenheit mit Geldbußen; Feiern und Veruntreuung mit sofortiger Entlassung. Für jedes Stück Geräth oder Maschinentheil, welches etwa verschwindet oder umhergeworfen wird, machen wir immer zwei Arbeiter verantwortlich und erreichen es dadurch, daß Jeder seinen Kameraden beaufsichtigt.

— Sind sie oft gezwungen, Leute wegen Veruntreuung zu entlassen? fragte ich.

— Leider sehr häufig!

— Und werden die Entlassenen nicht wieder angenommen?

— O gewiß! lächelte der Geschäftsführer. Nach einigen Tagen oder Wochen müssen wir die Hallunken wieder einstellen; wir würden sonst nicht Einen Mann behalten. Sie stehlen Alle!

Den Beschluß des Tages machte ein Besuch in der „Berghalle", einer hölzernen Bude am äußersten Ende des Orts, die von dem Dünenberg, an welchem sie steht, ihren Namen hat. Sie ist gewissermaßen das Casino der Bernstein=Colonie, denn sie enthält außer einem Laden, wo die verschiedensten Victualien und andere Waaren feilgehalten werden, zwei kleine Gastzimmer, eins für die gewöhnlichen Arbeiter und eins für die Aufsichtsbeamten. Wir fanden beide überfüllt und nur mit Mühe einen Platz, wo wir ein Glas Grogk genossen, das uns bei der rauhen Abendluft sehr wohl that.

Als wir wieder hinaustraten, war es pechrabenschwarze Nacht; ich konnte nicht die Hand vor Augen sehen und mußte mich von dem Geschäftsführer nach dem Gasthause leiten lassen. Aber das Haff war wie illuminirt von den Laternen, welche die Bagger aushängen hatten; und das von ihnen herüberkommende Gebrause und Geschnaufe verkündigte uns, daß sie rastlos dem edlen Bernsteingolde nachspürten.

4. Mitten in der Wüste.

Auf dem Keutelkahn. — Das schöne Fischermädchen. — Die Ichthyophagen. — Perwell. Sprachübungen. — Aermer als arm. — Wie die Dünen geboren werden, wandern und sterben. — Triebsandgeschichten. — „Und Roß und Reiter sah man niemals wieder." — Ein verschüttetes Dorf und ein aufgedeckter Kirchhof. — Preil. — Nidden.

Ich war fest entschlossen, meine Reise zu Lande fortzusetzen und suchte mir zu diesem Zwecke in Schwarzort einen Wagen oder ein paar Pferde zu miethen, aber man forderte so unverschämte Preise, daß ich darauf verzichten mußte und wieder meine Zuflucht zu einem Dampfer nahm, der von Memel herunterkam.

Auf der „Terra", wie er sich nannte, segelte ich nun wieder die Dünenkette entlang und bat den Kapitän, er möge, sobald wir die Höhe von Nidden, dem nächsten Kirchdorf, erreichen, ein Boot heranrufen und mich absetzen.

— Wenn nur Eins da sein wird! entgegnete er mir. Und die Kerle kommen nicht immer. Sie thun doch klüger, nicht bis Nidden zu warten, sondern Sie steigen da aus, wo sich zuerst eine Gelegenheit bietet.

Nach einer Weile entdeckte er auch mit seinem scharfen Auge ein Segel, das wie ein Ball auf den hochgehenden Wogen tanzte, und zwischen ihnen von Zeit zu Zeit verschwand. Sobald wir ihm etwas näher kamen, ließ er eine weiße Fahne aufhissen, und es dauerte nicht lange, so versicherte er: der Fischerkahn habe das Zeichen schon bemerkt und folge ihm. Wirklich arbeitete sich das Boot durch Wind und Wellen, die ihm nicht günstig waren, heran, und ich konnte endlich zwei Personen auf ihm unterscheiden. Der

Kapitän rief ihnen zu, und sie antworteten ihm, ohne daß ich eine Silbe davon verstand.

— Die Leute sind aus Perwelk, erklärte er. Von dort ist's noch eine starke Meile bis Nidden; aber machen Sie sich nur immer fertig. Wer weiß, ob Sie's heute noch einmal so gut treffen.

Gesagt, gethan! Die Maschine wurde gestopft, das Boot legte sich an die Treppe und ich stieg mit meinem Handkoffer hinunter, wo mich ein ältlicher Mann in Empfang nahm. Ohne an mich ein Wort zu verlieren, stieß er ab und sputete sich, mit seinem kleinen Fahrzeug aus dem gefährlichen Bereich des Dampfers zu entkommen.

Ich suchte nach einem trockenen Plätzchen, wo ich mich niederlassen oder wenigstens hinstellen konnte; doch vergebens. Das Wasser stand zollhoch in dem flachen Boot, und auch der Rand und eine Art Querbank troffen von dem Schaum der beständig hereinspritzenden Wellen. Ich vermochte mir nur zu helfen, indem ich meinen Koffer preisgab, ihn mitten in das Wasser stellte und dann als Sessel benutzte.

Der Alte sah mir, während er mit dem Segel und den Netzen hantierte, halb neugierig halb spöttisch zu. Er hatte sich besser vorgesehen, denn er trug hohe bis an die Lenden reichende Stiefel, sowie eine Kappe und ein Wamms, beides von getheerter Leinewand, und die Wassertropfen leckten von dieser Rüstung geziementlich nieder.

Am Steuer saß ein halberwachsenes Mädchen; wie ich vermuthete, des Alten Tochter. Sie war barfuß und auch im Uebrigen nicht besonders warm gekleidet, schien sich aber trotzdem ganz behaglich zu fühlen. Ihr Anblick erinnerte mich an Heine's Fischermädchen aus den „Nordseebildern". Zwar guckte aus dem groben Zeuge keine „zarte weiße", sondern eine braunverbrannte Schulter und sie war gleich den bloßen Armen noch etwas mager und eckig; aber die schlanke feine Gestalt mit dem zierlich geformten Köpfchen versprach doch eine Schönheit zu werden. Ihre großen schimmernden Augen starrten mich unaufhörlich an, als ob sie sich von ihrem Erstaunen über meine Erscheinung gar nicht erholen könne; und wenn ich sie anredete, öffnete sie nur lächelnd und lebhaft erröthend den kleinen Mund und zeigte zwei Reihen perlenförmiger blendend weißer Zähne. Auch ihr Vater beantwortete alle meine Fragen nur mit einem lächelnden Kopfschütteln und einigen abgebrochenen Worten, die mir ebenso räthselhaft blieben, wie ihm die meinigen; so daß ich die Hoffnung aufgeben mußte, mich mit ihnen zu verständigen.

Plötzlich zeigte sich noch eine dritte Person. Unter dem Verdeck kam ein kleiner Junge hervorgekrochen, der wohl inzwischen ein Schläfchen gehalten hatte, denn er reckte die Arme gen Himmel und gähnte dazu erschrecklich, was sich um so possirlicher ausnahm, als er nur mit einem kurzen Hemde und einer grellbunten Weste bekleidet war. Dann ließ er die Augen umherschweifen, und als er mich erblickte, riß er sie noch weiter auf und drohte wie Lot's Weib zu erstarren. Erst da ich ihm einige Mal freundlich zunickte, kam er wieder zu sich, schlich nach einem kastenartigen Behälter, worin die gefangenen Fische zappelten, ergriff einen fetten Bars und verschlang ihn mit allen Zeichen des Wohlgeschmacks, indem er nur die Gräten ausspie. Ich war geneigt, das für eine Verirrung des Kleinen zu halten und sah ihm staunend zu, doch der Alte belehrte mich eines Bessern, indem er gleichfalls einen Fisch ergriff und ihn in derselben Weise verspeiste. So war ich denn unter wirkliche Ichthyophagen gerathen, und sah mit eigenen Augen, was ich früher zweifelnd gehört hatte.

Der Anblick dieses Mahls und das unruhige Haff machten mich fast seekrank, und ich sehnte mich nach dem Lande. Bald merkte ich jedoch, daß der Alte an Heimkehr noch gar nicht dachte, sondern ohne sich um mich zu bekümmern, hin und her kreuzte und seinem Gewerbe nachging. Vergebens deutete ich wiederholt auf die Nehrung, vergebens zeigte ich ihm ein Geldstück: er schüttelte nur wieder den Kopf und fuhr fort zu fischen. Was blieb mir übrig, als mich ruhig in mein Schicksal zu ergeben! Erst nachdem ich mehre Stunden ausgehalten und der Fischkasten ziemlich gefüllt war, lenkte das Boot dem Lande zu, wo es mit Hülfe einer hinzukommenden ältern Frau aufs Ufer geschoben, und der Fang in Sicherheit gebracht wurde.

Ich befand mich also jetzt in Perwelt, und wie mich ein Blick überzeugte, in dem armseligsten Orte, den es auf der ganzen Nehrung giebt. Nur Flugsand und Dünenberge, und von ihnen belagert, sechs elende Holzhäuschen, von denen zwei bereits so windschief stehen, daß sie jeden Augenblick einzufallen drohen. — Wirklich soll die Regierung damit umgehen, die Einsassen zu nöthigen, ihre Heimath aufzugeben und sich irgend anderswo niederzulassen; aber wenn sie ihnen nicht eine Beihülfe gewährt, sind die Leute wegen ihrer grenzenlosen Armuth dazu nicht im Stande.

Natürlich ist von einem Wirthshaus hier nicht die Rede, und und so folgte ich, ohne eine Einladung abzuwarten, dem Alten und seiner Familie in ihre Wohnung; was die Leute auch gar nicht zu verwundern schien. Man wies mich in ein ziemlich großes sehr dürftig ausgestattetes Zimmer, die Hausfrau brachte eine Schüssel mit Fischen herein, die aber diesmal, wenn auch nur aus dem Salze, gekocht waren, und bald saßen wir Alle mit einander um den langen schmalen Tisch und genossen dankbar, was uns Gott bescheert hatte; denn auch ich verspürte in Folge der langen Fahrt auf dem Haff einen guten Appetit, und selbst das harte Speilenbrod, das die Zukost bildete, mundete mir nicht schlechter als meinen Wirthsleuten.

Von Neuem machte ich Versuche, mich bei ihnen zu verständigen, und endlich gelang es mir einigermaßen. Indem ich immer wieder mit der Hand nach Süden wies und dazu das Wort „Nidden! Nidden!!" wiederholte, begriff man wohl, daß ich nach diesem Dorfe wolle. Der Alte nickte und das Mädchen lächelte; dann schwatzten sie eifrig unter einander. Augenscheinlich beriethen sie, wir mir zu helfen sei; und endlich mochte der Alte einen großen Gedanken haben. Er redete zu dem kleinen Jungen, als ob er ihm einen Auftrag gäbe, und dieser stellte sich erwartungsvoll vor mich hin, und als ich ihn nicht gleich verstand, zupfte er mich schüchtern am Rocke, worauf es mir klar ward, daß ich mit ihm gehen sollte. Ich folgte ihm also zur Thüre hinaus, und der Knabe, der noch immer in Hembe und Weste paradirte, wie das denn überhaupt sein gewöhnlicher Anzug war — führte mich nach einer Hütte, die unter diesen elenden Behausungen als die elendeste dastand. Nicht einmal ein Dach war vorhanden, sondern statt desselben nur die Seitenmauern mit Holzsparren und getrocknetem Schilfrohr bedeckt. Das ganze Gebäude enthielt nur ein ungedieltes Gemach, und hier war weiter nichts zu erblicken als eine Feuerstelle mit wenigen alten Töpfen, eine alte Truhe, verschiedene Geräthe zum Fischen und in einer Ecke eine kastenartige Bettstelle. In dieser lag, mit dem Kopf auf einem Bund zusammengerollter Schiffsseile, und nur mit einem Segel bedeckt, ein Mann, etwa dreißig und etliche Jahre alt. Ich hielt ihn für krank, aber bei unserm Eintritt erhob er sich ein wenig, und nachdem er des Knaben Anrede vernommen, kroch er vollends von seinem Lager, wo er ein wenig geruht hatte, und stand nun, vollständig angekleidet, vor mir. Hier war mehr als Armuth, und doch sah der Mann kräftig und gar nicht bekümmert aus.

— Sie wollen nach Nibben? fragte er mich; denn er verstand Deutsch und sprach es auch ein wenig.

Ich erkundigte mich, wie ich wohl dorthin komme.

— Zu Fuß oder zu Boot! antwortete er lakonisch. Pferde giebt es hier nicht, nicht einmal eine Kuh.

Ich war darauf gefaßt. Da ich aber den Weg zu Lande vorzog, fragte ich ihn, ob er mir wohl bis Nibben als Führer dienen und meinen Koffer tragen wolle; und nach einigem Zögern erklärte er sich dazu bereit. Es war nöthig, daß wir die Reise sofort antraten, damit ich noch vor Abend Nibben erreichte, denn in Perwell hatte ich auf ein Nachtquartier nicht zu rechnen. Mein Führer brauchte nicht weiter Toilette zu machen, sondern er kam, wie er stand und ging, und als ich von meinen Wirthsleuten Abschied nahm, erfuhr ich wieder einmal, wie die meiste Gutherzigkeit und größte Uneigennützigkeit stets bei der Armuth wohnt. Nach Perwell waren Habsucht und Geldgier noch nicht gedrungen; nur mit Mühe konnte ich die Hausfrau bewegen, eine Kleinigkeit für das Mittagsessen anzunehmen, sie schwatzte ein Langes und Breites dagegen, und der junge Fischer verdolmetschte mir, daß sie die Münze, welche ich ihr gegeben, entschieden zu groß finde und sie gegen eine kleinere einzutauschen wünsche. Alle schüttelten mir herzlich die Hand und riefen mir, mich vor das Haus begleitend, noch mancherlei Grüße nach.

Wir nahmen den Weg zunächst längs dem Seestrande, und ich hatte wieder Gelegenheit, die Bildung und Formen der Dünen zu studiren. Sie verdanken alle ihre Entstehung der See, die unaufhörlich feinen Sand auswirft. Jede aufbäumende Welle führt ihn mit sich und lagert ihn da, wo sie zerstiebt, zu einem kleinen Walle ab. Schon die nächste Woge durchbricht das Wällchen und hinterläßt eine ähnliche Marke, und so fort. Der Wind treibt die Sandwälle landeinwärts, und im Vorschreiten wachsen sie lawinenartig zu Hügeln und Bergen an. Gleich hinter der Uferbank folgt, wie schon früher gesagt, eine unregelmäßige Reihe kleiner Vordünen, nur 15—20 Fuß hoch, und weit hinter ihnen die Hauptdüne, deren Höhe zwischen 70 und 200 Fuß schwankt. Das Terrain zwischen Vor- und Hauptdüne ist mit sogenannten Kupsten, größern und kleinern mit dünnen Sandgräsern bewachsenen Hügeln bedeckt, in den tiefern Stellen auffallend feucht und gewährt auf verschiedenen Strecken eine verhältnißmäßig nicht schlechte Weide. Den Fuß der in starker Böschung aufsteigenden Hauptdüne begleitet ein schmaler Streifen völlig ebenen Sandes; er trägt nicht das mindeste Grashälmchen und erscheint nur hie und da dunkelschwarz oder lauchgrün gefleckt. Betritt der unerfahrene Wanderer diesen Sandstreifen, so vernimmt er ein leises Knirschen, als ob eine schwache Eisdecke breche; er tritt einen Schritt weiter und sinkt nun wirklich ein, tiefer und tiefer; oft kann er den Fuß nicht mehr herausziehen, denn die trügerische Ebene ist der gefürchtete Triebsand, von dem ich bald mehr erzählen will.

Blickt man von dieser Seite zur Hauptdüne hinauf, so bemerkt man, daß sie aus lauter Schichten aufgebaut ist, und diese Schichten sind oft so regelmäßig wie die Jahresringe eines Baumes; ja, Dr. Schumann, jener Gelehrte, der sich um die geognostische Erforschung der Nehrung ein großes Verdienst erworben hat, hält sie geradezu für Jahresschichten. Jede von ihnen besteht nach seinen Untersuchungen aus einer zu oberst liegenden dünnen grünen ziemlich festen Lamelle von Knollensand und einer dickern hellgrauen lockern Lage von Quarz- und Feldspathkörnern. Da die Schichten, je tiefer sie liegen, desto weiter nach der See hin vortreten, bildet sich hier eine förmliche Treppe mit breiten niedrigen Stufen. Die obere grüne Lamelle jeder Schicht ist so fest und glatt, daß der Wind über sie fortstreicht, ohne sie aufheben zu können; er greift dagegen mit Erfolg die senkrechten Abfälle der Treppenstufen an.

Die Dünen wandern über die ganze Breite der Nehrung, und wie sie am Seestrande als winzige Wällchen geboren werden, so stehen sie riesengroß am Haffufer, wo nun ihre allmälige Auflösung beginnt. Sie fließen ins Haff ab oder sie stürzen sich auch kopfüber hinein. Aber nicht nur die Dünen wandern von Westen nach Osten, auch die Nehrung selbst schreitet in dieser Richtung vor, und dieses Vorschreiten hat man seit den letzten drei Jahrhunderten auf circa 300 Ruthen berechnet. Was früher auf der Haffseite lag, liegt heute an der See, oder ist bereits von ihr verschlungen.

Auch schon am Seestrande finden sich Triebsandstrecken, sie sind jedoch unbedeutend und ungefährlich. Man sinkt hier höchstens 1 bis 2 Fuß tief ein, und hat dann wieder festen Boden. Solche Stellen bilden sich bei hoher See, wo die Wogen weit auf den Strand getrieben werden und das Wasser hinter einem Sandwall stehen bleibt, um dann allmälig wieder zurück zu sickern. Die eigentlichen bodenlosen, weil wahrscheinlich schwimmenden Triebsandfelder trifft man dagegen im Innern der Nehrung, wie schon gesagt, dicht am Fuße der Dünen; und es sind daher diejenigen Stellen, welche die wandernden Sandberge kürzlich verlassen und so bloßgelegt haben. Hieraus folgt, daß auch die Triebsandfelder wandern, hinter den Dünen herziehen; und daß Stellen, die vor Jahren bodenlos waren, heute fest und sicher sind.

Die alte Poststraße und auch der gewöhnliche Weg heutiger Reisender kommt nur an denjenigen Stellen, wo er von der Haff= auf die Seeseite oder umgekehrt hinüberbiegt, in die Nähe der Triebsandfelder. Unglücksfälle ereignen sich immer wieder, nicht nur von Fremden, die sich allein in die Dünen wagen, sondern auch bei Eingeborenen, wenn diese, um einen Richtweg zu machen, von der eigentlichen Straße abweichen. Manches Fuhrwerk ist untergegangen, manches, indem noch rechtzeitig Hülfe kam, nur mit Lebensgefahr ausgegraben worden; oft mußte man den Wagen preisgeben, um nur Pferde und Menschen zu retten; und oft war nicht einmal das möglich. Zu Anfang dieses Jahrhunderts ver= sank zwischen Schwarzort und Memel eine vierspännige Postchaise mit Pferden und Passagieren, und nie ist wieder eine Spur von ihr entdeckt worden. In den zwanziger Jahren versank die Toch= ter eines Beamten aus Memel vor den Augen ihrer Gespielinnen, und trotz aller Nachgrabungen, die man alsbald anstellte, ist ihr Leichnam nicht aufzufinden gewesen. Mancher Reisender blieb verschollen, bis er nach langen Jahren durch Zufall wieder zu Tage kam. So entdeckte ein alter Postillon in der Nähe von Sarkau bleichende Knochen, die der Wind freigeweht hatte. Er begann zu graben und legte das völlig unversehrte aufrecht stehende Gerippe eines Pferdes bloß, und neben ihm, genau in der Verlängerung des Thieres, das langgestreckte Skelett eines auf dem Gesichte liegenden Menschen, dessen Arme tief in den Sand gewühlt waren und die gräßliche Todesart bekundeten, welche den Reiter einst betroffen hatte. Er war, als das Pferd tiefer und tiefer einsank, über den Kopf desselben hinweggerutscht und mit den Händen voran auf die trügerische Triebsanddecke ge= fallen, die ihm keinen Stützpunkt mehr bot.

Indem wir jetzt von der See= nach der Haffseite hinüber= bogen, zeigte mir mein Führer verschiedene Triebsandstrecken, denen ich mich behutsam näherte. Schon nach dem dritten Schritte durchstieß mein Stock die nur einige Zoll starke Rinde, und er sank bis zum Griff ein, ohne daß ich einen Widerstand fühlen konnte. Als ich zurücktrat, sah ich, wie das um meinen Fuß heraufgequollene Wasser schnell verschwand, der Sand oben wieder zusammenfloß, und nach wenigen Augenblicken nicht mehr die geringste Nässe, nicht den geringsten Eindruck mehr verrieth. Nur wo das Terrain der Kupsten auch an den tiefern Stellen schon etwas begraset ist, kann man sicher hinübergehen; und nach langer Trockenheit hält auch wohl die Decke der übrigen Stellen, die dann 6 bis 7 Zoll stark zu sein pflegt; jedoch ist's immer klüger, es nicht darauf ankommen zu lassen, indem das Versinken oft mit Blitzesschnelle erfolgt, ehe der Unglückliche auch nur noch Einen Schritt rück- oder seitwärts zu thun vermag.

Als wir das Haffufer erreichten, bot sich mir plötzlich ein Anblick, der wieder einmal die Einöde in ihrer wilden Tragik zeigte. Rechts von uns stieg eine Sturzdüne himmelan, steil wie eine Mauer und wohl 200 Fuß hoch. Unter ihr liegt Karwaiten begraben, eins der acht Dörfer, die erst in diesem Jahrhunhundert von den Dünen verschüttet sind. Rhesa, Professor der Theologie zu Königsberg und als Ueberseker littauischer Dichtungen bekannt, wurde hier geboren, und er hat den Ort, da seine Wiege gestanden, um 1797 in einem wehmüthigen Liede besungen. Es heißt „Das versunkene Dorf", und die ersten Verse lauten:

Weil' o Wandrer hier und schaue die Hand der Zerstörung!
Wenig Jahre zuvor, sah man hier blühende Gärten,
Und ein friedlich Dorf mit frommen Wohnern und Hütten
Lief vom Wald herab bis zu des Meeres Gestade.
Aber anjetzt, was siehst Du? Nur bloßen Boden und Sand. Wo
Ist das friedliche Dorf, wo sind die blühenden Garten?
Ach, dem Aug' entfällt hier eine Thräne der Wehmuth.
Siehst Du dort die Ficht' und eine ärmliche Hütte,
Vor dem Fall gestützt, mit grauem Moose bewachsen?
Dies nur ist der traurige Rest von Allem geblieben.

Auch dieser Rest, das einzige Hüttchen und die letzte Fichte, sind jetzt schon lange unter dem Berg verschwunden. Nur die

Kirche wurde gerettet, aber sie steht heute in Schwarzort. Die letzten Bewohner bauten sich eine Achtelmeile südlicher an, und so entstand das auf einer kahlen Vorebene liegende Fischerdörfchen Preil, das nur zwölf Häuschen umfaßt und sich ebenso armselig ausnimmt wie Perwelk. Alle Dörfer auf der Nehrung, sowohl die verschütteten als die noch mit dem Sande kämpfenden, sind am Haffufer erbaut worden, weil sie hier durch die Dünen gegen die ewigen Westwinde besser geschützt stehen, und wegen des Trink=wassers, das die Bewohner nur an dieser Seite finden.

Von der Sturzbüne zieht sich ein Hügel zum Haff hinab. Es ist der alte Kirchhof von Karwaiten, auf dem auch die Preiler noch heute ihre Todten begraben. Aber welch' ein melancholisches Bild gewährt dieser kleine Friedhof. Keine Spur von Umzäunung, nicht einmal von Grabhügeln, die der Wind gleich wieder verweht. Man erblickt nur eine Anzahl kleiner Kreuze, die aus dem nackten Sande hervorragen, theilweise auch schon bis zur Höhe des Quer=holzes verschüttet sind, theilweise nach allen Richtungen überhängen und umzufallen drohen. Um das Bild der Zerstörung vollkom=men zu machen, schaut an der dem Winde zumeist ausgesetzten Seite die dunkle Hälfte eines Sarges über dem Abgrund hervor, und nächstens mag es vollends niederstürzen. Der schreckliche Wind verschüttet die Lebenden und deckt die Todten wieder auf!

Bald hinter Preil, wo wir uns nicht weiter aufhielten, be=ginnt das gefährlichste und großartigste Triebsandterrain der Neh=rung, das sich $3/4$ Meilen weit bis in die Nähe von Nibben hin=zieht. Es liegt ausnahmsweise zum größten Theil auf der Haff=seite des hohen Dünenkamms, aber auch diese Ausnahme bestätigt nur wieder die Regel. Parallel mit der Dünenkette auf der Neh=rung läuft nämlich eine andere, die bereits ins Haff gewandert ist und deren Sandmassen die Landzunge hier bis zu einer halben Meile Breite erweitert haben, so daß die große Triebsandebene thatsächlich sich wieder seewärts der alten Dünen ausbreitet.

Hier pflegen Reiter und Wagen, mögen sie auch häufig un=gefährdet hinüberkommen, dennoch nicht selten einzubrechen. Die

Nehrunger behaupten zwar, daß kein eingebornes Weidepferd den Triebsand betrete, und wirklich soll es, wie sehr der unerfahrene Reiter oder Fuhrmann es auch antreibt, in den meisten Fällen nicht dazu zu bewegen sein; aber dem Instinkt der Thiere ist doch nicht immer zu trauen.

Es ist, wie ich später hörte, vorgekommen, daß sich der Boden beim schnellen Hinüberfahren, ohne zu bersten, vor und zwischen den Rädern fußhoch aufbog, sich in einer förmlichen Wellenbewegung befand, und man so die gefährliche Stelle glücklich passirte.*) Brechen die Pferde aber erst ein, so sind sie gewöhnlich verloren, indem sie schnell tiefer und tiefer sinken und in dem Sande wie eingemauert stehen, sich gar nicht mehr bewegen können. Trägt dann die Sanddecke noch die Last eines Menschen, so versucht man, sie auszugraben, und wenn man bis unter den Bauch gekommen, sie an einem um den Leib geschlungenen Strick herauszuziehen. Dies ist das einzige Rettungsmittel, aber abgesehen davon, daß es die Retter selbst in Lebensgefahr bringt, nicht einmal immer von Erfolg, indem die Beine des Thieres oft so fest eingewurzelt sind, daß man beim gewaltsamen Anziehen sie ihm zerbricht.

Doch da sind die letzten Ausläufer des kleinen Waldes von Nidden, der auf zwei Terrassen bis nahe an's Haff geht. Der nach der Seeseite sich abdachende Hang der Dünenberge ist wieder völlig kahl und verschlingt alljährlich durch Anlage neuer und Wiederherstellung vernichteter Sandgräserpflanzungen eine ansehnliche Summe.

Nidden ist eins der größten Dörfer auf der Nehrung, es hat ein ähnliches Kirchlein wie Schwarzort, ein Pfarr- und Schulhaus und eine Anzahl strohgedeckter Holzhütten, auf deren Giebeln ohne Ausnahme das Kurische Pferdchen prangt. Der nördliche Theil des Dorfs ist durch eine vorrückende Seitendüne von dem

---

*) Aehnliches berichtet auch Dr. G. Berendt in seiner „Reise über die Kurische Nehrung" (Altpreußische Monatsschrift, Band 4); einen Aufsatz, den ich gleichfalls benutzt habe.

südlichen getrennt, in welchem ganz am Ende das „Gasthaus" liegt, ein freundliches durch seinen balkonartigen Vorbau, seine Holzverzierungen und seinen frischen lebhaften Anstrich schon von ferne einladendes Gebäude.

Hier dürfen wir rasten, denn Nibben liegt fast genau auf der Mitte der 15 Meilen langen Landzunge; mitten in der Sand=wüste, die es südwärts wie nordwärts auf Meilenweite von der nächsten Ansiedlung der Menschen trennt.

5. Die Oase.

Sturm in den Dünen. — Umgekehrte Wasserfälle. — Chaos von Sand und Finsterniß. — Endlich beritten. — Optische Täuschung. — Alt-, Neu- und wieder Alt-Pillkoppen. — Lettisch und deutsch. — Die Diluvialinsel im Alluvialmeer. — Steinbrücke im Haff. — Zwölfjähriger Sturm. — Das „Majorat von Rossitten". — Vier verschüttete Dörfer. — Ein vernageltes Dorf. — Wo See und Haff sich küssen. — Vogelstimmen. — Baumstumpfgespenster und ein unterseeischer Wald. — Poesie und Prosa, Romantik und Hunger. — Wüste und Badeort. — Das Schicksal der Nehrung. — Durch Vernichtung zum höhern Leben.

Um die Nehrung in ihrer wilden Schönheit und schreckhaften Erhabenheit kennen zu lernen, muß man sie im Aufruhr der Elemente sehen, wenn Meer und Sturm wie wahnsinnige Riesen gegen sie aufstehen, sie zu zerreiben, zu verschlingen drohen. Und der Anblick dieses Schauspiels ward mir vergönnt.

Als ich gegen Abend noch einen Spaziergang längs dem Haffufer von Nibben unternahm, fing der Himmel an sich zu beziehen, und unzählbare Schaaren von Seemöven flogen mit gellendem Geschrei über das Haff. Es ist das ein untrügliches Zeichen des nahen Seesturms, und auch die Sonne verkündigte ihn, indem sie in einer blutrothen Glorie unterging und die zerrissenen Wolken in grelle fleckige Tinten tauchte.

Und was mit mir Jedermann erwartete, geschah. Schon in der Nacht, da ich in dem mächtigen aus Krähenfedern gestopften Himmelbett des Gasthauses lag, weckte mich ein starker Wind, und als ich mich Morgens erhob, war er zum Sturm angeschwollen, der das ganze Gebäude in seinen Fugen wanken und knarren ließ, und wie ein Unhold durch die Dorfsgasse heulte.

Gleich nach dem Frühstück ging ich hinaus und wieder an das Haffufer. Unaufhörlich wallte der Sand über die Sturzdünen

hinab; in der Ferne sahen die Sandmassen wie Wolken aus, die
aus den Bergen aufstiegen, um sich in mäßiger Höhe wieder auf=
zulösen. Am Abhang der Düne saß ein Steinadler, den gesenkten
Kopf ihr zugekehrt, Schwingen und Schweif in die Höhe gehoben.
Erst als ich ihm auf Schußweite nahe gekommen, machte er sich
auf, unwillig, wie es schien, über die Störung. Noch etliche
Male ließ er sich forttreiben, wobei er sich nie über die Düne
erhob; die Masse des Gefieders mochte ihm hinderlich sein. Bald
folgten Möwen und Enten, die am Ufer saßen, in Schaaren von
Hunderten und Tausenden. — Ueberhaupt muß man billig erstau=
nen über die Anzahl dieser Vögel, die sich überall auf der Neh=
rung finden. Angenommen, daß nur jede Möwe täglich $\frac{1}{2}$ Pfd.
Fische verzehrt, so gäbe das für den Tag eine Summe von
Centnern, die gewiß die Ausbeute sämmtlicher Fischer am ganzen
Haff weit übertrifft.

Um die See zu sehen, erstieg ich die gegen 200 Fuß hohe
Hauptdüne, wo ich mich nur mühsam aufrecht erhalten konnte.
Das Meer hatte die Farbe des schwarzbewölkten Himmels ange=
nommen, es schien Land und Himmel verschlingen und sich selber
vernichten zu wollen: so mächtig thürmten sich die Wogen auf,
so wild stießen die klaffenden Wasserberge gegen einander und so
laut donnerten sie gegen den schmalen Landstrich, den ich jeden
Augenblick überfluthet zu sehen wähnte. Oft schien das ganze
Meer nur ein weißschäumender Gischt, die ganze Nehrung nur
eine aufwirbelnde Sandwolke. Zuweilen ließ sie sich aber auch
wieder fast ihrer ganzen Länge nach übersehen, hob sich scharf und
deutlich von Meer und Himmel ab, zwischen denen sie wie ein weißleuch=
tender Blitz oder auch wie eine weißschimmernde Riesenschlange
auftauchte, um dann plötzlich in Dunkelheit und Wogengraus zu
versinken. Obwohl sich das ganze Meer in empörtem Zustande
befand, so ließ sich doch eine Scheidelinie ziehen zwischen dem branden=
den überall schäumenden Streifen nächst dem Lande und der hohen
See, deren tiefes Dunkel durch eine wechselnde Reihe weißer Bän=
der aufgehellt wurde. Einen merkwürdigen Gegensatz zu dem
empörten Meer bildete das Haff; inmitten dieses allgemeinen

Aufruhrs lag es wellenlos und völlig ruhig da. Die Dünen hatten ihre schützende Hand über das Haff gebreitet und ließen den Sturm nicht herankommen.

Mich aber, der ich ihm auf dem Dünenkamm so dreist zu trotzen wagte, drohte er hinabzuwerfen, und so stieg ich lieber selbst hinunter, wo die längs dem Strande sich fortziehenden Vordünen mich gegen seine Wuth etwas schützten. Den Sand freilich bekam ich aus erster Hand, sowohl von der Vor= als Hauptdüne. Die ganze Luft war mit feinem fliegenden Sand angefüllt, er drang mir in Augen, Nase und Mund, und ich athmete ihn ein. Aber das Seltsamste war doch, ihn an der sanft geneigten Ebene der Hauptdüne hinauffließen zu sehen. Tausende von Sand= Bächen, nur etwa zwei bis drei Fuß breit, oft mit einander communicirend und sich dann wieder trennend, strömten bergan. Wo alte mit Grasnarben durchzogene Dünenreste hervorragen, staut sich bisweilen der Sand, wolkenartig aufwirbelnd oder wie ein umgekehrter Wasserfall gen Himmel steigend, wobei denn die dunkle Kuppe für kurze Zeit unsichtbar wird. Wirft der aufwir= belnde Sand sich vor eine helle Wolke, so erscheint er wie brauner Rauch.

Dann brachte der an Stärke zunehmende Sturm heftig schlagenden Hagel, der später mit Regen wechselte. Das wilde Wetter paßte zu der wilden Umgebung; zu den Dünenbergen, die sich wie Trümmer zerfallener Burgen ausnahmen; zu den hie und da freigewehten und halb aufgedeckten sogenannten Heidengräbern, wo allerhand Knochen, Haus= und Waffengeräth zum Vorschein kommen. Hagel, Sturm, Regen verursachten einen verworrenen Lärm, aus dem sich das Tosen der See nicht mehr heraushören ließ. Es wurde düster, so daß sich die lange Wellenlinie des mächtigen kahlen Sandrückens von dem dunklen Himmel kaum noch abhob. Wo die Vordünen eine Lücke ließen, leuchtete noch der Schaum der Wellen auf; dann folgten fast unwiderstehliche Sturm= stöße, und ich sah nichts mehr als ein Chaos von Sand und Finsterniß. Schon fürchtete ich die Richtung verloren zu haben, da stolperte ich über ein junges Bäumchen nnd erreichte nach wenigen Schritten die Plantage von Nidden.

Endlich hatte ich gefunden, was ich brauchte: zwei kleine muntre Pferdchen, echte Nehrunger; eins für mich und das andere für meinen zugleich mit den Thieren angeworbenen Begleiter, der mich bis Rossitten bringen sollte. Es hatte Stunden gekostet, die Pferdchen auf der entfernten Weide einzufangen; das für mich bestimmte war mit einem alten Sattel und dem nothwendigsten Riemenzeug ausgerüstet; während mein Cicerone, ein 16 jähriger langaufgeschossener Bursche, nur auf einem zusammengelegten Getreidesack saß und statt des Zaums einen hanfenen Strick in der Hand hielt. Dem stürmischen Tage war ein kühler aber heller Morgen gefolgt, und lustig trabten wir längs der Seeschälung. Vor uns trippelten Strandläufer, kleine grünbraune zierliche Vögel, und weitab auf dem längs der ganzen Nehrung meist sehr flachen Seegrunde standen fischend große braune Möwen.

Links ab biegend sah ich auf dem Anberge der Düne wiederum sehr deutlich, daß der Kamm der Nehrung zur Zeit des alten Waldes viel niedriger gewesen und mehre hundert Schritte näher dem heutigen Seestrande gelaufen, daß somit die Landzunge allmälig höher geworden und nach Osten fortgeschritten ist. Während wir nun quer durch das Dünengebirge ritten, ich ganz sorglos mit träumerisch umherschweifenden Blicken, stutzte mein Klepper plötzlich wie vor einer Mauer, und der Bursche stieß einen lauten Warnungsschrei aus.

— Was giebt's denn? fragte ich verwundert.

— Sehen Sie denn nicht? erwiderte er. Sehen Sie nicht das große Loch vor Ihren Füßen? — Zurück oder Sie stürzen hinunter!

Ich rieb mir die von dem grellen Sonnenlicht und dem weißleuchtenden Sande flimmernden Augen, aber ich sah nur eine fast völlig ebene Fläche mit schwacher Einsenkung in der Mitte.

Ich meinte, der Junge wolle mich narren. Um mich zu überzeugen, ergriff er einen in der Nähe liegenden trockenen Zweig und steckte ihn vor der Stelle, da wir hielten, in den Sand. Dann ließ er auch mich absteigen, und die Pferde am Zügel leitend, machte er Rechtsum und führte mich in verschiedenen Krümmungen eine Schlucht hinunter. Hier angelangt, blickte ich empor, und sah nun in hoher Höhe den Stock fast senkrecht über mir stehen. Er stand am Rande eines wohl 150 Fuß tiefen ganz steil abfallenden Abgrundes, von dem mich oben nur noch ein paar Schritte getrennt hatten. Die blendend weiße Farbe des Sandes und das grell von ihm abprallende Sonnenlicht hatten mich die steile Seitenwand völlig übersehen, sie als eine horizontale Ebene mir erscheinen lassen. Es ist dies eine optische Täuschung, welche die einförmige Umgebung erzeugt; eine der Gefahren, an denen die Wüste so reich ist.

Die eingeborenen Pferde lassen sich bei Tage nie, wohl aber in der Nacht täuschen, gleichviel ob es völlig dunkel oder Mondlicht ist. Ein Geistlicher, der früher auf der Nehrung angestellt war, erzählte mir, daß er bei einer nächtlichen Fahrt durch die Dünen mit Pferd und Wagen in einen solchen Abgrund gestürzt und nur durch ein wahres Wunder gerettet worden sei.

Indem wir jetzt das Haffufer erreichten, näherten wir uns einer am Fuße der Sturzdüne ganz einsam stehenden Kiefer. Sie bezeichnet die Stelle, wo Neu-Pillkoppen gestanden, ein auch erst in diesem Jahrhundert verschüttetes Dörfchen. Als das etwa eine halbe Meile weiter gelegene alte Pillkoppen versandete, bauten sich die geflüchteten Bewohner hier an. Aber auch Neu-Pillkoppen ward von der Düne begraben, und man gründete auf derselben Stelle, wo Alt-Pillkoppen gestanden, und die inzwischen wieder freigeweht balag, das heutige, also bereits das dritte Pillkoppen. Ihre Todten dagegen begraben die Leute noch immer auf dem Kirchhofe des einstigen Neu-Pillkoppen bei der einsamen Kiefer.

Das heutige Pillkoppen liegt in einem Durchriß der an 200 Fuß hohen Dünenkette, nordwärts und südwärts von den himmelanstrebenden Sandbergen eingeschlossen und belagert; unterscheibet sich aber durch schmuckes Aussehen gar vortheilhaft von den andern Fischerdörfern. Die bunten Fensterladen, die kleinen Verzierungen an Haus und Hof, namentlich die Einzäunung der Gehöfte, die sonst fast durchgängig fehlt und den Ansiedlungen auf der Nehrung etwas Oedes und Wüstes verleiht — alles das deutet auf eine verhältnißmäßige Wohlhabenheit. In der That haben die Leute die beste Fischerei; sie können sie, bequemer als die Bewohner der anderen Orte, sowohl auf dem Haff als in der See ausüben, da nur eine sanfte Anschwellung das Dörfchen von dem Meere trennt. Dazu besitzen sie in nächster Nähe eine hübsche Weide für Pferde und Vieh; eine Annehmlichkeit, die auf der Nehrung nicht hoch genug anzuschlagen ist, und deren sich außer ihnen nur noch die Rossiter erfreuen.

Pillkoppen gehört nebst der ganzen südlichen Nehrungshälfte schon zum Kreise Fischhausen, während die nördliche Hälfte unter dem Landrath des Memeler Kreises steht. Diese Eintheilung ist keine zufällige oder willkürliche, sondern namentlich mit Rücksicht auf die Sprache vorgenommen; von Schwarzort bis Nibben wird nämlich noch lettisch, von Pillkoppen ab dagegen nur deutsch gesprochen.

Nachdem wir die Pferde und uns selber etwas erfrischt hatten, ritten wir fürbaß. Wie auf der 4 Meilen langen Strecke von Schwarzort bis Nibben nur die ärmlichen Fischerhütten von Perwelt und Preil anzutreffen sind, so ist auch auf dem 3 Meilen langen Wege von Nibben bis Rossiten das Dörfchen Pillkoppen der einzig bewohnte Ort. Dazwischen nur Wasser und Sand.

Ein um so köstlicheres Labsal für Auge und Herz gewährt das endliche Auftauchen von Rossitten; sein Anblick dünkt uns noch märchenhafter als das plötzliche Erscheinen des Hochwaldes von Schwarzort. Schon $3/4$ Meile davor sehen wir, am Haffufer trabend, von Zeit zu Zeit die längs dem Seestrande sich hinziehende Plantage mit dem dunkeln Grün ihrer Erlen und Fichten zwischen den davor liegenden blendend weißen Sandgehängen durchschimmern, verschwinden und wieder trostvoll grüßen. Und jetzt betreten wir das Dorf, die einzige wirkliche Oase in der 15 Meilen langen Wüste. Eine Menge stattlicher Häuser und Scheunen, aus Bäumen und Gebüsch freundlich hervorblickend, von Obstgärten umschlossen; dahinter fruchtbare Wiesen und höher gelegene Aecker, zum Theil sogar mit Weizenboden; und im Vordergrunde eine große weite Bucht des Haffs, wo eine ganz ansehnliche Flottille von sogenannten Keutelkähnen schaukelt. Alles das stellt sich den trunkenen Blicken dar.

Rossiten ist der größte, freundlichste und wohlhabendste Ort auf der ganzen Landzunge. Hier residirt auch der Beherrscher von Haff und Nehrung, der die verschiedensten Aemter in seiner Person vereinigt, denn er ist Oberfisch-, Rent- und Postmeister. Das ganze Leben in Rossiten unterscheidet sich naturgemäß von dem in den übrigen Dörfern. Die Einwohner sind mehr Ackerbauer als Fischer, denn jene Aecker und Wiesen breiten sich fast eine halbe Meile lang aus. Hinter ihnen zieht sich längs dem Seestrande und der Vordüne die erwähnte Plantage hin, welche südwärts vom Dorf bei den sogenannten Korallenbergen beginnt und wohl über anderthalb Meilen lang ist. Ueber dieser schattigen wohlangebauten Oase, wo sogar Linden, Weißdorn, Haseln und Rosen grüßen, vergißt man die Wüste.

Aber das Eiland ist auch eine wirkliche Diluvial-Insel inmitten des alluvianischen Sandmeeres, und sie existirte lange vorher, ehe die Landzunge mit ihren Dünen sich bildete. Das erkennt auch der Laie sofort an dem soliden lehmigen und mit erratischen Blöcken bestreuten Boden. Die größten derselben bilden einen geschlossenen etwa 150 Schritte breiten Zug, der nordöstlich bis ans Haff fortstreicht und hier eine unübersehbar lange Muschelbank unterbricht. Was die Tradition behauptet, hat die Wissenschaft bereits erwiesen: Einst bildete Rossiten die Spitze einer andern **diluvianischen** Landzunge, die sich von der jenseitigen littauischen Küste quer durch das heutige Haff bis an die See hinzog. Sie wurde von dem Memelstrom, der bisher seine Hauptmündung weit südlicher hatte, durchbrochen, und das nun insulare Rossiten verlandete einerseits mit dem samländischen Festlande;

andererseits bildete sich durch Reaction der Ostsee gegen die jetzt nach Nordwesten gerichtete Strömung des Niemen und des Haffs ein weiterer Zug von Rossiten bis Sandkrug. So entstand eine neue vorwiegend **alluvianische** Landzunge, die heutige Nehrung.

Der Beweis dafür ist ein Steinlager, das von der nordöstlichen Spitze Rossittens auf dem Grunde des Haffs bis nach der jenseitigen littauischen Küste, bis zu der Windenburger Ecke fortläuft. Die Fischer fühlen es auf dem Grunde des Haffs mit ihren langen Stangen, und bei niedrigem Wasserstande tritt es auf Ruthenweite nackt und bloß hervor. Wenn östliche Winde wehen, ist die steinige Küste von Rossitten allgemein gefürchtet. Das Memeler Dampfboot geht an solchen Tagen, um nicht auf die Steine zu gerathen, wohl eine Meile weit vorüber, und die sonst stattfindende direkte Verbindung mit Memel oder Königsberg ist dann aufgehoben, indem die Fischer mit ihren Booten sich nicht hinauswagen. Uebrigens ist die Strandküste von Rossitten nicht weniger gefährlich als die Haffküste. Auch dort zeigt sich das Steinlager, geht gleichfalls noch eine Strecke weit in die See hinein, und bringt manchem Schiff Verderben und Untergang.

Nach der Sage hat sich die große Haffrevolution im 12ten Jahrhundert vollzogen, in Folge eines Sturmes, der zwölf Jahre aus demselben Himmelsstrich wehte. Thatsache ist's, daß, als die deutschen Ordensritter im 13. Jahrhundert nach Preußen kamen, die Nehrung sich schon gebildet hatte. Doch war sie damals reich bewaldet, wohlangebaut und stark bevölkert; erst später stiegen die Dünen aus dem Meere und begruben Wälder, Felder und Dörfer.

Nahe dem Steinriff am Strande soll ein Schloß gestanden haben, die Zwingburg, wo der berüchtigte „Strandvogt von Rossitten" sein böses Wesen getrieben. In diesem angeblichen Schlosse läßt auch E. T. A. Hoffmann seine Spukgeschichte „Das Majorat von Rossitten" spielen. Sicherer ist's, daß sich auf der Nordostspitze ein Ordensschloß erhoben, dessen Trümmer nun im Haff liegen. Heute warnt hier eine laternenartige Leuchte den Schiffer vor den Steinblöcken.

Bei Rossitten erreicht die Nehrung ihre größte Breite, welche hier über eine halbe Meile beträgt, doch zusehends sich verringert. Auch die Diluvialinsel ist gefährdet. Die größere südwestliche Hälfte ist schon lange vom Dünensande bedeckt, und noch stetig wird die Oase kleiner und kleiner. Denn während das Haff von der einen Seite an dem fruchtbaren Boden nagt und nur die Steinmassen als Marken der früheren Grenzen übrig gelassen hat, drohen von der Seeseite her die Sturzdünen der hohen Bruchberge, die nur eine Kette kleiner Teiche noch trennt, mit dem alle Cultur vernichtenden Flugsande.

Soeben habe ich, weiter wandernd, die Oase verlassen; kaum trennen mich tausend Schritte von ihr, aber wie ich mich umwende, um ihr noch einen Abschiedsblick zuzusenden, ist sie bereits verschwunden. Von dem saftigen Grün, von den Feldern und Wiesen, Häusern und Gärten ist Nichts mehr zu entdecken; wieder umfängt mich die Wüste.

Vor mir zieht sich der lange halmlose Sandrücken der jetzt nur noch 100 Fuß hohen Dünenberge hin. Rechts, gegen die See, stehen die letzten Ausläufer der Kiefernschonung von Rossitten, links öffnet sich ein schmaler Durchblick auf die Fläche des Haffs. Vor diesem Durchriß, hart am Fuße der sanft aufsteigenden Höhe und erst vor Kurzem wieder freigeweht, zeigen sich die Spuren zweier ehemaligen Hausstellen; noch ist die Lage der Schwellen und der das Fundament bildenden Balken zu erkennen, während der Vordergrund mit menschlichen Schädeln und Knochen besäet ist.

Wieder ein untergegangenes Dorf, wieder ein aufgedeckter Kirchhof! Hier stand Kunzen, ein blühender Ort mit einer Kirche und vierzig Bauerhöfen; ein Wald von Eichen, Erlen und Linden zog sich bis Rossitten hin. Im Jahre 1836 siedelten die letzten Bewohner dorthin über, die Kirche war schon früher nach Rossitten verlegt worden.

Kaum eine Meile weiter ruhen unter den „Weißen Bergen" in kurzer Entfernung von einander drei andre Dörfer. Ueberall deckt der Wind Mauerreste, glasirte und buntbemalte Topfscherben, Nägel und Angelhaken, das verschiedenste Haus- und Fischergeräth auf. Ueberall läßt die Wüste errathen, wie dicht bevölkert die Nehrung einst gewesen sein muß.

Die vor Schwarzort beginnende etwa 10 Meilen lange Hauptdüne hört als solche bereits in der Gegend von Rossitten auf, und wird von da ab durch einzelne wenig zusammenhängende Sandberge ersetzt, die zwei Meilen weiter gleichfalls endigen, worauf der Rest der Nehrung den Charakter der Ebene annimmt.

Von den fünf eigentlichen Dörfern, welche sich noch auf der Landzunge befinden, ist Sarkau das letzte und unter ihnen das armseligste. Dazu erscheint es wie todt und ausgestorben. Die Thüren und Fenster der elenden Hütten, welche mitten im Sande liegen und vergebens unter einigen dünnbelaubten Weidenbäumen Schatten suchen, sind zum größten Theile mit Brettern kreuzweise vernagelt, und die Häuser wirklich verlassen. Ihre Bewohner sind die Fischernomaden der Nehrung. Vor acht Tagen hatte ich sie in der Nähe des Sandkrugs getroffen, wo sie mit Weib, Kind und Vieh unter Zelten campirten und ihrem Gewerbe nachgingen. Nur einige alte schwache Leute sind zurückgeblieben, welche den Ihrigen von Zeit zu Zeit Holz und Brod nachsenden, und im Uebrigen die Behausungen bewachen; was allerdings höchst überflüssig ist, da es bei der nackten Armuth der Leute fast nichts zu stehlen giebt. Früher waren sie eigentlich nirgends seßhaft, sondern zogen fortwährend auf der Nehrung hin und her; erst seit den dreißiger Jahren haben sie sich zwangsweise hier angebaut, wozu die Regierung ihnen das Holz schenkte.

Jenseits des Dorfs liegt ganz vereinsamt die Kirche, gleichfalls von den vier auf der Nehrung befindlichen Gotteshäusern das dürftigste und gebrechlichste. Im Innern sieht man zwei Kanzeln, eine nach der Haffseite und eine nach der Seeseite zu. Der Prediger besteigt sie nach Maßgabe des gerade wehenden Windes; er muß den Wind im Rücken haben, da ihm sonst der durch das hölzerne Gebäude bringende feinen Sand in die Augen stäubt. Der Sand weht beständig herein und bedeckt schon zollhoch den Boden. Der Pfarrer von Rossitten besorgt auch zugleich die hiesige Gemeinde, die jedoch während acht Monate im Jahr für ihn so gut wie gar nicht existirt. Erst wenn die Sarkauer im Spätherbst heimkehren, kommt er herüber, um die inzwischen nöthig gewordenen Kindtaufen und Trauungen auf einmal vorzunehmen. Während des Winters findet alle vierzehn Tage hier Gottesdienst statt.

Wie die Nehrung bei Rossitten ihre größte Breite erreicht, so ist sie nördlich von Sarkau am schmälsten. Kaum tausend Schritte nur um wenige Fuß den Wasserspiegel überragenden Sandbodens trennen an dieser Stelle die beiden großen Gewässer. Schon mehrfach hat bei Sturmfluthen die See hier ins Haff übergeschlagen, und trotz der schon frühzeitig angelegten und sorgsam unterhaltenen Schutzdünen ist ein völliger Durchbruch zu befürchten. Das aber wäre der Anfang vom Ende, damit begönne die Zertrümmerung der Nehrung.

Noch südlicher und ebenso einsam wie die Kirche liegt der Krug von Sarkau, wo ein einkehrender Fremder heute zu den Seltenheiten gehört. Eine Strecke weiter folgt die alte verfallene Posthalterei, deren unförmlicher geschwärzter Schornstein gespenstisch aus den zuguterletzt noch durch einen Brand zerstörten Ruinen aufragt, gleichsam ein grotesker Meilenstein der ehemaligen Poststraße nach Memel; und nun beginnt ein Wald, der den Rest der Nehrung einnimmt, sich $1\frac{1}{2}$ Meilen weit bis Kranz erstreckt. Er enthält Kiefern, Rothtannen, Birken und Erlen, ist aber nicht dicht genug, um dem Eindringen des Sandes genügenden Widerstand zu leisten, daher denn auch von der Seeseite her bedeutende Hügel hereingeweht sind und viele Bäume bereits bedeckt haben.

Während ich längs dem Strande wanderte, wurde ich nicht selten von einer kleinen Gabelschwanz-Möve umkreist, die weit hörbar ist durch ihr scharf ausgestoßenes „Kirrrre! Kirrrre!" Mein steter Begleiter war der kleine Strandläufer, der immer und immer „Uit! Uit!" rief. Von Zeit zu Zeit ließ auch über mir ein Falke sein schrilles „Fei! Fei" vernehmen.

Mitten im Walde und wieder nahe dem Haffufer liegt die Försterei Grenz; und diese Lichtung war noch vor 300 Jahren eine der wenigen kahlen Stellen auf der Nehrung, alles Uebrige bewaldet und angebaut; während heute das umgekehrte Verhältniß stattfindet. Zwischen Sarkau und Kranz befand sich damals die berühmte Falkenheide, wo eine Menge der schönsten Falken gefangen wurden. Die Hochmeister des deutschen Ordens benutzten sie als Geschenk an fremde Fürsten, namentlich an solche, welche den angekauften Reihnwein zollfrei durch ihr Gebiet passiren ließen.

Eine Meile vor Kranz fällt das Seeufer steil ab. Unter dem jetzigen Walde, der nur eine sehr schwache Humusschicht gebildet hat, lagern, wie sich hier deutlich erkennen läßt, wieder die Schichten des ältern Waldes und des Urwaldes. Der ältere Wald zeigt noch eine Reihe von Baumstümpfen, die wie Gespenster aussehen, und dem Wanderer wunderliche Geschichten aus vergangenen Tagen erzählen. Auch auf dem Seegrunde stehen noch viele solcher Stümpfe; sie ragen gegen die Oberfläche des Wassers hinauf und sind sämmtlich durch die Macht der Wellen oben halbkugelförmig abgerundet. Mit dem Vorrücken der Nehrung von Westen nach Osten sind auch bewaldete Strecken bis an die Uferlinie und endlich bis unter die Wellen gerathen.

Und jetzt haben wir das Ende der merkwürdigen Landzunge erreicht. Als Pendant zum Sandkruge auf ihrer Spitze stehen hier an der südlichen Grenze, wo Wald und Nehrung aufhören, aber noch von den Bäumen halb verdeckt, drei kleine elende fensterlose Buden, die den bezeichnenden Namen Lausendorf führen. Die Kranzer Badegäste spazieren oft hierher und können das Stück Waldromantik nicht genug bewundern. Sie sehen nur die malerisch hervorblickenden Hütten, ohne daran zu denken, daß hinter ihnen arme Holzschlägerfamilien Sommers wie Winters ihr erbärmliches Dasein fristen.

Und wie man aus dem belebten geschäftigen Memel unmittelbar in die Wüste tritt, ebenso tritt man an diesem entgegengesetzten Ende der Nehrung unmittelbar aus der Wüste wieder in eine großstädtische mit allem Comfort, Luxus, sogar Raffinement ausgestattete Welt. Aus der Sarkauer Forst kommt man in die zierlichen Anlagen der Plantage und aus dieser in die mit modernen Villen und Hôtels geschmückten Gassen von Kranz. Es ist das bedeutendste Seebad an der ost= und westpreußischen Küste und allsommerlich wohl von 2000 Fremden besucht.

Dieser Contrast trat mir lebhaft vor die Seele, als ich eine Stunde später an der langen Tafel des großen Logirhauses saß, inmitten der schönen geputzten Damen und feinen duftenden Herrchen. Ich vergaß meine Umgebung und überließ mich den Erinnerungen an die Nehrung. Wieder beschäftigte mich die Frage nach ihrer Zukunft, nach ihrem Schicksal. Ist es eine bereits untergehende oder eine erst entstehende Welt? Wird sie eine Beute des Meeres werden, oder umgekehrt nebst dem Haff verlanden? Verschiedene Gelehrte behaupten das Letztere, und ich will lieber ihnen als ihren Gegnern glauben. Sie behaupten: die unaufhörliche Neubildung und Wanderung der Dünen in das Haff sei schon der Anfang der Verlandung. Wenn all' die Sandmassen über die Fläche des Haffs sich vertheilt haben werden, werde daraus ein neues Vorland entstehen, das von den Strömen der Memel und Deime in mannigfachen Windungen durchschlängelt und von ihrem Schlick alljährlich befruchtet, dem Menschen als erstes Geschenk üppige Wiesen bringen werde. Die anscheinende Zerstörung sei also in Wahrheit die Heranbildung eines Höheren und Größeren.

www.ingramcontent.com/pod-product-compliance
Lightning Source LLC
Chambersburg PA
CBHW020814230426
43666CB00007B/1004